U0498151

新时代
高职教育高质量发展路径
与实证研究

潘海燕 著

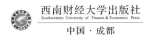

西南财经大学出版社
Southwestern University of Finance & Economics Press

中国·成都

图书在版编目(CIP)数据

新时代高职教育高质量发展路径与实证研究/潘海燕
著.--成都:西南财经大学出版社,2024.9.
ISBN 978-7-5504-6360-8

Ⅰ.G718.5

中国国家版本馆 CIP 数据核字第 20242WX077 号

新时代高职教育高质量发展路径与实证研究

XINSHIDAI GAOZHI JIAOYU GAOZHILIANG FAZHAN LUJING YU SHIZHENG YANJIU

潘海燕　著

策划编辑:李晓嵩
责任编辑:李晓嵩
助理编辑:王　琳
责任校对:王甜甜
封面设计:何东琳设计工作室
责任印制:朱曼丽

出版发行	西南财经大学出版社(四川省成都市光华村街 55 号)
网　　址	http://cbs.swufe.edu.cn
电子邮件	bookcj@ swufe.edu.cn
邮政编码	610074
电　　话	028-87353785
照　　排	四川胜翔数码印务设计有限公司
印　　刷	四川五洲彩印有限责任公司
成品尺寸	170 mm×240 mm
印　　张	18.75
字　　数	326 千字
版　　次	2024 年 9 月第 1 版
印　　次	2024 年 9 月第 1 次印刷
书　　号	ISBN 978-7-5504-6360-8
定　　价	98.00 元

1. 版权所有,翻印必究。
2. 如有印刷、装订等差错,可向本社营销部调换。

前言

　　党的二十大报告提出："实施科教兴国战略，强化现代化建设人才支撑。"2023年2月，中共中央、国务院印发的《数字中国建设整体布局规划》指出，建设数字中国是数字时代推进中国式现代化的重要引擎，是构筑国家竞争新优势的有力支撑。教育数字化是建设教育强国的重要内容，是实现中国式现代化的重要力量。2024年是实施"十四五"规划的关键一年，实现共同富裕的重点、难点在于农村低收入群体，而职业教育通过直接服务于产业升级和经济转型发展，在提升中低收入群体技术技能水平、就业能力、致富本领上具有明显优势，在促进全体人民共同富裕进程中发挥着引擎作用。在这样的大背景下，深入思考和高度关注职业教育的内涵、职业教育对社会经济发展的作用、新时代高质量发展职业教育的实现路径尤为紧迫。

　　笔者对新时代高等职业教育（简称"高职教育"）高质量发展路径与实证研究源于自身的工作和学习经历。作为湖南商务职业技术学院的一名专任教师，笔者长期从事统计学、经济计量学等教学和研究工作。笔者为开展这一研究进行了长期准备，长期专注于教育与经济管理尤其是定量分析职业教育对区域经济社会发展的贡献度方面的研究，了解该领域的研究现状。职业教育作为与经济社会发展联系最紧密的教育类型，职业教育与区域经济适配性研究、职业教育对共同富裕的贡献度等是笔者重点的研究方向。笔者从在高职院校任教开始就一直对职业教育的改革重点和难点进行追踪，尤其是对工作过程导向的职业教育，职业教育助推共同富裕的内涵、逻辑以及行动框架，职业教育与共同富裕的协调互动关系等进行了深入系统的研究，并在《统计与决策》《云南财经大学学报》《职业技术教育》等学术期刊发表了关于高职院校专业结构与区域产业结构适配性、职业教育助推区域经济发展方面的系列文章。

本书共由八章构成。第一章为绪论；第二章为高质量发展职业教育的内涵与实现路径；第三章为加强高职院校基层党建工作的实证研究；第四章为坚持以就业为导向的高职教育人才培养定位；第五章为数字经济时代高职统计类人才培养研究；第六章为高职教育服务地方经济的研究；第七章为新时代高职教育高质量发展的案例研究；第八章为新时代高职教育高质量发展的对策建议。

笔者希望本书能为读者全面理解高质量发展职业教育的内涵，职业教育助推共同富裕的内涵、逻辑以及行动框架，新时代高质量发展职业教育的实现路径等方面提供帮助。受研究视野和研究水平的限制，书中的错漏之处在所难免，希望广大读者不吝赐教。

潘海燕

2024 年 8 月

目录 MULU

第一章
绪论

第一节　研究背景及意义

一、研究背景

《国家职业教育改革实施方案》提出："深化产教融合、校企合作，育训结合，健全多元化办学格局，推动企业深度参与协同育人"。这为职业教育的快速发展确定了发展路径。《教育部 财政部关于实施中国特色高水平高职学校和专业建设计划的意见》（教职成〔2019〕5号）提出："与行业领先企业在人才培养、技术创新、社会服务、就业创业、文化传承等方面深度合作，形成校企命运共同体。"这为职业院校提出了提升校企合作水平的具体要求。2021年，中共中央办公厅、国务院办公厅印发《关于推动现代职业教育高质量发展的意见》，指出要推进技能型社会建设，提升技术技能人才社会地位，到2025年，职业本科教育招生规模不低于高职教育招生规模的10%；同时鼓励上市公司、行业龙头企业举办职业教育。该意见充分肯定了职业教育的行业地位，为职业教育的行业发展指明了方向。

"工学结合""校企合作""产学结合""产学研结合""产教融合"等都是在特定的经济社会发展时期对教育与产业、企业关系的阐述。其中，"产教融合"的提出既是对已有认知的升华，更是在新的历史条件下对产教关系内涵的新认知。产教融合是高职教育高质量发展的必由之路，是人才供给侧结构性改革的重要抓手，是经济转型升级、产业提质增效对人才培养的新要求，是高职院校满足产业、企业人才需求的结构性改革，是彰显高职教育教育类型的重要特征，是培养创新创业型人才的有效途径。

二、研究意义

（一）理论意义

本书综合运用教育学、产业经济学、统计学等学科知识，采用抽样调查、比较分析、归纳演绎、因子分析法等多种研究方法，较为系统地研究了高质量发展职业教育的内涵与实现路径，从立德树人背景下职业教育岗位实习课程目标监测研究、以市场需求为导向的高等职业（以下简称"高职"）院校统计类课程教学改革研究、高职院校专业结构与区域产业结构适配性研究、高职教育对区域经济社会发展贡献研究、高职院校基层党建育人成效评价与实践研究等，以湖南省 2002—2021 年三次产业的产值数据、湖南省 2016—2021 年专业大类毕业生数据、脱贫攻坚战全面胜利前相对较贫困地区（如湖南省湘西州、怀化市、张家界市等区域）数据进行研究，实证分析高职教育对区域经济社会发展贡献度、高职院校专业结构与区域产业结构适配性、高职院校基层党建育人成效评价以及构建学生岗位实习安全事故预警模型，发挥监测模型"指挥棒"的应用价值，丰富了产教融合特色的课程体系，发挥了高职教育优势服务区域经济发展，建立了教学评价体系等，为实现对企业所需技能型应用人才的培养开辟了新思路，探索了新路径。

（二）现实意义

本书通过对脱贫攻坚战全面胜利前相对较贫困地区的职业教育、地区生产总值、人均可支配收入情况进行较为深入的田野调查，进行高职教育优势服务区域经济发展的实证研究，系统提出对策建议，为脱贫攻坚战全面胜利前相对较贫困地区乃至全国实现乡村振兴开拓新思路。笔者通过申报助力基于产教融合的产业学院建设的相关研究课题、撰写基于市场需求导向的高职院校课程教学改革研究专题论文和研究报告，系统提出我国新时代高职教育高质量发展的对策建议，一是有利于加强企业和学校的深度融合，加强校企双方在专业建设、平台建设、师资建设、人才培养等方面的融合；二是有利于技能型人才的培养，加快人才培养模式的创新，提高产业需求侧和人才供给侧的契合程度；三是有利于学校和企业深度融合，加快科技成果转化和教学中新技术成果的运用、学习。

第二节 研究主要内容

本书以新时代高职教育高质量发展路径的探索与实证研究为主线，基于职教数字化、产教融合的政策背景，研究通过构建高校学生党员发展质量的综合评价指标体系、构建高职院校学生岗位实习安全事故预警模型、产业结构与岗位人才需求预测分析等加快人才培养模式的创新，加强产业需求侧和人才供给侧的契合程度，并产生可推广、可示范的高职教育高质量发展路径。本书主要研究了以下问题：

（1）高质量发展职业教育的内涵与实现路径。本书系统阐述了高质量发展职业教育的内涵，将高职教育对社会经济发展的作用的相关文献进行梳理，从立德树人背景下职业教育岗位实习课程目标监测研究、基于市场需求导向的高职院校统计类课程教学改革、高职院校专业结构与区域产业结构适配性、高职教育对区域经济社会发展贡献度、高职院校基层党建育人成效评价等维度对高职教育高质量发展的实现路径进行了探索与思考。

（2）加强高职院校基层党建工作的实证研究。本书通过发放问卷，走访与学生交往密切的辅导员、支部书记等人员，对以高职院校二级学院党总支、基层党支部和支部党员为主体的"三位一体"基层组织党建育人成效以及高职院校学生党员发展质量的综合评价指标体系的构建与应用进行实证研究，实证分析高职院校基层党建育人成效及其影响因素。

（3）坚持以就业为导向的高职教育人才培养定位。本书对坚持以就业为导向的高职教育人才培养定位的研究包括三大模块：第一个模块为高职院校学生岗位实习现状及影响因素的调查分析。笔者在该模块中制定了四类问卷，对长沙市的高职院校及其 2023 届应届毕业生、承担岗位实习的实习单位进行调查。笔者从岗位实习单位、学校、指导教师以及学生自身四个方面对高职院校学生岗位实习存在的问题予以剖析，并深入分析影响毕业生岗位实习有效转化就业的主要因素。第二个模块为基于 CIPP 评价模式构建高职院校岗位实习课程质量监测模型，围绕"背景、输入、过程、结果"四项评价活动，对高职院校学校层面负责就业工作的管理人员、校内指导教师、辅导员等人员；企业层面分管实习工作的部门人员、企业指导教师等进行调查，以综合评判出学生在进行某项实习活动时落入较差、差等级的概率。第三个模块为在《职业学校学生实习管理规定》的实施背景下，构建高职院校学生岗位实习安全事故预警模型，围绕教师因素、学生因素、学校因素、企业因素以及环境因素五个因素，运用多层模糊综合评价法综合评判学生在进行某项实习活动时发生危险警情的概率。

（4）数字经济时代高职统计类人才培养研究。本书从产业结构调整现状、大数据行业等统计岗位现状分析湖南省产业结构与统计岗位适配性；对湖南省产业结构与统计岗位人才需求进行预测分析；从职业素养、学习态度、学习能力、实践创新以及结果评价五个评价维度，运用层次分析法构建四元五维一体高职院校统计类课程教学评价模型；针对统计类专业社会需求与高职院校人才供给之间存在的矛盾，以毕业生的个人行为结构为主要研究对象，同时结合其家庭、学校和社会等方面的因素，对统计类专业毕业生就业力水平进行评价，构建了统计类专业毕业生就业力影响因素统计模型。

（5）高职教育服务地方经济的研究。本书从湖南省产业结构情况和湖南省高职教育专业与产业匹配情况分析湖南省产业结构与高职院校专业现状，对湖南省三次产业结构与高职院校毕业生比率进行相关分析与回归分析，基于自适应过滤法对湖南省三次产业产值与高职院校专业毕业生比率进行预测，对武陵山片区教育支出对居民收入差距的影响、教育投入对居民收入递增效应等进行分析。

（6）新时代高职教育高质量发展的案例研究。本书主要选取湖南商务职业技术学院、长沙民政职业技术学院等多所高职院校分析岗位实习效果及其影响因素，选取湖南商务职业技术学院、湖南大众传媒职业技术学院、湖南信息职业技术学院等分析学生岗位实习满意度及其影响因素。

（7）推进新时代高职教育高质量发展的对策研究。本书主要从加强党建引领助推学校高质量发展、提升实习管理效能推动职业教育高质量发展、推动高职教育专业结构与区域产业结构无缝对接、围绕市场需求导向增强高职毕业生就业力、扩大高职课程教学评价模型应用价值五个方面提出新时代高职教育高质量发展的对策建议，增强企业和学校的融合深度，加强校企双方在专业建设、平台建设、师资建设、人才培养等方面的融合；加强技能型人才的培养，加快人才培养模式的创新，提高产业需求侧和人才供给侧的契合程度，为我国高职教育高质量发展提供经验借鉴。

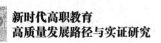

第三节　研究思路与方法

一、研究思路

本书围绕研究内容，按照"设定研究目标—收集文献资料—开展田野调研—实证分析问题—提出对策建议"的基本逻辑思路，从高质量发展职业教育的内涵切入，首先从立德树人背景下职业教育岗位实习课程目标监测研究、基于市场需求导向的高职院校统计类课程教学改革、高职院校专业结构与区域产业结构适配性、高职教育对区域经济社会发展贡献度、高职院校基层党建育人成效评价等维度对高职教育高质量发展实现路径进行了探索与思考；其次从加强高职院校基层党建工作、坚持以就业为导向的高职教育人才培养定位、数字经济时代高职统计类人才培养研究、高职教育服务地方经济的研究等进行实证分析；最后结合理论与实证研究结论，从系统性、整体性的角度探讨新时代高职教育高质量发展的对策建议。研究技术路线如图1-1所示。

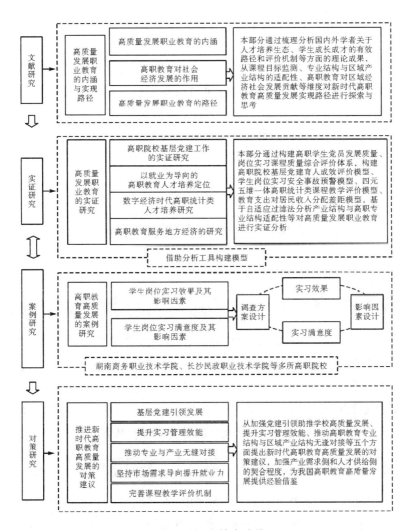

图 1-1　研究技术路线

二、研究方法

1. 质性研究法

本书运用实地调研、深度访谈等质性研究方法，掌握产业发展、高职院校毕业生比率与高职院校学生岗位实习现状等情况，归纳总结湖南省湘西州、怀化市、张家界市等地脱贫攻坚全面胜利前相对较贫困地区经济发展与高职教育发展的特点与异质性，并分析地区交通基础设施、地区就业率、人均社会保障就业以及人均农林水利事务等方面的现状。

2. 数理统计法

本书运用自适应过滤法、层次分析法、多层模糊综合评价法、CIPP 评价模式等方法精准地衡量高职院校岗位实习课程质量、高职院校学生岗位实习安全事故概率等，借助 Excel、SPSS、Stata 等分析工具，运用 OLS 模型、FE 模型、FGLS 模型等分析高职院校专业结构与区域产业结构适配性，高职教育对区域经济社会发展贡献程度等。

第四节　研究成果的创新之处

一、学术思想创新

本书基于高质量发展职业教育的内涵、高职教育对社会经济发展的作用、新时代高质量发展职业教育实现路径的相关经典理论，从理论和实证上研究了在职教数字化、产教融合的政策背景下，高职院校基层党建工作、以就业为导向的高职教育人才培养、数字经济时代高职统计类人才培养、高职教育对区域经济社会发展贡献等合力助推高职教育高质量发展。

二、学术观点创新

在高职院校专业结构与区域产业结构的适配性方面，本书以招生大类专业毕业生比例作为专业调整的指标，利用相关分析、回归分析、时间序列分析和预测等，对湖南省三次产业结构和高职院校对应大类毕业生规模进行定量分析，建立起轻工纺织大类、装备制造大类等七个专业大类毕业生比例和产业比重之间的回归方程。本书利用时间序列预测法中的自适应过滤法预测2022—2026 年湖南省三次产业的地区生产总值（GDP）数据，代入相应回归方程对相关专业招生规模进行调整分析，最终提出湖南省高职院校专业发展策略：建立专业动态调整机制，严控社会需求量小、就业率低的专业，组建和打造特色专业群。

在高职课程教学评价方面，本书运用层次分析法，基于职业素养、学习态度、学习能力、实践创新以及结果评价五个评价维度选取指标主要监测点，构建四元五维一体高职统计类课程教学评价模型，并将评价模型应用于湖南省某所高职院校 2022 届学生统计类课程学习效果的评价实际工作中；进一步思考围绕"背景、输入、过程、结果"四个维度构建其他专业实践类课程质量的测量指标体系，以实现全面、全过程、客观地考核学生，可以及时针对那些不满意程度较高指标给予高度关注，不断加强和改进相应教学工作，确保课程教学质量。

三、 研究方法创新

本书将质性研究和量化研究相结合，比如在高职院校学生岗位实习安全事故预警方面，除理论探究外，本书还运用多层模糊综合评价法，对高职院校岗位实习安全预警指标及模型构建进行分析。本书所构建的多级模糊决策模型为其他高职院校学生岗位实习安全事故预警提供了一个实证研究。本书将横断研究和追踪研究相结合，既在时间点上归纳出研究对象的特征，又在时间段上观察其发展过程和规律，精准分析高职院校专业毕业生比例与三次产业比例的适配性，提出系统性和可操作性的对策建议，具有一定程度的创新性。

第五节 尚需深入研究的问题

本书在数字经济时代高职统计类人才培养研究中，通过随机抽样方法，在湖南省某高职院校 2022 届统计类专业毕业生中选取了部分学生作为调查样本；在调查分析高职院校学生岗位实习现状及影响因素中，以长沙市的高职院校及其 2023 届应届毕业生、承担岗位实习的实习单位为调查对象，可能会由于问卷分析的主观偏差、质性访谈资料整合的疏漏、样本数据的局限性等导致指标提取的失当或指标权重赋值的偏误。对此，笔者有待做进一步的实证检验和修正。

为了能够精确地分析出高职院校统计类专业毕业生就业力影响因素，本书运用就业时间和薪资水平两个指标共同衡量就业力水平，以毕业生的个人行为结构为主要研究对象，同时结合其家庭、学校和社会等方面的因素，确定了影响就业力水平的因素，构建了高职院校统计类专业毕业生就业力水平影响因素的回归模型。今后，笔者将从中小企业的角度，调查分析中小企业对高职院校毕业生就业力或满意度的评价，进一步研究和探讨影响企业对高职院校毕业生就业力或满意度的主要因素。

在研究过程中，本书在职教数字化、产教融合的政策背景下，研究高职院校基层党建工作、以就业为导向的高职教育人才培养、数字经济时代高职统计类人才培养、高职教育对区域经济社会发展贡献等合力助推高职教育高质量发展，但目前研究成果主要集中在湖南省教育领域、商贸流通领域以及民营经济领域等，有待向全国各大高职院校、行业企业推广运用。

第二章
高质量发展职业教育的内涵与实现路径

第一节 高质量发展职业教育的内涵

一、构建党建引领、立德树人的人才培养生态

习近平总书记在党的二十大报告中强调："教育是国之大计、党之大计。培养什么人、怎样培养人、为谁培养人是教育的根本问题。育人的根本在于立德。全面贯彻党的教育方针，落实立德树人根本任务，培养德智体美劳全面发展的社会主义建设者和接班人。"高职院校在贯彻落实党的二十大精神时，需要持续完善党对教育工作的全面领导，重视德智体美劳全面发展，形成全员育人、全过程育人、全方位育人体制机制。

高职院校基层党组织建设与育人工作相结合，是创新基层党组织建设的有效方式，也是提高党建育人质量的重要途径，同时还是尊重师生的育人主体地位、促进学生全面发展、增强党建育人实效的迫切需要。

高职院校基层党组织思想政治建设还存在一些问题，影响了其思想引领功能的发挥，迫切需要探索党建工作新思路、新途径，加强党组织基层建设，创新体制机制，改进工作方式，积极弘扬社会主义核心价值观，着力增强高职院校党建工作育人的实效性。

因此，本书对湖南省高职院校学生展开调查，探究影响高职院校基层党建育人成效的关键因素，以期为高职院校基层党支部探索"党建+"模式下实践育人路径，提高高职院校党建育人实效性、针对性提供参考建议。

二、构建学生成长成才的有效路径和评价机制

党的二十大报告多次强调了教育、科技和人才在党和国家事业发展中的基础性、战略性支撑作用。大数据时代，职业教育领域的智能化教育颠覆了传统教育方式，教师在角色定位、教学方法、教学观念等方面发生了改变，各地高职高专开展了线上、线下深度融合教学，这对高职院校教师全面、科学地评价学生学习效果提出了新的挑战。高职院校要以立德树人为根本任务，遵循教育规律，针对高职学生特点以及新时代线上、线下"双线"教学趋势，改进结果评价，强化过程评价，健全综合评价，着力破除评价学生"唯分数"

的顽瘴痼疾，建立科学的、符合时代要求的学习评价体系。

大数据的推动势必会促进统计分析技术的发展，拓展统计数据分析在金融、保险、生活、旅游、健康、教育、农业等诸多行业的应用场景。2021 年 3 月，教育部印发的《职业教育专业目录（2021 年）》新增加了统计与大数据分析、市场调查与统计分析等专业。随着湖南省产业结构不断调整，特别是湖南省"三高四新"① 战略的推动，各产业对具备较强挖掘数据、设计调查方案和处理数据的能力，擅长统计数据分析的专门人才需求激增。由此可知，在大数据时代背景下，统计学基础作为专业基础课程，可以发挥作用的范围将会得到极大的拓宽。

因此，笔者以统计学基础课程学习评价体系为切入点，指出培养学生综合能力首先应体现在课程模块中。在课程评价中，要注意职业素养、学习态度、学习能力、实践创新以及结果评价五个评价维度，以加强对学生在校期间专业技能和综合素质的全面培养。

三、打造教学科研与社会服务能力过硬的师资队伍

我国高职院校要打造一支校内外专兼职教师队伍，建成一支热爱职业教育事业、乐于奉献、结构基本合理、较为稳定，具备可满足学校职业化人才培养的专业能力和教学能力，适应高职院校未来发展要求的教师队伍。教师队伍年龄、学历、职称、专业结构基本合适，能满足所有专业特别是重点专业、特色专业发展需求。我国高职院校要重点打造一支由领军人才、名（大）师、专业（群）带头人、青年骨干教师组成的优秀教师团队。

四、构建对接产业高端及服务当地重点发展领域的专业培养定位体系

2019 年全国"两会"上，李克强总理在政府工作报告中提出，高职院校扩招 100 万人，2020 年高职院校再次扩招 200 万人。从近几年全国高职院校的招生人数看，2016 年为 343.21 万人，2017 年为 350.74 万人，2018 年为 368.83 万人，2019 年、2020 年分别直接扩招 100 万人、200 万人，堪称"猛增"。这表明，经济转型激发了巨大的社会需求，也预示着我国高职教育改革

---

① "三高四新"："三高"是指国家重要先进制造业高地、具有核心竞争力的科技创新高地、内陆地区改革开放高地，"四新"是指新路子、新作为、新担当和新篇章。

发展进入新阶段。随着近几年高职院校的大幅度扩招，高职院校的学生在高等教育中的占比会进一步提高，高职教育在经济社会发展尤其是在产业转型升级中的作用将越来越大。2021年湖南省统计年鉴数据显示，湖南省专科学校共计70所，2020年湖南省高职院校共毕业17.83万人，毕业生人数比上年增长0.67万人。

2018年，教育部发布的职业教育三年"成绩单"显示，职业教育在相当程度上支撑了产业发展的人才需求，其培养的技术技能人才对经济发展的贡献度和促进作用在不断提高。有关报告显示，现代制造业、现代服务业以及战略性新兴产业等领域，一线新增从业人员的70%以上来自职业院校①。社会对职业教育的认可程度，尤其是用人单位对高职院校毕业生的满意程度得到显著提高。资本投入、科技创新、人力资源是影响经济发展的主要因素，我国已经进入经济高质量发展阶段。经济高质量发展必然要求影响经济发展主要因素的质量不断提高，特别是高素质人才既是人力资源的重要组成部分，也是科技创新的主体。高职教育虽然为经济社会发展提供了大量人才和智力支持，但是面对高质量发展的经济，特别针对产业结构调整和转型升级的加快，高职教育在专业结构如何紧密契合产业结构变化、专业内涵如何适应产业发展、教学内容如何更好地适应产业技术进步等方面均存在不足，有很多需要认真研究解决的问题。

五、构建适应信息化要求的课程开发与智慧教育模式

高职院校基于"智慧校园"，打造独具特色的智慧教育生态体系，按照"系统化设计、结构化课程、碎片化资源"的建设思路，与合作企业共同更新升级素材库、模块库、课程库、职业技能等级证书培训、国际化能力培训等。高职院校建立各类资源共享通道，依托人工智能技术实现资源智慧管理，面向在校学生、学校教师、校友、社区学习者、乡村地区人员提供资源搜索和应用精准化、个性化服务，实现开放共享。

---

① 沈安国.人民网评：职业教育前途广阔、大有可为［EB/OL］.（2021-04-16）［2024-06-30］. https://china.zjol.com.cn/202104/t20210416_22397835.shtml.

六、营造校企合作深度融合的实习实训教学环境

自 2022 年 5 月 1 日起实行的《中华人民共和国职业教育法》（以下简称《职业教育法》）明确提出"职业教育是与普通教育具有同等重要地位的教育类型"。按照"类型教育"的定位发展，我国职业教育是提高我国职业教育地位和质量的关键。探索实施产教融合是《国家职业教育改革实施方案》的重要改革部署，也是重大创新。产教融合体现了职业教育作为一种类型教育的重要特征，能够更好地加强对学生职业道德、职业素养、职业行为习惯的培养，进而落实立德树人根本任务，推动高职院校高质量发展。

党的二十大报告指出："统筹职业教育、高等教育、继续教育协同创新，推进职普融通、产教融合、科教融汇，优化职业教育类型定位。"《国家职业教育改革实施方案》提出："深化产教融合、校企合作，育训结合，健全多元化小学格局，推动企业深度参与协同育人。"《教育部　财政部关于实施中国特色高水平高职学校和专业建设计划的意见》提出："与行业领先企业在人才培养、技术创新、社会服务、就业创业、文化传承等方面深度合作，形成校企命运共同体。"这些政策指引为职业教育的高质量发展确定了发展路径，对职业院校提出了具体要求。

当前，教育与经济的关系已注入新内涵，产业转型升级对高素质技术技能人才提出了更高要求，深化产教融合，加快校企合作，建设产业学院是当前高职院校高质量发展的必经之路。产业学院以更好地服务企业人才需求为导向，能够使高职院校更好地服务企业、服务区域产业发展，有效解决专业与课程建设、学生岗位实习与就业等实际问题。

岗位实习是我国职业教育人才培养中学生的必修课，也是产业学院"产教融合，工学交替"培养模式中的重要环节，是产业学院提高学生专业技能和综合素质的重要途径。但不可否认，与之相伴而来的学生岗位实习安全事故也时有发生。早在 2016 年 4 月，教育部等五部门联合发布了《职业学校学生实习管理规定》，旨在规范实习管理，防范学生实习安全事故的发生。《职业学校学生实习管理规定》对强化职业学校学生实习安全管理发挥了很好的作用。有关报告显示，2020 年每十万名实习学生伤亡数较 2015 年下降了 22.31%。尽管实习学生伤亡数有所下降，但是学生岗位实习安全问题仍然是一个不容忽视的大问题。2021 年 12 月 31 日，教育部、财政部等八部门再次修订的《职业学校学生

实习管理规定》更加突出了对学生岗位实习安全事故的防范。

为了进一步推进产业学院学生岗位实习工作，进一步深化产教融合，防范学生岗位实习安全事故的发生，培养学生的职业能力，实现专业人才培养规格与职业人才需求标准的有效对接，高职院校必须加强对学生岗位实习安全事故的预警。

七、构建现代化的高校管理和治理能力体系

高校承担着培养高素质技能型专门人才、创造高水平科研成果、服务国家和区域经济社会发展的重任，在增强自主创新能力、建设创新型国家中具有不可替代的作用。"十四五"时期，高校要以提升服务能力和水平为着力点，重点加强科技创新工作，提高创新能力，抓好学科专业链与产业链的对接、人才培养与区域发展需求的对接、科技项目与支柱产业的对接，以期为地方经济社会发展做出应有的贡献。

第二节　高职教育对社会经济发展的作用

近年来，高职院校注重发挥高职教育在脱贫攻坚成果巩固与乡村振兴有效衔接、实现共同富裕中不可替代的重要作用，发挥人才、技术、教育等资源优势，扎实开展教育帮扶、产帮扶业、技能帮扶、文化帮扶、生态帮扶、电商帮扶、驻村帮扶等，服务乡村振兴战略，推动区域发展。

一、2021 年度高职院校注重发挥高职教育经济效益项目立项情况

笔者统计发现，高职院校获批立项的 2021 年 1 月至 12 月湖南省自然科学基金项目、湖南省哲学社会科学基金项目以及湖南省社会科学成果评审委员会课题中课题名称包含"乡村振兴"关键词的共 8 项，课题名称包含"脱贫攻坚"关键词的共 4 项，其中有 1 项课题名称同时包含了"乡村振兴"和"脱贫攻坚"两个关键词。相关课题的重点研究内容包括生态文明建设、高职教育巩固脱贫攻坚成果、返乡入乡人才创业就业支持体系、农村电商与物流业产业融合发展等方面。立项信息如表 2-1 所示。

表 2-1 立项信息

序号	课题	关键词	项目编号	项目名称	单位	起止年限/课题类别
1	2021 年度湖南省自然科学基金项目	脱贫攻坚	2021JJ60059	脱贫攻坚收官下湘西贫困地区生态文明建设研究：测评、代价与机制	湖南商务职业技术学院	2021—2023
2	2021 年度湖南省自然科学基金项目	脱贫攻坚	2021JJ60088	"互联网+"时代下高职教育巩固脱贫攻坚成果的策略研究	长沙环境保护职业技术学院	2021—2023
3	2021 年度湖南省哲学社会科学基金项目	乡村振兴/脱贫攻坚	21YBA285	湖南巩固脱贫攻坚成果与乡村振兴有效衔接研究	湖南商务职业技术学院	2021—2024
4	2021 年度湖南省社会科学成果评审委员会课题	乡村振兴	XSP21YBC030	农村社会工作参与湘西乡村振兴的路径研究	长沙民政职业技术学院	一般自筹
5	2021 年度湖南省社会科学成果评审委员会课题	乡村振兴	XSP21YBC083	乡村振兴视域下返乡人乡人才创业就业支寺体系研究	湖南机电职业技术学院	一般自筹
6	2021 年度湖南省社会科学成果评审委员会课题	乡村振兴	XSP21YBC160	乡村振兴背景下郴州本土文化融入高职数字媒体专业教学的实践研究	郴州职业技术学院	一般自筹
7	2021 年度湖南省社会科学成果评审委员会课题	乡村振兴	XSP21YBC192	乡村振兴战略下农村电商物流业产业融合发展研究	湖南外贸职业学院	一般自筹

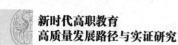
表2-1（续）

序号	课题	关键词	项目编号	项目名称	单位	起止年限/课题类别
8	2021年度湖南省社会科学成果评审委员会课题	乡村振兴	XSP21YBC257	乡村振兴战略下乡村文化建设的理论逻辑和实践路径研究	湖南铁路科技职业技术学院	一般自筹
9	2021年度湖南省社会科学成果评审委员会课题	乡村振兴	XSP21YBC336	乡村振兴战略下湖南省高职院校培养新型职业农民的模式、效果与机制研究	湖南工业职业技术学院	一般自筹
10	2021年度湖南省社会科学成果评审委员会课题	乡村振兴	XSP21YBC405	乡村振兴战略下乡村文化短视频的创作与传播路径研究	湖南大众传媒职业技术学院	一般自筹
11	2021年度湖南省社会科学成果评审委员会课题	脱贫攻坚	XSP21YBZ098	高职院校服务武陵山片区巩固脱贫攻坚成果的对策研究	湖南城建职业技术学院	一般资助

二、 2021 年度高职院校注重发挥高职教育经济效益论文产出情况

贫困作为一种经济社会现象，嵌入在经济社会发展的过程中，是任何国家社会经济发展进程中无法回避的重大问题。产业扶贫作为脱贫攻坚的重要依托，旨在通过一系列政策改变贫困状况。作为乡村振兴的重要举措，产业扶贫对改善乡村经济发展状况、推动乡村振兴起到了重要作用。笔者通过收集中国知网 2021 年 1 月至 12 月高职院校关于"脱贫攻坚""乡村振兴"关键词的文献（共 72 篇）发现，相关文献研究了产业扶贫、电子商务扶贫、教育扶贫等模式、效果、面临的困境以及相应的创新路径。

（一）共同富裕背景下产业扶贫研究现状

邹振兴和柴巧莲（2021）认为，乡村振兴是发展经济的重要环节，建设美丽乡村，切实提升乡村的经济发展质量是我国经济发展和生态环境保护的重要组成部分。畜牧业是我国农业的重要生产领域，畜牧业的发展对乡村振兴具有多方面的作用，但我国畜牧业的产业结构还存在诸多问题。在乡村振兴的过程中，优化畜牧业的产业结构，提升畜牧业的发展质量，对提升我国的乡村经济建设质量具有实际意义。

赵健（2021）阐述了乡村区域的发展状况以及乡村振兴的关键点，解析了职业教育发展推动乡村振兴战略产业支撑的核心因素，提出了职业教育发展推动乡村振兴战略产业支撑的举措，以期为乡村振兴战略的深入贯彻执行带来可供参考的建议。

李琳（2021）认为，高校图书馆是公共文化服务体系中的重要组成部分，有其得天独厚的资源与服务优势。在新时期高速发展的社会背景下，高校图书馆越来越倾向于向社区、乡村大众服务，高校图书馆的精准服务能够为乡村振兴带来丰富的资源和可行的指导参考。其对高校图书馆服务乡村振兴产业的具体措施和发展方向进行研究，并为优化高校图书馆在乡村振兴过程中的服务职能，推动乡村振兴可持续健康发展提出了相关建议。

苏婵（2021）认为，乡村旅游经济的发展能够提高当地居民的经济收入，实现乡村振兴。基于此，其从乡村振兴战略下乡村旅游产业优化升级的机遇及困境入手，提出了乡村旅游经济产业优化升级的途径。

段伟和罗光强（2021）深入剖析了乡村产业发展存在的问题，提出乡村

产业振兴路径，即创设有利条件，丰富产业门类；破除链条壁垒，拓展产业链条；激发内生驱动，释放要素活力；助力乡村产业振兴，推进乡村经济高质量发展。

邹振兴和柴巧莲（2021）认为，脱贫攻坚首先需要发展与经济收入相关的产业。只有产业发展起来了，才能够从根本上提升贫困人口的收入，从根源上解决贫困的问题。畜牧养殖产业与其他产业相比较而言，对脱贫和扶贫工作具有独特的优势。养殖业的主要特点是养殖时间短、经济收入相对较高，养殖户也不需要较高的文化水平，养殖门槛较低。这对于贫困农民而言，是一种较为可行的脱贫方式。他们主要结合畜牧产业扶贫工作经验，探讨了畜牧业在脱贫攻坚中的发展优势，分析优势发挥与运用的主要途径，希望能够为畜牧产业精准扶贫相关工作提供一定的参考。

（二）共同富裕背景下农村电商扶贫研究现状

徐持平和徐庆国等（2021）指出，积极对接互联网龙头企业，不断深化战略合作，培育发展新优势，创新"互联网+"背景下农村电子商务助力乡村振兴模式，是研究的热点、难点问题。基于此，他们主要探讨"互联网+"背景下农村电子商务助力乡村振兴的有效路径，借助农村电子商务拓展乡村产业发展新空间，实现乡村消费提质升级，促进乡村就业模式创新。

李皎洁和李超（2021）概述了乡村振兴及电商创业的内涵，分析在此背景下电商创业呈现出来的多种模式以及电商创业模式的发展机制，指出乡村经济的振兴以及新型产业的发展都带动了电商创业，给电商创业提供了空间环境以及人力资源的支持，物流仓储的发展也解决了农村电商创业的运输问题。同时，他们提出电商创业模式的发展策略，以期促进电商创业发展。

欧阳琳（2021）简要解读了乡村振兴及农村电商的内涵、融合基础以及发展意义，总结了乡村振兴战略背景下我国农村电商的发展现状，指出农村电商发展中存在的问题，从完善基础设施建设、构建产业链、培育电商品牌、引进和培养人才、加强公共服务保障和执法监督方面提出发展农村电商、助力乡村振兴的有效策略。

（三）共同富裕背景下教育扶贫研究现状

1. 职业教育发展助推乡村振兴战略的产业支撑研究

王鸥和唐晓双（2021）指出，近年来，国家对职业教育发展高度重视，将其作为高质量教育体系中的重要组成部分，纳入国家的"十四五"发展规划。职业技术教育要增强适应性，深化新时代教育评价改革，瞄准技术变革和产业优化升级的方向，推进产教融合、校企合作，促进教育链、人才链与产业链、创新链有效衔接。

段伟和肖维英（2021）认为，职业教育是培养高素质技能型劳动者大军的"主战场"，而乡村产业振兴的关键要素为高素质技能型劳动者，因此职业教育服务乡村产业振兴是逻辑必然。职业教育存在人才培养导向单一、师资配套不合理、实训实习资源有限等供给侧困境，应实施包括建立人才培养导向双元化机制、完善师资培养体系、扩展实训实习资源等高质量发展视角下职业教育供给侧结构性改革对策，形成职业教育服务乡村产业振兴路径，稳步推进乡村人才振兴、产业振兴、组织振兴、文化振兴和生态振兴，实现乡村振兴宏伟战略，推进乡村经济高质量发展。

2. 职业教育发展助推乡村振兴战略的人才支撑研究

文圣瑜（2021）指出，高职教育作为我国高等教育的重要组成部分，承担着为经济社会建设和发展培养高素养技能型人才的重任。在"互联网+乡村振兴"时代背景下，农村电商面临着巨大的人才缺口，高职院校电子商务专业如何结合农村电商发展规律，制定合理有效的人才培养模式，培养出更多更好的电子商务人才服务于农村电商发展，成为推进乡村振兴战略实施的重要内容。

邓显石和王俊（2021）指出，乡村振兴战略的提出为职业教育发展指明了新的方向。他们通过研究我国乡村振兴战略的时代背景和职业教育的发展历程，将我国职业教育分为三个阶段，结合乡村振兴战略实施与职业教育发展的内在联系，构建职业院校具体专业类别服务乡村振兴战略实施的精细化人才培养体系，探究生态文明建设背景下职业教育在服务乡村振兴战略实施中的"工学结合"新路径。

赵健（2021）从职业教育发展助推乡村振兴战略人才支撑的重要性、农村职业教育发展的困境、职业教育发展助推乡村振兴战略人才支撑的因素分析、农村职业教育发展过程中工作重点以及农村职业教育发展助推乡村振兴战略的对策等方面进行了研究。乡村振兴是新时代背景下针对城乡结构提出的农村发展战略，旨在促进农村经济发展，提高农民生活质量，加快物质思维和文化思维统一发展。实施乡村振兴战略，必须依靠更多职业化人才，而当前农村的人才队伍还比较薄弱，将职业教育和乡村振兴战略结合起来，有助于培养更多优秀的全能型人才，为农村经济建设贡献更多力量。其对职业教育与乡村振兴的关系进行分析，并且探讨了开展职业教育的方法和对策，致力于发掘职业教育对乡村振兴战略实施的支持。

3. 职业教育发展助推乡村振兴战略的文化支撑研究

周丽妤和黎鲲（2021）指出，我国是农业大国，同时也是人口大国，农村人口众多。乡村振兴作为全面建成小康社会坚定实施的重大战略之一，是党的十九大作出的重要部署，也是我国现代化进程的重大历史任务。乡村振兴、聚焦"三农"战略的实施对促进农村社会和谐发展，促进农村经济进一步繁荣，促进农村文化水平不断提高，加快农村生态文明建设速度等方面都有着重要的现实意义。高职院校作为技术技能型人才的培育基地，能够培育出社会发展、乡村振兴所需的专业人才，更好地服务和带动地方经济及文化建设，促进地方经济及文化等综合领域的可持续发展。因此，高职教育服务在助推乡村振兴战略实施中大有可为。

赵健（2021）从整体上阐述了乡村区域的发展状况以及乡村振兴的关键点，解析了职业教育发展推动乡村振兴战略产业支撑的核心因素，提出了职业教育发展推动乡村振兴战略产业支撑的举措，以期为乡村振兴战略的深入贯彻执行带来可参考的建议。在农村地区，当前的职业教育内容主要与农村地区的发展有关。创建高效的职业教育需要通过改善学校教育状况和改进运营理念来提高竞争力，同时教师队伍的建设也要符合农村职业教育的基本特点，具有普及性、灵活性等。教科书与社会发展的相容性也决定了职业教育在实施乡村振兴战略中的独特重要性。

4. 乡村振兴战略下农村职业教育产教融合发展动力机制研究

赵健（2021）指出，产教融合是当前我国对人才资源进行开发、实施国家教育改革的重要制度安排，也是职业教育经过了多年来的实践探索，实现壮大发展的关键。为了保证产教融合能够成为我国农业职业教育发展的有效路径，我国需要在经济全球化、实施乡村振兴战略的基础上，不断对产教融合发展动力机制进行分析和研究，以此保证能够真正解决农村职业教育中存在的各种突出问题，制定出合理有效的措施，建立完整的动力机制，促使产教融合实现创新发展。

王翊覃（2021）在乡村振兴战略的大背景下，探究了职业教育服务的城乡融合发展道路，并对职业教育在其中的必要性进行分析，针对城乡融合过程中出现的问题提出对应的解决方案，让职业教育在城乡融合中的服务水平得以再提升，从而推进城乡发展融合的进程。

龙真真和王锐东（2021）认为，贫困问题不只是一个国家的问题，更是一个全球性的问题，教育是解决贫困的有力措施，而职业教育更是在其中发挥了不可替代的重要作用。他们针对职业教育助力脱贫攻坚的问题，分析了国内外丰富的普适性的研究成果，探讨了职业教育助力脱贫攻坚中普遍遇到的问题，并在此基础上对政府角色、企业与职业院校之间的校企合作、师资培养、贫困学生内生动力四个关键问题进行研究，提出了相关的应对策略。

（四）共同富裕背景下农民增收问题研究

郭天行（2021）指出，在乡村振兴背景下，农民增收是解决"三农"问题的关键和农业发展的重要内容。推动农民增收体现了高质量发展的要求，有利于化解收入差距带来的矛盾。党的十九大提出，实施乡村振兴战略，拓宽农民的增收渠道，持续增加农民收入。其分析了农民收入的基本特征，探讨了阻碍农民增收的原因，提出了农民增收的有效途径。

（五）研究评述

1. 产业扶贫方面

产业扶贫是乡村振兴的基础，乡村的发展离不开产业的支持。通过对文献的梳理笔者发现：一是已有的产业扶贫方面的研究，侧重于分析产业扶贫的模式及具体实施过程中产生的问题，而对产业扶贫政策实践中，政府、市场主体、贫困农户等行为主体之间的关系方面的研究较少。二是已有研究表明产业扶贫发展的可持续性问题日渐显露，且原有产业被忽视，导致新的产业对带动经济发展的作用不明显。三是已有文献大多采用个案研究，其研究结论的适用性和推广性不够强。四是已有文献对产业扶贫中作为微观主体的产业组织，如企业和合作社方面的研究较多，而涉及微观客体主要是贫困农户方面的研究较少。五是已有研究中贫困农户主要是通过土地流转等间接方式参与到产业扶贫当中，并非直接参与到扶贫项目中，因此其参与度和融合度还有待提高。

2. 农村电商扶贫方面

笔者发现，已有的关于农村电子商务扶贫的研究从宏观角度出发提出农村电子商务扶贫的发展途径，主要针对的是农村电子商务扶贫发展的迫切性、现状和存在的问题，比如政府政策力度、电商人才缺乏、物流体系不健全问题等，而针对农村电子商务扶贫的模式构建、农村电子商务扶贫的障碍分析、农村电子商务扶贫的影响因素等进行分析，提出对应的能够促进农村电子商务扶贫发展的策略的研究还较少。

3. 教育扶贫方面

关于农村教育扶贫，学者们的相关研究成果较为丰富，从各自不同的角度分析了农村教育扶贫发展的意义、主要形式、模式等。不足之处是实证分析不够深入关于农村教育扶贫工作的监督和考核，如何防止返贫方面的研究还不够全面。

4. 农民增收方面

已有研究中关于单纯分析农民增收的研究成果并不多，主要成果如下：

第一，"三农"问题的核心是农民问题，而农民问题的核心是农民素质问题，包括思想品德素质、科学文化素质、劳动技能的提高及身体素质的提高。因此，培育新型农民不仅是新农村建设的关键，也是农民收入增加的关键。

第二，农业科学技术的进步能够提高劳动生产率进而促进农业的发展。职业教育可以通过到基层推广先进技术，培养一批技术骨干人员，分期、分批次到农村进行相关技术指导，积极设法破解技术推广过程中的资金不足、推广对象素质的提升等难题，为提高农民收入、促进农村全面发展打下良好基础。

总之，农民收入的增加有利于农村社会的稳步健康发展及国民经济的平稳运行。政府要在加大力度改善民生的同时进一步放宽户籍管理制度，让农民有更多的发展机会和更好的社会保障，从根本上破解"城乡二元体制"难题。农民作为提高收入的关键主体更要为改变自身现有的生存状态、提高自身地位作出积极努力。

已有文献分析了农民增收难的原因与对策，虽然有很多值得借鉴之处，但是从农民收入结构的变动来深入分析农民收入增加的研究成果并不多。

第三节　新时代高质量发展职业教育实现路径的探索与思考

一、立德树人背景下职业教育岗位实习课程目标监测研究

目前，国内外关于高职院校学生岗位实习方面的研究主要集中在以下三个方面：

一是探究高职院校学生岗位实习管理现状及问题。

在探究高职院校学生岗位实习安全风险及侵权问题方面，周思含（2019）指出，由于岗位实习学生的主体身份地位缺乏明确界定，岗位实习学生的人身权益保护在法律上存在空白，高职院校、用人单位对岗位实习管理不够规范，岗位实习学生的法律意识淡薄、维权能力较弱，易造成高职学生在岗位实习过程中存在安全风险及侵权问题。张世亮（2020）指出，我国应从完善法律法规体系、加强服务与行政监督管理、构建校企利益共同体、完善岗位实习管理机制和强化风险管理等方面出台产教融合背景下高职学生岗位实习期间权益保障的措施。李川驰（2021）指出，在学生实习过程中，学生安全管理体系不完善、企业岗前培训和经济利益导向以及学生自身素质不高等因素，使得学生在岗位实习期间会遇到各种安全威胁，以至于实习过程中的风险因素变得复杂且不可控。

在探究高职院校学生岗位实习伤害防范问题方面，易姗姗和陆琴等（2015）从实习地点分散、实习内容和管理主体多样等方面探析制约开展安全教育的原因，提出应整合多种力量，建立安全教育预警制度等解决对策，以期更好地开展高校酒店管理专业学生岗位实习期间的安全教育工作。卢宇和孙长坪（2017）基于100所高职院校的抽样数据研究发现，高职院校防范学生岗位实习伤害的制度建设现状不容乐观。职业教育岗位实习涉及多方主体，迫切需要政府对职业教育岗位实习学生伤害防范制度建设进行统筹谋划，建立起学生岗位实习伤害多方联防联控机制，以保证学生实习安全。段宜学（2020）得出类似的结论。

二是探究高职院校学生岗位实习效果的影响因素。赵燕和陈国栋等（2020）研究工科专业实习效果的主要影响因素以及各因素之间的关系，探究

优化实习过程的教育机制，提出了"五个一"管理对策，以提升工科专业的实习效果。祝成林和和震（2021）指出，文化认知性制度要素对学生实习效果有消极影响，建议通过深化实习课程化管理、建立优质企业实习联盟、共建知识共享平台等措施，减少对高职院校学生实习效果的消极影响。林翠生和张光英（2022）指出，学校、实习单位和实习生是影响学生实习感知和实习效果的三大因素，在实习的各个环节有不同的影响效力。得出类似结论的学者还有高亮和唐鹏（2018）、陈方红和刘海明（2021）等。

三是探究高职院校提高学生岗位实习质量的策略。有研究者指出，毕业实习是高校实践教育的重要组成部分，是培养学生实践能力和创新能力的重要途径（Yan Xiao Wei 和 Zong Yi Hou，2014）。研究者使用 Java 语言设计了一个制度化的高校毕业实习管理系统，以提高毕业实习教学质量，实现对毕业实习的有效管理。姚旭明（2016）主张运用期望理论，建立完善的组织机制、个人培养机制和报酬奖励制度、机会激励机制、成就激励机制和科学的实习工作绩效评估机制等，以提高高职学生岗位实习效率和质量。代锋（2019）指出，应从实习岗位开发、安全管理、过程监控、思想教育、考核评价等方面提升岗位实习管理效果。得出类似结论的学者还有吴茜和朱向锋（2021）、刘琦和孙冲（2022）等。

已有研究为高职院校学生岗位实习课程效果研究提供了一定的理论指导和借鉴意义，但针对如何精确度量学生岗位实习课程质量、深入分析实习有效转化就业的关键因素的研究还十分欠缺。

本书拟从指导教师、学生、学校、实习单位四个角度分析湖南省高职院校岗位实习的教学现状，比如高职院校教师指导力度、实践教学侧重度、教学内容等；学生对岗位实习的目的、任务和要求的明确情况，学生对工作环境的适应能力，学生的职业素养等；学生岗位实习单位落实情况、学生实习岗位与所学专业结合度、岗位实习组织方式、考核方式等；企业参与岗位实习的热情度、企业是否有良好的激励机制和政策保障等方面，总结湖南省高职院校提高岗位实习质量的主要经验以及找出在学生岗位实习实施与管理过程中存在的问题，并运用微观数据进行实证研究，找出强化和弱化学生有效转化就业的内在因素，为学校、企业以及政府有关部门提升高职院校岗位实习质量指明方向。

二、　基于市场需求导向的高职院校统计类课程教学改革研究

目前，国内外关于高职院校统计类课程教学改革的研究主要集中在以下三个方面：

一是对统计类课程教学改革的探究。

王小刚（2020）指出，统计类课程涉及很多统计原理、概率论知识，高职学生数学基础相对比较薄弱，采用"设疑"的启发式教学能够充分调动学生们的积极性，挖掘学生们的兴趣点。图多尔（Tudorel，2008）认为，将灌输式教学方法转变为启发式教学，启发学生解释统计数字背后的统计意义。正如罗金华和单勤琴等（2015）所述，注重统计类课程的实践教学质量，对培养学生统计基本技能和提高他们的实践能力具有重要意义。因此，统计类课程应提高实践教学课时，加强对 Excel、SPSS 等统计软件的教学。黄小艳（2015）指出，在大数据背景下，高校需要充分组织学生开展紧贴社会和生产实际的社会调查活动，引导学生收集统计数据，并运用 SPSS 统计软件进行数据整理和分析，提高学生将操作能力转化成自身的优势及技能。

国内外研究统计类课程采用启发式教学、案例式教学以及实践性教学的文献很多，但是关于运用"双线"教学方法的研究还很少。有研究者认为，翻转课堂教学使学生演绎主角，通过课前学习短小精悍的微课视频，能够使学生在课堂学习过程中更加积极地与教师互动，提高学生学习的主动性，进而提高教学效果。在线教学是一种不同于面对面教学的体验。宋承继和陈小健（2018）认为，合理考核对学生在线开放课程的学习效果有重要影响，它是推动在线开放课程教学实践的关键。因此，任课教师需要充分挖掘网络教学平台上的在线讨论、教学视频、课程访问量等方面的数据。

二是关于学科竞赛对课程改革和人才培养意义的探究。

张春梅和薛靖峰等（2019）以青岛黄海学院经济统计学专业为研究对象，从学科竞赛的实质、学科竞赛与创新型人才之间的关系等方面，阐述学科竞赛是高校培养具有创新精神和实践能力人才的重要平台，提出构建以学科竞赛为载体的创新型人才培养模式。

刘海峰和陈琦（2009）、甘静（2015）指出，数学建模是综合运用各种数学和统计知识解决实际问题的重要实践活动，高校教师应将数学建模思想有机地融入概率论与数理统计、统计数据分析、统计预测与决策等课程教学中。

于梅菊和袁华等（2016）、朱德刚和蒋华松（2017）从数学统计建模竞赛的视角，指出全国大学生数学统计建模竞赛是培养学生综合素质和创新能力的有效途径，并从竞赛教学平台建设、指导教师师资队伍建设、学生竞赛管理平台建设三个方面对创新型人才的培养进行探讨和分析。

程从华和王静（2020）阐明了基于学科竞赛的统计学专业应用型人才培养的意义，分析了实施学科竞赛培养应用型人才存在的困难与问题，针对困难与问题提出改革的方法和建议。

郭丽莎（2019）深入分析了大数据时代对统计软件课程的教学需求，指出高校学科竞赛是培养学生创新精神和实践动手能力的有效载体，参与学科竞赛可以有效提升学生综合运用专业理论的能力、自主学习的能力和创新性思维的能力，调动学生的积极性，开阔学生的视野。

三是对高职院校统计类课程考核评价体系的探究。

郑亚敏（2015）认为，高职院校对统计学基础课程的考核主要分为平时成绩和期末考试成绩。其中，平时成绩主要包括课堂考勤、课堂表现、课后作业等，应占总成绩的30%；期末考试基本采用闭卷考试的方式，期末考试成绩占总成绩的70%。陶学萍和曾健南（2019）指出，对经管类统计学基础课程的考核，应从考勤、课堂表现、课后作业、小组汇报以及考试等考核项目综合评价学生。陈梅（2018）指出，应从网络学习平台所形成的成绩、课堂平时成绩以及笔试成绩等多种维度对学习者进行综合评价。尹阳春和乔爱玲（2017）从翻转课堂教学角度分析学习评价体系的可行性，提出基于慕课平台的翻转课堂学习评价体系应该包括四个方面：在课前，对学生参与的测验、讨论等方面的评价；在课中，对学生的独立学习、小组讨论以及教师对学生的课堂记录等方面的评价；在课后，对学生的作业完成情况的评价；在学期末，对学生的期末测试和学生的学习心得等方面的评价。

在以往的高职院校统计类课程教学改革研究中，多数学者倾向于定性分析。

首先，以往的高职院校统计类课程教学不以市场需求为导向，不基于企业岗位任务和工作过程进行课程设计，不考虑技术领域和职业岗位的任职能力要求。这将难以结合行业企业的需求进行课程内容改革。

其次，以往的高职院校统计类课程教学只注重知识、技能的培养，没有大力挖掘统计类课程的思政元素，未能做到打好人才培养的政治底色。这将难以真正培养理想信念坚定、德智体美劳全面发展，具有较强的统计理论基础、较强的统计思维、良好的人文素养和良好的职业道德及创新创业能力，"擅统计、精分析"的复合型技术技能人才。

最后，在进行课程改革并实施后，以往的高职院校统计类课程教学未能及时运用层次分析评价法构建高职院校统计类课程教育教学综合评价指标体系，没有将客观量化评价与主观效度检验结合起来，未能综合采用结果评价、过程评价、动态评价等方式。这将难以制定出更为精细和系统的评价指标，无法充分及时反映学生成长成才情况，未能反映课程中知识传授与价值引领的结合程度，难以做到以科学评价提升教学效果。

因此，本书基于全国职业教育大会提出的坚持立德树人，德技并修；坚持面向市场，面向能力，强化实践；坚持"岗课赛证"综合育人，提升教育质量等，拟以市场需求为导向，深入调研行业企业人才需求和岗位需求，从课程内容、实践教学、教学方法以及考核评价等角度提出教学改革，分析工学结合、课证融通新途径，探索需求导向的"教学做赛训"合一的人才培养机制。

三、高职院校专业结构与区域产业结构适配性研究

近年来随着我国高职教育的大幅扩招，高职教育在经济社会发展尤其是在产业转型升级中的作用将越来越大。高职教育作为高素质技能人才培养的重要阵地，优化高职专业结构与区域产业结构的适配性对我国经济高质量发展具有重要作用。

2017 年 12 月，国务院办公厅发布了《关于深化产教融合的若干意见》，明确指出人才培养供给侧与产业需求侧在结构、质量和水平方面存在显著的差异，要求努力构建与产业链、创新链高度契合的学科专业体系，优化学科专业结构，促进专业发展。张慧青（2017）认为，一方面，企业特别是装备制造业企业，对技能人才总量的需求非常大，但长期以来难以满足需求；另一方面，职业院校的毕业生难以快速与实际岗位对接。现实情况表现出两个主要的"错位点"：供给不足、质量不高。沈陆娟（2018）、姜璐和李玉清（2018）等人也有类似的研究结论。马萍和刘斌（2019）指出，高等教育的发展规模和经济发展水平具有正相关性。郑小霞（2020）提出，教育与经济的关系已注入了新内涵，产业转型升级对高素质技术技能人才提出了更高要求，高职院校专业结构与区域产业结构形成紧密的契合适配关系，是促进经济高质量持续发展的重要环节。已有研究为高职院校人才需求、产业发展与专业

改革有效衔接等研究提供了一定的理论指导和借鉴意义，但定量分析高职院校专业毕业生比率与三次产业比率的适配性研究还较少。

湖南省高职教育得到了迅速发展，但职业教育专业结构与产业经济结构衔接度不高，存在诸如高职教育人才培养的质量难以适应社会发展的需要、在专业设置和招生比率方面对未来趋势缺乏精确的预测和判断等问题。这些问题是制约高职院校生存与发展的难题。因此，立足湖南省经济发展，优化调整高职院校专业结构，合理确定招生规模，高度契合区域经济发展的实际需求，已成为目前亟待解决的问题。本书重点研究在产业转型升级背景下，定量分析高职院校专业结构与区域产业结构契合程度，以期科学合理地引导湖南省高职院校设置专业、调整专业结构，从而形成合理的人才供给结构，促进湖南省产业转型升级与经济高质量发展。

（一）区域产业结构方面的相关研究

笔者通过万方数据平台和中国知网检索发现，区域产业结构方面的研究中，90%以上的研究属于经济类的研究，在教育与产业关系等方面的研究不多。较有影响的研究（李双成，2013；陈喜强，2011；杨旺舟，2012）主要对产业结构的演进、调整、优化升级、产业结构与经济增长的关系、产业结构调整与就业结构协调变动的效应、产业结构调整对就业渠道拓展和人才需求的影响进行了研究。产业结构调整亟须技术技能人才的储备，产业结构调整关键是依靠技术进步推动产业升级，而技术进步主要依靠劳动力结构升级、劳动者价值创造能力的提升。

（二）高职院校专业结构方面的研究

笔者在中国知网分别以"高职+专业结构""高职教育+专业结构""高职院校专业建设"为主题进行检索，结果显示这方面研究的文章很多，研究内容主要集中在两个方面：一是对高职院校专业设置和专业调整的原则从学理上进行论证并给出对策建议，二是对单个院校或单个专业的现状进行分析之后提出相应的专业建设或调整路径。例如，潘荣江等（2014）认为，我国高职院校存在专业类别分布过于集中、专业设置趋同、专业类型结构不合理等急需解决的问题。王建华等（2014）认为，专业动态调整机制应遵循适应性、前瞻性、特色发展、整体优化原则。刘松林（2017）认为，专业调整应建立政府决策协调、劳动力供求、技术研发和信息共建共享的互联机制。

（三）高职院校专业结构与区域产业结构的适配性研究

国内研究主要围绕专业设置与产业结构对接的内容、思路和策略等展开。殷新红（2013）认为，高职院校专业结构调整应遵循专业结构与产业结构相适应的原则。张秋玲（2014）认为，高职院校专业结构调整要遵循服务地方、特色发展和务实原则。张耘等（2015）认为，高职院校专业设置要保持相对稳定性、具有一定灵活性、重点发展特色专业等原则。姜璐、李玉清、董维春（2018）研究了我国高等教育结构与产业结构的互动和共变关系，并运用耦合协调模型测算我国高等教育结构与产业结构的变动关系，认为我国高等教育结构与产业结构形成互动和共变，需要深化产教融合，加大高等教育供给侧结构性改革的力度，但对专业结构与产业结构的互动未做深入研究。沈陆娟（2018）以浙江省为例，对高职院校专业设置与产业结构耦合策略进行了研究，认为高职院校不仅要打造自身的专业特色，更要根据区域的主导产业、特色产业、新兴产业调整专业布局，坚持政府调控和院校调节相结合的原则实现各地区各院校错位发展。

在国外，20 世纪 90 年代，纽约州立大学社会学家亨利·埃茨科威兹教授和阿姆斯特丹科技学院的罗伊特·雷德斯多夫教授，提出了著名的政府、企业与大学"三螺旋理论"。该理论认为，地方政府、区域产业和高等院校如同三个子系统，如果三者合作关系良好，各子系统就会在互动、交叉、重叠和融合过程中螺旋式上升发展，并促使三者不断调整相互之间的关联模式与组织结构，使得社会经济系统持续螺旋式上升发展。国外关于产业结构调整与职业教育的关系的研究主要集中在办学模式和课程方面。德国的"双元制"办学具有专业结构调整随产业结构调整而变化的明显特征。美国的社区学院最大的特色是职业教育与所服务的社区生活紧密联系。

（四）研究文献述评

我国高职院校专业结构与区域产业结构的适配性研究成果较多，涉及范围较广。这为本书的研究提供了重要的参考。国外的研究多立足于本国的价值观念、政策体系，服务于本国的经济和社会发展，很少将产业结构与高职院校专业结构的关系作为一个单独的问题研究。这虽然对本书有借鉴意义但价值不是很大。已有研究绝大多数是定性分析和宏观描述，主要是选取几个要素进行对比分析，缺少定量研究，总体上研究深度不够。已有研究尚未发现从产业转型升级的视角，针对湖南省高职院校专业结构与区域产业结构的适配性进行定性与定量相结合的深入研究。这给我们留下了很大的研究空间。

四、高职教育对区域经济社会发展贡献研究

（一）教育支出对居民收入分配差距的贡献度

目前，越来越多的国内外学者倾向于分析教育支出对居民收入分配差距的贡献度。笔者通过查阅国内外相关文献，提炼出如表2-2所示的三种观点。

表2-2　教育支出对缩小居民收入差距的作用及代表学者

观点	具体内容	代表学者
观点之一：家庭教育支出在缩小城乡差距方面的作用	①基于中国社会科学院调查数据（CASS）分析得知，在众多影响居民收入差异的影响因素中，教育对居民收入差异的影响最为显著	斯库勒等（Sicular et al., 2007）
	②基于Logit和Tobit模型分析得知，家庭人均教育支出对贫困发生率、贫困缺口率以及贫困平方距指数的影响呈现"U"形分布，在未达到门槛值时，对降低收入不平等程度表现为促进作用；在超过门槛值后，对降低收入不平等程度表现为抑制作用	潘海燕和罗勇（2019）
观点之二：公共教育支出在缩小城乡差距方面的作用	①基于面板数据实证发现，城乡教育不均等与城乡收入差距之间存在相互推进的恶性循环，加大对农村偏远地区的教育投入力度，特别要倾向于农村义务教育，才能有效遏制城乡收入差距的进一步扩大	吕炜、杨沫等（2015），李祥云、张建顺等（2018），潘海燕和李定珍（2020）
	②基于中国居民收入调查数据库（CHIPS），通过Oaxaca-Blinder分解得知，政府在教育投入方面的不均等是影响城乡收入差距的重要因素，其贡献率约为35%。政府应重点加大对农村落后地区的教育投入，促进农村教育事业发展，以此缩小城乡差距	陈斌开、张鹏飞等（2010）
	③基于人力资本角度分析我国城乡收入差距扩大的原因，研究结果发现，通过人力资本积累，个体能够最大限度激发其潜能，提高工作效率，进而增加其收入；加大对西部落后地区初等教育投入力度，则有利于改善城乡收入差距	赵亚丽（2017）

表2-2(续)

观点	具体内容	代表学者
观点之三: 从政府支农资金、地区从业人数、就业保障等方面探讨城乡收入差距扩大的原因	政府财政支农资金、就业率与工资水平的高低等与农民收入之间存在显著正相关关系	董运来、董玉珍等(2005),张文光(2009),工红蕾(2013),聂婷(2013)等

虽然探讨教育支出和缩小城乡居民收入差距关系的文献较多,但重点分析教育支出在缩小城乡收入差距的边际递增或递减作用的文献甚少。刘宪(2012)以中国城乡的实际调研数据实证分析了教育投入对居民收入的影响。他指出,教育投入回报率会因地区差异而不同。在城市地区,教育支出的回报率存在显著的递增作用;在农村地区,教育支出的回报率存在显著的递减作用。

因此,本书在分析地区人均公路里程、人均农林水利事务支出、人均固定资产投资以及人均社会保障就业支出对城乡收入差距的影响的基础上,将重点分析教育支出在缩小城乡居民收入差距方面是否存在显著的递减或递增作用。

(二) 教育投入对居民收入的递增效应

鉴于以往学者们研究的结论(见表2-3),本书将以武陵山片区为例进行实证研究,重点探讨教育支出是否对地区居民可支配收入存在递增或递减的边际影响。

表 2-3　教育投入对缩小居民收入差距的作用及代表学者

观点	具体内容	代表学者
利用国外数据分析教育对居民收入的影响	①运用经济增长余数分析法分析美国教育对国民经济增长额的贡献度高达 33%，同时指出教育可以促进生产力发展，是经济增长的源泉	舒尔茨（1979）
	②基于巴基斯坦的家庭调查数据实证发现，教育对农户的非农就业水平存在正向贡献，进而可以提高低收入家庭的收入	黑崎（Kurosaki，2001）
	③基于世界上 194 个国家与地区数据分析得知，教育在促进经济发展方面存在正向的外溢作用，并且在促进经济发展的过程中呈现出从弱到强，再轻微降低的趋势	蔡增正（1999）
	④基于美国收入动态追踪研究项目的调查数据分析得知，生均经费支出对工资收入的回归系数为 0.7，这表明增加教育投入能够提高家庭的工资水平	杰克逊和詹森（2016）
利用国内数据分析教育对居民收入的影响	①基于多元回归分析得知，影响高等教育发展规模的各因素会因地区不同存在显著差异，并且教育回报具有滞后性	朱茂勇（2015）
	②运用中国城乡的实际调研数据，从区域异质性角度分析教育投入对居民收入的影响。研究发现，在城市地区，教育支出的回报率呈现出递增的边际效应；在农村地区，教育支出对收入的贡献与之相反	刘宪（2012）

五、 高职院校基层党建育人成效评价与实践研究

（一）高职院校基层党建育人成效评价与实践

国内外学者关于党建育人的研究很多，笔者在中国知网中以"高校党建育人"篇名进行文献检索，检索到 464 条研究文献。笔者再以"高校基层党建育人"篇名进行文献检索，检索到 56 条研究文献。以上文献的代表性研究观点大致如下：

一是聚焦党建与思政教育协同育人研究。冯立、程威和张金良（2017）通过从目标、内容、方法、队伍建设等方面探讨党建与思想政治教育协同育人，对学校党建与思想政治教育协同育人路径进行了探索。崔昌华（2018）

提出，通过推进育人机制、统筹育人队伍、强化育人效果，探索构建高校党建统领一体化育人体系。王振强、柴杉（2019）通过"三步走"创新全课程育人体系、"三覆盖"创新全过程育人体系、"三举措"创新全员育人体系等创新了高校党建育人工作开展的有效路径。张瑞煊（2021）提出在"三全育人"背景下，坚持全员育人，打造协同育人队伍；推进全程育人，丰富协同育人内容；开展全方位育人，畅通协同育人渠道，扎实推进党建工作和思想政治教育的融合发展。

二是着眼于提升人才培养质量育人研究。邱冠文、陈德权和肖华（2016）以华南农业大学为例，提出机关党组织与学生党支部结对共建，推动机关党建育人体系的构建，发挥模范引领、组织引领、约束规范和教育培育等功能。叶陆艳（2019）以宁波职业技术学院工商管理学院为例，开展了党总支领导下的院长负责制试点工作，探索"院园融合"的新型育人模式，充分利用政府、行业企业、院校等多方资源潜力，优化合作育人政策环境，全力开创政校企全过程、全方位"共融、共建、共育"合作培养人才的局面。

三是突出高校基层党建育人实践研究。刘晓勤、许晓娟（2015）以中央财经大学文化与传媒学院为例，探讨在组织文化视域下，依托党建文化先进性，建设学院党建生态文化环境，加强文化育人组织领域建设，阐释文化育人集体理解的党建文化育人模式。邓力（2020）以湖南城建职业技术学院建筑工程系党总支为例，从课程、科研、实践、文化、网络、心理、管理、服务、资助、组织等方面介绍开展"三全育人"建设综合改革，并获得了一定的经验和成果。

笔者通过对已有学术成果的初步梳理与分析发现，大部分学者基于高校党建育人功能及做法开展研究，研究成果呈现范围广、层次多、丰富多样等特点，但就高职院校基层党组织育人的实证研究不多，还存在以定性分析为主，缺少定量分析，更多的只是谈问题、提建议等情况，没有运用统计分析方法对基层党组织育人成效进行综合评价。

鉴于上述研究现状，本书将基于 CIPP 评价模式理论框架，以长沙民政职业技术学院为例，探索建立以"背景、输入、过程、结果"四项评价为主的基层党建育人成效综合评价体系。

（二）高职学生党员发展质量综合评价体系

国内外对高校学生党员发展质量保障体系方面的研究主要有以下三个方

面：一是从学生党员发展工作中存在的问题入手，提高高校学生党员发展工作的质量。郑永廷（2013）指出，高校学生党员发展质量的关键是入党动机问题。二是从高校组织机制入手，对确保高校学生党员发展质量问题进行研究。和红燕和薛建鹏（2016）认为，新时期发展高校学生党员质量保证机制，需要加强入党前的培训，形成正确的入党动机，践行组织制度担保，强化党员教育培训进行考核监督，突出党员模范带头作用。三是从高校学生党员质量保障体系和评价体系构建等方面进行研究。欧阳沁、孙宇和黄志民（2013）以清华大学为例，提出以强化党建工作队伍建设、建立完善的制度体系、创新入党积极分子教育模式等方式方法来构建高校学生党员发展质量保障体系。陈源波（2018）提出，从德、智、体、劳四个维度和百分制的方法来构建高校学生党员发展质量评价指标体系。正如任云（2014）所说，高校应积极培养学生新党员，这是高校党建工作的重要内容，对我们党、国家和民族具有重要的战略意义。因此，各高校要结合党的建设实践的现实，分析学生党员发展中存在的问题，试图探索和建立一套科学、实用、完善的党员发展定量评价机制，以提高党员的素质。沈大伟和刘笑阳（2016）指出，中国共产党党员发展必须重视基层组织建设，吸纳企业家、大学生等精英群体入党。有研究者（Wu & Dong，2022）认为，红色文化蕴含着丰富的革命精神和深厚的历史文化内涵，它承载着中国共产党人的初心和使命，也是中国共产党人宝贵的精神财富。发展学生党员应将红色文化融入新时代学生党员党性教育，加强学生党性方面的锻炼。

在以往的高校学生党员发展质量研究中，多数研究只是从定性的角度探讨如何提高学生党员水平的方法，或者从定量的角度提出指标体系的构建，但是很少整理出相关数据进行具体运用，并且没有运用统计预测理论与方法对所构建的评价指标体系进行较为科学的预测和评价。因此，本书拟从学生思想政治、学习成绩、实践活动、身心素质以及道德品行等方面构建高校学生党员发展质量的综合评价指标体系，并以长沙民政职业技术学院为例，运用层次分析方法构建学生党员发展质量的综合评价体系，以便能够全面、客观地考核学生，确保学生党员质量。

第三章
加强高职院校基层党建工作的实证研究

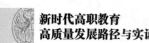

第一节 高职学生党员发展质量综合评价体系

一、构建高校学生党员发展质量的综合评价指标体系

（一）判断矩阵与一致性检验

为全面客观地评价学生，发展高质量学生党员，本书确定从思想政治、学习成绩、实践能力、身心素质以及道德品行等方面构建高校学生党员发展质量的综合评价指标体系（见图3-1）。

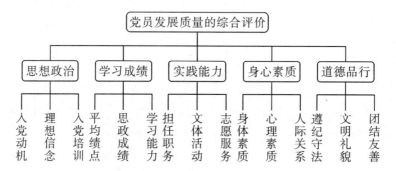

图3-1　高校学生党员发展质量的综合评价指标体系

本书运用特征向量法中的和积法对判断矩阵进行满意一致性检验。具体步骤如下：

笔者运用公式对判断矩阵的每一列进行归一化。

$$\bar{a}_{ij} = \frac{a_{ij}}{\sum\limits_{k=1}^{n} a_{kj}} \quad (i, j = 1, 2, \cdots, n)$$

笔者将归一化后的矩阵求行和。

$$\bar{W}_i = \sum\limits_{j=1}^{n} \bar{a}_{ij} \quad (i = 1, 2, \cdots, n)$$

笔者将向量 $\bar{W} = (\bar{W}_1, \bar{W}_2, \cdots, \bar{W}_n)^T$ 进行归一化。

$$W_i = \frac{\overline{W}_i}{\sum_{i=1}^{n} \overline{W}_i} \quad (i = 1, 2, \cdots, n)$$

笔者计算判断矩阵最大特征根。

$$\lambda_{\max} = \sum_{i=1}^{n} \frac{(AW)_i}{nW_i}$$

笔者运用一致性指标 CI 计算出检验系数 CR，若 CR<0.1，则认为判断矩阵通过一致性检验。

$$CI = \frac{\lambda_{\max} - n}{n - 1}$$

$$CR = \frac{CI}{RI}$$

其中，RI 是平均一致性指标，可由表 3-1 直接查得。

表 3-1　平均一致性指标系数

判断矩阵阶数	3	4	5	6	7	8	9
RI	0.58	0.90	1.12	1.24	1.32	1.41	1.45

各层判断矩阵的检验结果如表 3-2 至表 3-7 所示。

表 3-2　判断矩阵 $A - B_i$

A	B_1	B_2	B_3	B_4	B_5	权重
B_1	1	2	5	3	4	0.344
B_2	1/2	1	6	2	1/5	0.191
B_3	1/5	1/6	1	5	3	0.168
B_4	1/3	1/2	1/5	1	1/6	0.060
B_5	1/4	5	1/3	6	1	0.237
CR = 0.508						

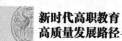
表 3-3 判断矩阵 B_1-C_i

B_1	C_1	C_2	C_3	权重
C_1	1	3	2	0.537
C_2	1/3	1	2	0.268
C_3	1/2	1/2	1	0.195
CR=0.118				

表 3-4 判断矩阵 B_2-C_i

B_2	C_4	C_5	C_6	权重
C_4	1	1/7	5	0.197
C_5	7	1	8	0.738
C_6	1/5	1/8	1	0.065
CR=0.225				

表 3-5 判断矩阵 B_3-C_i

B_3	C_7	C_8	C_9	权重
C_7	1	3	2	0.537
C_8	1/3	1	2	0.268
C_9	1/2	1/2	1	0.195
CR=0.118				

表 3-6 判断矩阵 B_4-C_i

B_4	C_{10}	C_{11}	C_{12}	权重
C_{10}	1	2	3	0.512
C_{11}	1/2	1	1/4	0.158
C_{12}	1/3	4	1	0.330
CR=0.323				

表 3-7　判断矩阵 B_5-C_i

B_5	C_{13}	C_{14}	C_{15}	权重
C_{13}	1	5	3	0.619
C_{14}	1/5	1	1/4	0.096
C_{15}	1/3	4	1	0.284
CR = 0.075				

由表 3-2 至表 3-7 可知，判断矩阵 B_5-C_i 的检验系数 CR = 0.075<0.1，可以认为该判断矩阵具有满意的一致性。其他各个判断矩阵的检验系数 CR > 0.1，这些判断矩阵不具有满意的一致性，需要重新调整判断矩阵。

（二）一致性修正

本书运用李勇和丁日佳（2007）提出的最小元素法对不具有满意一致性的判断矩阵进行修正。假设原判断矩阵为 n 行 n 列，该方法需要在原判断矩阵中非主对角线元素中选取最小的且相互独立的 $n-1$ 个元素，以这 $n-1$ 个元素为准进行修正。我们以表 3-8 中判断矩阵 $A-B_i$ 为例。

表 3-8　判断矩阵 $A'-B_i$

A	B_1	B_2	B_3	B_4	B_5	权重
B_1	1	5/6	1	5	5/6	0.217
B_2	6/5	1	6/5	6	1	0.261
B_3	1	5/6	1	5	5/6	0.217
B_4	1/5	1/6	1/5	1	1/6	0.043
B_5	6/5	1	6/5	6	1	0.261
CR = 0						

第一步：找出判断矩阵 A 中非主对角线元素中的最小的且相互独立的 $n-1$ 个元素，即 a_{45}，a_{32}，a_{31}，a_{43}，并记为（$M1$：$M2$：$M3$：$M4$：$M5=5$：6：5：1：6）。

第二步：对判断矩阵 A 中任意元素 $\dfrac{M_i}{M_j}a_{ij}$，用修正元素重新构建判断矩阵 A'。

修正后的判断矩阵 A' 如表 3-8 所示。

（三）层次加权

本书将学生党员发展质量综合评价问题分为三层：

第一层为学生党员发展质量综合评价一级指标。

第二层包括思想政治指标、学习成绩、实践活动、身心素质以及道德品行二级指标，设第 i 层指标有 n_i 个子目标，第 $i+1$ 层指标有 n_{i+1} 个子目标。我们以 $W^{(j)}$ 表示以上两个层次的加权矩阵，则该矩阵一定为 n_i 行 n_{i+1} 列，因此本书中 $W^{(1)}$ 应为 1 行 5 列的矩阵：

$$W^{(1)} = (0.217\,4, \ 0.260\,9, \ 0.217\,4, \ 0.043\,5, \ 0.260\,9)$$

由于本书第二层有 5 个二级指标，第三层有 15 个三级指标，因此 $W^{(2)}$ 应为 5 行 15 列的矩阵。

三级指标关于二级指标的权重如表 3-9 和表 3-10 所示。

表 3-9　三级指标关于二级指标的权重

二级指标	三级指标							
	C_1	C_2	C_3	C_4	C_5	C_6	C_7	C_8
B_1	0.5	0.333	0.167	0	0	0	0	0
B_2	0	0	0	0.357	0.571	0.071	0	0
B_3	0	0	0	0	0	0	0.5	0.333
B_4	0	0	0	0	0	0	0	0
B_5	0	0	0	0	0	0	0	0

表 3-10　三级指标关于二级指标的权重（续表）

二级指标	三级指标						
	C_9	C_{10}	C_{11}	C_{12}	C_{13}	C_{14}	C_{15}
B_1	0	0	0	0	0	0	0
B_2	0	0	0	0	0	0	0
B_3	0.167	0	0	0	0	0	0
B_4	0	0.375	0.125	0.5	0	0	0
B_5	0	0	0	0	0.619	0.096	0.284

第三层指标关于第一层学生党员发展质量综合评价一级指标的权重分别为 W_1，W_2，$\cdots$，W_n，$W = （W_1，W_2，\cdots，W_n）$。其计算公式如下：

$$W = W^{(1)}W^{(2)}$$

依照上述公式求得各三级指标关于总目标的重要性权重如表 3-11 和表 3-12 所示。

表 3-11　三级指标关于一级指标的权重

二级指标	三级指标							
	C_1	C_2	C_3	C_4	C_5	C_6	C_7	C_8
A	0.109	0.072	0.036	0.093	0.149	0.019	0.109	0.072

表 3-12　三级指标关于一级指标的权重（续表）

二级指标	三级指标						
	C_9	C_{10}	C_{11}	C_{12}	C_{13}	C_{14}	C_{15}
A	0.036	0.016	0.005	0.022	0.162	0.025	0.074

二、高校学生党员发展质量的综合评价指标体系的实际应用

本书以长沙民政职业技术学院商学院学生为例，收集到 13 名学生各项指标的分数（综合得分）如表 3-13 和表 3-14 所示。

表 3-13　学生综合得分

一级指标	三级指标							
	C_1	C_2	C_3	C_4	C_5	C_6	C_7	C_8
A	0.109	0.072	0.036	0.093	0.149	0.019	0.109	0.072
学生 1	80	90	70	80	80	80	80	85
学生 2	80	90	70	70	80	80	80	80
学生 3	95	90	70	90	80	70	75	85
学生 4	90	90	88	95	90	70	80	70
学生 5	90	90	70	90	80	70	70	85
学生 6	85	90	70	70	90	60	80	85
学生 7	70	90	70	80	75	60	75	85

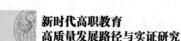

表3-13（续）

一级指标	三级指标							
	C_1	C_2	C_3	C_4	C_5	C_6	C_7	C_8
学生8	88	88	70	80	80	70	80	70
学生9	90	90	70	90	90	70	80	70
学生10	95	90	85	90	80	70	80	80
学生11	88	90	85	70	80	60	80	80
学生12	80	90	90	90	88	70	70	80
学生13	80	90	80	80	85	60	80	75

表 3-14　学生综合得分（续表）

一级指标	三级指标							综合得分
	C_9	C_{10}	C_{11}	C_{12}	C_{13}	C_{14}	C_{15}	
A	0.036	0.016	0.005	0.022	0.162	0.025	0.074	
学生1	70	90	80	80	80	80	80	80.525
学生2	80	90	70	80	80	80	80	79.539
学生3	85	90	80	85	80	80	80	83.010
学生4	80	75	80	80	85	85	85	85.302
学生5	85	90	70	80	80	80	80	81.760
学生6	70	80	70	75	80	70	70	79.936
学生7	80	80	70	80	80	80	85	78.293
学生8	75	80	80	80	80	80	85	80.366
学生9	70	80	70	86	87	86	85	84.327
学生10	80	85	88	80	85	80	85	84.585
学生11	70	70	75	80	80	80	80	79.918
学生12	75	85	80	85	80	80	90	82.688
学生13	75	80	85	85	85	80	80	81.498

　　本书将每位学生的各项指标分数乘以各项指标相对于总目标的权重之后再求和，得到的就是13名学生的综合得分。在评选入党积极分子或者发展党员时，以上述层次分析法计算出学生综合得分能够更加客观地反映学生的真

实情况，从而挑选出优秀的学生，确保学生党员质量。

本书运用层次分析法构建党员发展质量的综合评价体系。首先，本书将学生党员发展质量综合评价问题分为三层，第一层为学生党员发展质量综合评价一级指标，第二层包括思想政治指标、学习成绩、实践活动、身心素质以及道德品行共五个二级指标，第三层包括入党动机、理想信念、入党培训等共 15 个三级指标。其次，本书综合与学生交往密切的辅导员、支部书记等人员相互探讨的结果，确定各个层次的判断矩阵。最后，本书对不具有满意一致性的矩阵按照"最小元素法"进行修正，最终得到第三层指标关于第一层学生党员发展质量综合评价一级指标的权重。在实际应用时，我们只需要将学生各个方面的分数乘以相应的权重后求和，便能得到每位学生的综合评分。该种方法能够相对全面、客观地考核学生，确保学生党员质量。

第二节　高职院校基层党建育人成效评价与实践研究

一、构建高职院校基层党建育人成效评价模型

（一）指标框架建立

本书基于 CIPP 评价模式理论框架，对 2021 年 4 月中共中央印发的修订后的《中国共产党普通高等学校基层组织工作条例》、2018 年 5 月教育部办公厅印发的《教育部办公厅关于开展"三全育人"综合改革试点工作的通知》等政策文本进行分析，围绕"背景、输入、过程、结果"四个维度展开分析。一是背景性主题，包括党和国家对党建育人的重视程度、学校基层党建相关制度、师生入党意愿等；二是输入性主题，包括基层党组织的党员人数、举办入党积极分子和发展对象培训次数、党建经费支出等；三是过程性主题，包括党员服务学生次数、党员活动覆盖范围等；四是结果性主题，包括培养和发展的学生党员人数、党建项目建设成效、学生对党建活动的满意度等。高职院校学生基层党建育人成效综合评价指标体系如表 3-15 所示。

表 3-15　高职院校学生基层党建育人成效综合评价指标体系

一级指标	二级指标	三级指标
高职院校基层党建育人成效综合评价指标体系	背景性主题	党和国家对党建育人的重视程度
		学校基层党建相关制度
		师生入党意愿
	输入性主题	基层党组织的党员人数
		举办入党积极分子和发展对象培训次数
		支部标准化建设
		党建平台建设
		党建经费支出
	过程性主题	党员服务学生次数
		党员活动覆盖范围
		党建育人项目建设
		党员发展教育
		党员志愿服务
	结果性主题	培养和发展的学生党员人数
		党建项目建设成效
		学生对党建活动的满意度
		支部师生获奖情况
		支部标准化建设得分

（二）模糊关系矩阵的确定

在建立模糊关系矩阵之前，我们需要确定各个三级指标的评价等级，这里三级指标的评价集合均为：

$V=\{v_1($非常不满意$),v_2($不满意$),v_3($一般$),v_4($满意$),v_5($非常满意$)\}$

关于背景性主题中第一个指标，调查对象中有 18.9% 的人认为"非常满意"，58.6% 的人认为"满意"，20% 的人认为"一般"，1.1% 的人认为"不满意"，1.4% 的人认为"非常不满意"，那么对背景性主题中的"党和国家对党建育人的重视程度"指标的评价为

$$V = \{0.014,\ 0.011,\ 0.2,\ 0.586,\ 0.189\}$$

我们以背景性主题中三个指标（党和国家对党建育人的重视程度、学校基层党建相关制度以及师生入党意愿）为例，对这三个指标的评价等级程度可以用矩阵 R_1 表示：

$$R_1 = \begin{bmatrix} r_{11} & r_{12} & r_{13} & r_{14} & r_{15} \\ r_{21} & r_{22} & r_{23} & r_{24} & r_{25} \\ r_{31} & r_{32} & r_{33} & r_{34} & r_{35} \end{bmatrix}$$

其中，r_{11} 表示三级指标党和国家对党建育人的重视程度被评价为 v_1 的程度，r_{21} 表示三级指标学校基层党建相关制度被评价为 v_1 的程度，r_{31} 表示三级指标师生入党意愿被评价为 v_1 的程度，矩阵中的其他元素含义以此类推。

（三）评价因素权重向量的确定

评价因素权重向量的各元素即为对应评价因素对最终评价结果所起的作用的大小。本书运用最小平方权法确定评价因素权重。该方法是以各因素权重值比（W_i / W_j）逼近各指标相对于总体目标层的两两比较重要性判断矩阵相应元素 b_{ij}，从而计算出各指标权重的方法。最小平方权法的步骤如下：

（1）评价指标两两比较构造判断矩阵。

（2）检验判断矩阵的满意一致性，若判断矩阵不具有满意的一致性，则运用最小元素法对判断矩阵进行修正。

（3）计算各目标权重。

为了求得尽量接近实际的各目标权重，我们可以运用最小二乘法，具体计算如下：

$$\min Z = \sum_{i=1}^{n} \sum_{j=1}^{n} (b_{ij} W_j - W_i)^2$$

$$\text{s.t.} \ \sum_{i=1}^{n} W_i = 1 \quad W_i > 0 \quad (i = 1,\ 2,\ \cdots,\ n)$$

根据拉格朗日乘数法，我们通过引入拉格朗日乘数 2λ，上述条件极值问题便可以转化为无条件极值问题。

$$\min Z = \sum_{i=1}^{n} \sum_{j=1}^{n} (b_{ij} W_j - W_i)^2$$

再根据多元函数极值原理，我们令

$$\min Z = \sum_{i=1}^{n} \sum_{j=1}^{n} (b_{ij} W_j - W_i)^2$$

可以计算得到使 $L(W, \lambda)$ 达到最小的 W_1，W_2，$\cdots$，W_n，λ，即各指标的权重。

根据多元函数极值原理，我们对上述条件极值问题进行整理，可以获得各目标的权重 $W = (W_1, W_2, \cdots, W_n)$。

（四）进行模糊关系合成，分别得到背景性主题、输入性主题、过程性主题、结果性主题四个主题的评价结果

$$B_1 = A_1 \circ R_1$$

我们应用模糊关系合成原理，对上述背景性主题、输入性主题、过程性主题、结果性主题四项评价活动的各个二级指标隶属于高职院校基层党建育人成效评价的等级状况进行综合性评价，主要采用主因素决定型 $M(\wedge, \vee)$、主因素突出型 $M(\cdot, \vee)$、主因素突出型 $M(\wedge, \oplus)$ 和加权平均型 $M(\cdot, \oplus)$ 四种评价模型。具体模型形式如下：

主因素决定型 $M(\wedge, \vee)$：$b_j = (a_1 \wedge r_{1j}) \vee (a_2 \wedge r_{2j}) \vee \cdots \vee (a_4 \wedge r_{4j})$

主因素突出型 $M(\cdot, \vee)$：$b_j = (a_1 r_{1j}) \vee (a_2 r_{2j}) \vee \cdots \vee (a_4 r_{4j})$

主因素突出型 $M(\wedge, \oplus)$：$b_j = (a_1 \wedge r_{1j}) + (a_2 \wedge r_{2j}) + \cdots + (a_4 \wedge r_{4j})$

加权平均型 $M(\cdot, \oplus)$：$b_j = a_1 r_{1j} + a_2 r_{2j} + \cdots + a_4 r_{4j}$

二、高职院校基层党建育人成效评价模型的应用

本书以长沙民族职业技术学院为例，基于 CIPP 评价模式理论框架，通过分析《教育部办公厅关于开展"三全育人"综合改革试点工作的通知》等政策文本，围绕"背景、输入、过程、结果"四个评价维度对该校以二级学院党总支、基层党支部和支部党员为主体的"三位一体"基层组织党建育人成效进行实证研究，以期找出影响育人成效的重要因素，再制定对应的具体举措，形成可复制、可推广的高职院校基层党组织党建育人体制机制，打造可以示范和推广的党建育人示范品牌。

（一）三级指标的单因素评价集

笔者对 285 份有效问卷进行分类整理，针对每一个指标，汇总出调查对

象将该项指标评定为非常不满意、不满意、一般满意、满意以及非常满意的
数量，再基于样本容量，计算每一个指标属于五种满意程度的占比，从而得
出各指标满意度评价表（见表 3-16）。

表 3-16　各指标满意度评价表

一级指标	二级指标	三级指标	v_1	v_2	v_3	v_4	v_5
高职院校基层党建育人成效综合评价指标体系 A_1	背景性主题 B_1	党和国家对党建育人重视程度 C_1	0.014	0.011	0.2	0.586	0.189
		学校基层党建相关制度 C_2	0.014	0.018	0.284	0.551	0.133
		师生入党意愿 C_3	0.011	0.025	0.281	0.442	0.242
	输入性主题 B_2	基层党组织的党员人数 C_4	0.011	0.021	0.175	0.533	0.26
		举办入党积极分子和发展对象培训次数 C_5	0.007	0.014	0.263	0.533	0.182
		支部标准化建设 C_6	0.007	0.007	0.207	0.512	0.267
		党建平台建设 C_7	0.007	0.011	0.211	0.502	0.27
		党建经费支出 C_8	0.007	0.018	0.232	0.498	0.246
	过程性主题 B_3	党员服务学生次数 C_9	0.007	0.028	0.218	0.481	0.267
		党员活动覆盖范围 C_{10}	0.004	0.021	0.246	0.519	0.211
		党建育人项目建设 C_{11}	0.004	0.025	0.277	0.575	0.119
		党员发展教育 C_{12}	0.007	0.032	0.239	0.505	0.218
		党员志愿服务 C_{13}	0.004	0.021	0.253	0.509	0.214
	结果性主题 B_4	培养和发展学生党员人数 C_{14}	0.007	0.014	0.239	0.467	0.274
		党建项目建设成效 C_{15}	0.004	0.021	0.235	0.393	0.347
		学生对党建活动的满意度 C_{16}	0.004	0.011	0.225	0.53	0.232
		支部师生获奖情况 C_{17}	0.007	0.021	0.284	0.512	0.175
		支部标准化建设得分 C_{18}	0.004	0.014	0.26	0.467	0.256

（二）评价因素的权重向量

本书基于最小平方权法确定评价因素权重，得到三级指标的权重如
表 3-17 至表 3-20 所示。

表 3-17　判断矩阵 B_1-C_i

B_1	C_1	C_2	C_3	权重
C_1	1	1/2	1/3	0.169
C_2	2	1	1/2	0.286
C_3	3	2	1	0.544
CR = 0.008				

表 3-18　判断矩阵 B_2-C_i

B_2	C_1	C_2	C_3	C_4	C_5	权重
C_1	1	1/3	1/4	1/5	1/6	0.056
C_2	3	1	1/2	1/3	1/4	0.100
C_3	4	2	1	1/2	1/3	0.151
C_4	5	3	2	1	1/2	0.254
C_5	6	4	3	2	1	0.438
CR = 0.022						

表 3-19　判断矩阵 B_3-C_i

B_3	C_1	C_2	C_3	C_4	C_5	权重
C_1	1	3	1/4	4	3	0.172
C_2	1/3	1	1/4	2	1/2	0.106
C_3	4	4	1	5	6	0.553
C_4	1/4	1/2	1/5	1	1/3	0.075
C_5	1/3	2	1/6	3	1	0.094
CR = 0.069						

表 3-20　判断矩阵 B_4-C_i

B_4	C_1	C_2	C_3	C_4	C_5	权重
C_1	1	1/5	1/4	3	1/2	0.086
C_2	5	1	3	5	3	0.494

表3-20(续)

B_4	C_1	C_2	C_3	C_4	C_5	权重
C_3	4	1/3	1	4	3	0.219
C_4	1/3	1/5	1/4	1	1/3	0.069
C_5	2	1/3	1/3	3	1	0.133
	CR = 0.063					

由表3-17至表3-20可知，背景性主题、输入性主题、过程性主题、结果性主题的判断矩阵的 CR 分别为 0.008、0.022、0.069、0.063，均小于 0.1，这表明判断矩阵具有满意的一致性。本书基于最小平方权法确定评价因素权重，得到二级指标的权重（见表3-21）。

表 3-21　判断矩阵 $B_i - C_i$

A	B_1	B_2	B_3	B_4	权重
B_1	1	1/3	1/4	1/5	0.083
B_2	3	1	1/3	1/4	0.126
B_3	4	3	1	1/3	0.226
B_4	5	4	3	1	0.565
	CR = 0.068				

本书运用加权平均型模型，将上述二级指标因素的权重向量 A_1、A_2、A_3、A_4 和二级指标因素得分等级评价值进行综合运算，得到一级指标因素得分等级评价值，如表3-22所示。

表 3-22　一级指标因素得分等级评价值

A	v_1	v_2	v_3	v_4	v_5
A_1	0.012	0.021	0.268	0.497	0.202
A_2	0.007	0.014	0.223	0.506	0.249
A_3	0.005	0.025	0.258	0.541	0.171
A_4	0.004	0.017	0.24	0.448	0.292

（三）高职院校基层党建育人成效程度

本书采用主因素决定型 $M(\wedge, \vee)$、主因素突出型 $M(\cdot, \vee)$、主因素突出型 $M(\wedge, \oplus)$ 和加权平均型 $M(\cdot, \oplus)$ 四种模型形式，将背景性主题、输入性主题、过程性主题、结果性主题四个主题的权重向量 $A = \{0.083, 0.126, 0.226, 0.565\}$ 和一级指标因素育人成效评价值进行模糊关系合成，得到职业院校基层党建育人成效分别处于"非常不满意""不满意""一般""满意""非常满意"的概率（见表3-23）。

表3-23　应用四种模糊算子综合运算的结果

模糊算子	符号	概率				
		v_1	v_2	v_3	v_4	v_5
主因素决定型	$M(\wedge, \vee)$	0.012	0.025	0.240	0.448	0.292
主因素突出型	$M(\cdot, \vee)$	0.004	0.017	0.240	0.448	0.292
主因素突出型	$M(\wedge, \oplus)$	0.012	0.033	0.289	0.378	0.288
加权平均型	$M(\cdot, \oplus)$	0.005	0.019	0.244	0.48	0.252

由表3-23可知，运用主因素决定型 $M(\wedge, \vee)$、主因素突出型 $M(\cdot, \vee)$、主因素突出型 $M(\wedge, \oplus)$ 和加权平均型 $M(\cdot, \oplus)$ 四种模型测算的基层党建育人成效的评判结果相差不大，四种模型的结果均显示出该校基层党建育人成效的评判结果为"非常满意"的概率最大，评判结果为"非常不满意"的概率最小。

按照主因素决定型模糊算子分析结果，该校基层党建育人成效的评判结果中"非常满意"的概率为29.2%，"满意"的概率为44.8%，"一般"的概率为24%，"不满意"和"非常不满意"的概率均不足5%。总体来看，虽然该校基层党建育人成效的评判结果为"非常不满意"的概率相对较小，但是评判结果为"非常满意"的概率不足30%。这意味着高职院校基层党建育人工作模式需要进一步丰富和完善，着力发挥基层党建育人作用。

由表3-22可知，背景性主题、输入性主题、过程性主题、结果性主题的评判结果为"不满意"的概率分别为0.021、0.014、0.025和0.017，这表明该校基层党建育人成效不满意方面主要来源于过程性主题、背景性主题、结果性主题三个方面。为深入探究这三个主题方面的主要不满意指标，由

表3-16可知，不满意程度主要源于过程性主题中的党建育人项目建设、党员发展教育等指标；背景性主题中的师生入党意愿指标；结果性主题中的党建项目建设成效、支部师生获奖情况等指标。因此，我们应该对这些不满意程度较高指标给予高度关注，不断加强和改进党建工作。

三、　讨论与不足之处

（一）讨论

1. 关于 CIPP 评价模式理论框架的适用性

本书基于 CIPP 评价模式理论框架所建立的高职院校基层党建育人成效评价指标体系，充分参考了《中国共产党普通高等学校基层组织工作条例》《教育部办公厅关于开展"三全育人"综合改革试点工作的通知》等政策文件的基本要求，并组织高职院校二级学院党总支、基层党支部和支部党员等围绕基层组织党建育人成效的影响因素进行质性访谈，并开展影响因素机理分析，验证了"背景、输入、过程、结果"四个维度划分的合理性。这充分说明 CIPP 评价模式理论框架适用于高职院校基层党建育人成效综合评价指标体系的构建。

2. 关于指标体系的覆盖面与关注点

虽然本书对高职院校基层党建育人成效评价指标及模型构建的分析与相关结论是基于湖南省的高职院校的数据开展的，但是所构建的多级模糊决策模型对湖南省内外其他高职院校基层党建育人成效综合评价同样适用。使用者只需要收集得到背景性主题、输入性主题、过程性主题以及结果性土题四个二级指标的评价值以及运用最小平方权法计算得到的各指标的权重，再运用主因素决定型、主因素突出型和加权平均型模型进行模糊关系合成，即可综合评判出高职院校基层党建育人成效处于每种评价阶段的概率。因此，本书的研究具有较强的应用价值，值得学校、政府有关部门借鉴。

3. 关于 CIPP 评价模式中四个维度的侧重点

从指标体系的构成、四个维度的权重占比来看，背景性主题、输入性主题、过程性主题以及结果性主题四个二级指标的权重分别为 8.3%、12.6%、22.6%、56.5%。其中，结果性主题的权重占比最高，这意味着该项活动是评价体系中的重点，对基层党建育人成效至关重要。这反映了高职院校二级学院党总支、基层党支部和支部党员等对结果性主题高度重视，特别是关注其中的"党建项目建设成效""学生对党建活动的满意度";过程性主题的权重占比次之,为22.6%;背景性主题的权重占比最低,不足10%,但是其中的"师生入党意愿"指标所占权重最高。

4. 关于 CIPP 评价模式的实践问题

本书构建的高职院校基层党建育人成效评价模型侧重定量评价,但是在实际应用中,我们不能简单地将量化的评价结果作为基层党建育人工作成效判断的唯一依据。我们可以以定量评价为主,定量评价与定性评价相结合,使基层党建育人工作成效判断更准备、更有可信度。

(二) 不足之处

本节的指标体系是基于政策文本分析、质性访谈和统计分析等方法构建而成的,可能会由于政策文本分析的主观偏差、质性访谈资料整合的疏漏、样本数据的局限性等导致指标提取的失当或指标权重赋值的偏误。对此,笔者有待今后做进一步的实证检验和修正。

第三节　高职院校基层党建育人现状及育人成效影响因素

一、调研背景

党的二十大报告中指出:"意识形态工作是为国家立心、为民族立魂的工作。牢牢掌握党对意识形态工作领导权,全面落实意识形态工作责任制,巩固壮大奋进新时代的主流思想舆论。"2021 年,中共中央、国务院印发了《关于新时代加强和改进思想政治工作的意见》,这充分体现了党和国家对思想政治工作的高度重视。

随着云计算、大数据、移动互联网、人工智能等现代科技的发展与应用,"互联网+"与教育的融合渗透不断深入,信息化教育在内涵、深度和质量上不断发展,高职院校在规模、质量、结构、人才培养模式等方面发生了深刻变化。要全面推动教育现代化,关键要充分发挥党的引领和战斗堡垒作用。党的基层组织是党全部工作和战斗力的基础,是落实党的路线方针政策和各项工作任务的战斗堡垒。坚持抓好基层党建工作，积极发挥育人效果，是高职院校教育事业健康发展的根本保证。实践育人是教育内在属性的必然要求，也是育人工作中极为重要的一环。

与此同时，高职院校基层党组织思想政治建设还存在一些问题，严重影响到了其思想引领功能的发挥，迫切需要探索党建工作新思路、新途径，加强党组织基层建设，创新体制机制，改进工作方式，积极弘扬社会主义核心价值观，着力增强高职院校党建工作育人的实效性。

因此，笔者于 2022 年 7 月至 2022 年 9 月对湖南省高职院校学生展开调查，以便深入了解湖南省高职院校基层党建育人现状及存在的问题，探究影响高职院校基层党建育人成效的关键因素，为高职院校基层党组织探索"党建+"模式下实践育人路径，提高高职院校党建育人的实效性、针对性提供参考建议。

一、统计调查方案设计

（一）调研目的

我们旨在通过对高职院校基层党建育人的实施与成效进行梳理，系统分析高职院校基层党建育人的现状，找出高职院校基层党建育人工作中存在的问题，并从学生的角度探究影响高职院校基层党建育人成效的关键因素，再制定对应的具体举措，形成可复制、可推广的高职院校基层党组织党建育人的体制机制，打造可以推广的党建育人示范品牌，为我国各地区高职院校基层党建工作提升育人成效提供模式和经验借鉴。

（二）调研对象

我们在相关文献梳理的基础上，与多位专家讨论后形成了关于高职院校基层党建育人现状调查问卷。调查采用电子调查问卷形式，通过在问卷星平台上制作电子问卷，借助微信、QQ 等社交软件将问卷填写链接和二维码发放给湖南省高职院校学生。调查共发放问卷 250 份，回收有效问卷 225 份，有效回收率为 90%。

（三）调研的主要内容

此次调查主要针对湖南省高职院校的学生，调研的主要内容包括以下四个方面：

（1）被调查者的入党动机、入党要求以及学生党员的思想状况。

（2）高职院校"党建育人"的教育模式的接受情况、党建育人的方式、党建育人的具体措施等。

（3）高职院校"党建育人"的成效，比如学生对所在学校"党建育人"工作在各个方面所做的努力的评价；学生对学校开展育人工作的成效满意度分析；学生对所在学校党建育人的整体成效评价分析等。

（4）湖南省高职院校基层党建育人成效的影响因素以及存在的一些亟须解决的问题。

三、湖南省高职院校基层党建育人现状分析

（一）样本描述

1. 城市分布

在被调查的学生当中，学生在长沙市的占比最高，为 45.4%；在衡阳市的占比为 21.59%；在常德市的占比为 18.41%；在张家界市的占比为 10.16%；在郴州市的占比为 1.27%；在益阳市和株洲市的占比最低，均为 0.03%；在湖南省其他地方的占比为 3.11%。

2. 年级分布

由图 3-2 可知，样本中来自大二的学生占比最高，为 49.52%；来自大三的学生次之，占比为 32.38%；来自大一的学生最少，占比为 18.1%。

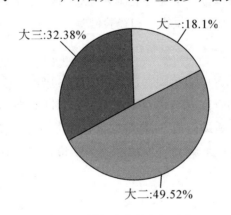

图 3-2　被调查者的年级分布

3. 生源地分布

由图 3-3 可知，被调查的学生为农村户口的占比为 53.02%，为城镇户口的占比为 46.98%。

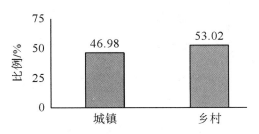

图 3-3　被调查者的生源地分布

4. 政治面貌分布

由图 3-4 可知，被调查的学生政治面貌为共青团员的占比最高，占比为 67.30%；政治面貌为群众的占比为 27.94%；政治面貌为共产党员的占比最低，不足 5%。可以看出，高职院校大部分学生的政治面貌为共青团员。

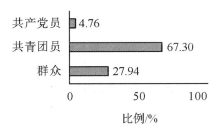

图 3-4　被调查者的政治面貌分布

（二）高职院校基层党建育人现状

1. 学生入党的动机

从学生入党的动机的数据来看（见图 3-5），理想信念占绝大多数，占比为 37.33%；排名第二的是谋求仕途，占比为 26.67%。其他原因包括寻找归属感、父母师长的要求、随大流。

从图 3-6 中可以看出，大部分学生认为入党的要求中思想觉悟高至关重要。此外，工作能力强与学习成绩好也较为重要。

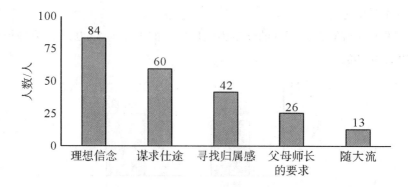

图 3-5　学生入党的动机

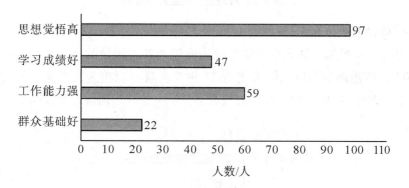

图 3-6　学生入党的要求

2. 学生党员的思想状况

从图 3-7 可以看出，学生认为自身政治理论知识缺乏的占比最高，其次是不关心时事政策。由此可知，学生党员在政治理论知识学习和关心时事政策方面有待加强和提升。

学校基层党组织要提升学生的政治理论水平，正确引导学生党员"为什么学""学什么""怎么学"等，逐步提高学生党员的理论知识水平。

学校基层党组织要创新管理机制，比如可以建立一个考核评估系统，对表现出色的学生党员要给予适当的嘉奖，发挥榜样带动作用。

学校基层党组织要引导学生自主探索，比如组织学生党员自主参观红色博物馆、参与社会实践等。

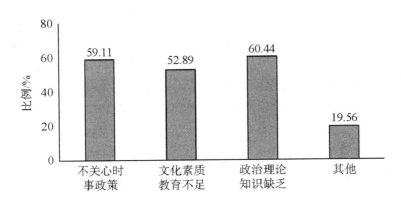

图 3-7　学生党员的思想状况

3. 学生对党建育人教育模式的了解程度

由图 3-8 可知，21.9%对党建育人教育模式的了解程度低。学生对党建育人教育模式的了解程度为"一般"的占比最高，占比为 53.97%。学生对党建育人教育模式的了解程度为"了解"的占比为 24.13%；学生对党建育人教育模式的了解程度为"不了解"的占比为 21.9%。这意味着，调查对象存在"党建"和"育人"相分离、学生参与度不够和延续性不强等问题，这就需要在党建育人工作中抓好"党建"与"育人"的联系，增强党建育人工作的趣味性，将党建育人工作落到实处。

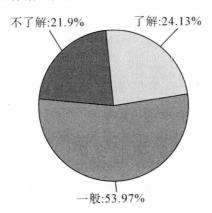

图 3-8　学生对党建育人教育模式的了解程度

4. 学生了解学校党建育人的渠道

从图 3-9 可以看出，57.78%的学生是通过新闻媒体了解学校党建育人的，有 20%的学生没有了解过学校党建育人，这说明学生的参与度不够。党建育人的主体是学生，学生的参与度不够，也使党建育人工作后继乏力，缺乏延续性。党建育人是一个分层次、分步骤引领学生成长成才的过程。因此，增强党建育人工作的趣味性，提高广大学生的参与度是高校实现党建育人效果的重要保障。目前，全媒体产品日益丰富，与"90 后""00 后"大学生群体的需要高度契合，我们完全可以依托先进的技术、丰富的形式来开展多种形式的党建育人工作，并将学生的兴趣爱好、时事热点和自身专业相结合，提升党建育人工作的趣味性，提高广大学生的参与度。

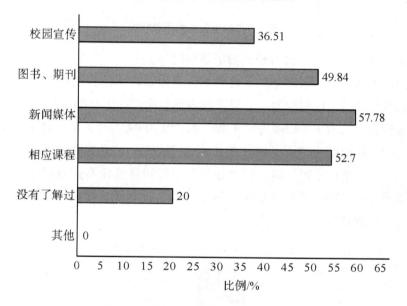

图 3-9　学生了解学校党建育人的渠道

5."党建育人"的具体实施

从图 3-10 可以看出，在党建育人的具体实施中，主题讲座占比为36.19%，各类比赛占比为 42.86%，社团活动占比为 59.05%，师生座谈会占比为 48.57%，社会实践占比为 52.38%，实习实训占比为 24.13%，其他占比为 0.32%。

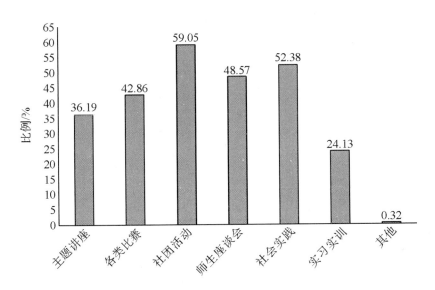

图 3-10　党建育人的具体实施

学校可以开展课程思政教学设计比赛、集体备课、授课观摩等活动，促进专业课抓住节日、期末考试、毕业典礼、入学教育、新生军训、学生会干部换届等重要时间节点或活动开展系列实践活动。学校可以建立入党积极分子服务站，推动入党积极分子加强自我管理，在实践中服务广大学生。高职院校应实现校内职业技能大赛全覆盖，全面提升学生实践技能。学校可以开展校外实践，增强服务社会的能力。例如，学校可以立足暑期"三下乡"社会实践、志愿服务等，搭建学生校外实践教育平台。

6. 党建育人的成效（对学校党建育人工作的总体满意度）

（1）学生对所在学校党建育人工作在各个方面所做的努力的评价。

从图 3-11 中可以看出，在坚持育人导向方面，认为满意和非常满意的学生占比为 66.66%，而认为一般、不满意和非常不满意的学生占比为 33.33%。在切实增强工作针对性方面，认为满意和非常满意的学生占比为 68.25%，而认为一般、不满意和非常不满意的学生占比为 31.74%。在切实增强工作亲和力方面，认为满意和非常满意的学生占比为 66.35%，而认为一般、不满意和非常不满意的学生占比为 33.65%。在全面统筹各领域、各环节、各方面的育人资源和育人力量方面，认为满意和非常满意的学生占比为 64.76%，而认为一般、不满意和非常不满意的学生占比为 35.24%。由此可知，在切实增强工作亲和力方面非常满意的学生占比最低。

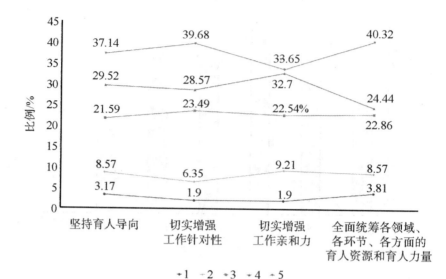

注：自上至下五条曲线分别代表非常满意、满意、一般、不满意、非常不满意。

图 3-11　"党建育人"的成效

（2）学生对学校围绕以下体系所开展的育人工作的成效满意度分析。

从图 3-12 可以看出，在课程育人方面，满意和非常满意的占比为
65.08%，而一般、不满意和非常不满意的占比为 34.92%；在实践育人方面，
满意和非常满意的占比为 66.98%，而一般、不满意和非常不满意的占比为
33.0%；在文化育人方面，满意和非常满意的占比为 70.16%，而一般、不满
意和非常不满意的占比为 29.84%；在心理育人方面，满意和非常满意的占比
为 67.3%，而一般、不满意和非常不满意的占比为 32.69%；在组织育人方
面，满意和非常满意的占比为 65.39%，而一般、不满意和非常不满意的占比
为 34.6%。

课程育人满意和非常满意的占比最低。其中的原因可能包括：一是很多
老师上课比较专注于专业知识的讲解，忽略了有关职业道德、党性修养以及
时政的融合；二是很多思政课老师自身缺乏对课程重要性的把握，甚至认为
不需要过于重视，在教学上不认真。还有部分老师自身缺乏对党建理论知识
的理解，无法在思政课程教授过程中融入党建元素，因此课程育人效果不
明显。

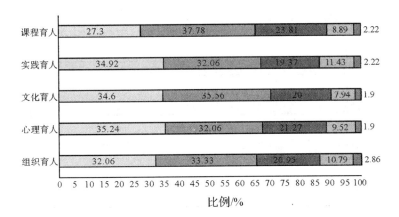

注．自左至右各色块分别代表非常满意、满意、一般、不满意、非常不满意。

图 3-12 育人工作的成效满意度

（3）学生对所在学校党建育人的整体成效评价分析。

在关于湖南省高职院校基层党建育人现状及育人成效的调查问卷中，在评价所在学校党建育人的整体成效方面，非常满意的占比为 17.14%，满意的占比为 35.56%，一般的占比为 36.51%，不满意的占比为 9.84%，非常不满意的占比为 0.95%。从图 3-13 可以看出，湖南省高职院校的党建育人整体效果比较好。各高职院校积极组织宣传党建知识，以社会主义核心价值体系引领思想政治工作创新，将其融入思想政治理论建设、校园文化建设之中。同时，湖南省高职院校也反映出在党建育人方面的工作仍有不足之处，需要继续强化党建育人工作，深化教师育人理念。各高职院校要将校园文化建设作为党建育人的载体，同时进一步健全党建育人的机制。各高职院校要在凝聚人心、激励人心、振奋人心方面有效地开展工作，营造主动向上、团结友好的氛围。

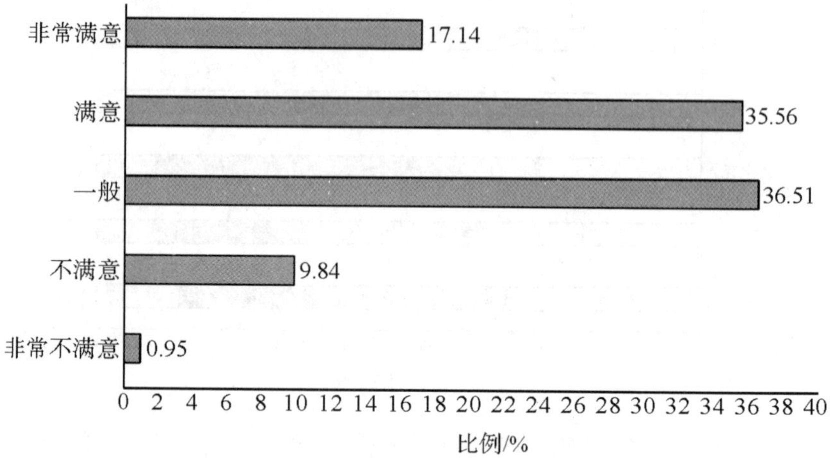

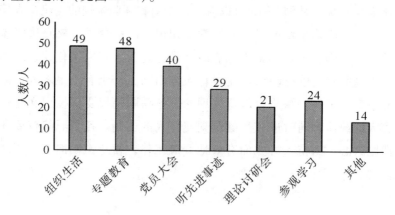

图 3-13　学生对学校党建育人的整体成效评价

7. 学生喜爱的党建育人活动

调查发现，党建育人中效果比较好的形式是组织生活和专题教育，说明学生对这两种活动是比较感兴趣的。此外，听取先进事迹和参观学习也是非常受学生欢迎的（见图 3-14）。

图 3-14　学生喜爱的党建育人活动

8. 影响党建教育效果的因素

调查发现（见图 3-15），影响党建教育效果的主要因素是学校管理力度欠缺、党员意识不强、党建育人方法不对。

第15题：你认为影响党建教育效果的因素有哪些？　[多选题]

选项 ⬍	小计 ⬍	比例/%
学校管理力度欠缺	141	62.67
党员意识不强	145	64.44
党建育人方法不对	107	47.56
本题有效填写人次	**225**	

图 3-15　影响党建教育效果的因素

9. 学校基层党支部存在的问题

从统计数据来看（见图3-16），有39%的学生认为党员教育不严是党支部存在的主要问题，因此各高职院校要加强党员教育，提高党员素质；有37%的学生认为凝聚力和战斗力不强是党支部存在的主要问题，因此各高职院校要建立党员学习小组，定期对党员小组进行培训，使党员集中学习党的精神和党史知识等；组织党员集体参观革命纪念馆，增强党员的凝聚力和战斗力。

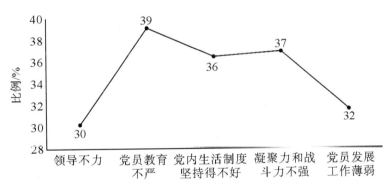

图 3-16　学校基层党支部存在的问题

第四章
坚持以就业为导向的
高职教育人才培养定位

第一节　高职院校学生岗位实习现状及影响因素的调查分析

一、学生岗位实习的必要性分析

（一）岗位实习是提高学生职业素养和职业能力的有效手段

岗位实习或顶岗实习是面临毕业的学生的一门重要的实践性课程。学生通过岗位实习可以把在学校里学到的理论知识与工作实践有效地结合起来。岗位实习不同于课堂学习，在课堂学习中，老师讲解，学生领会；在岗位实习中，学生在企业的大环境里，在领导的指导下，自己去实践学习。通过实际操作，学生一方面可以巩固在书本上学到的理论知识，另一方面可以获得书本上不易了解和不易学到的实践知识，在实践中得到提高和锻炼。

岗位实习也是高校教学的重要补充部分，它与学生今后的职业活动有着最直接的联系。岗位实习可以让学生逐渐完成从学生到社会工作者的过渡。学生岗位实习的过程就是将理论运用于实践的过程。学生的岗位实习一般都是选择专业对口的工作岗位进行实习，在学校所学的专业知识得到运用。学生在工作实践中能不断发现问题和解决问题，从而丰富理论知识，锻炼动手能力，进一步提高专业水平。

（二）岗位实习是推进校企合作、产教融合的有效手段

1. 有利于促进校企合作

教育部公布的数据显示，2024 年高校毕业生人数达到 1 179 万人，再创历史新高。随着大学生的数量越来越多，大学生的就业问题成为一个社会共性问题。为解决这一问题，校企合作的人才培养模式正在越来越多的企业和高校之间得到应用。在校企合作的框架下，学校通过企业反馈与需要，有针对性地培养人才，结合市场导向，注重学生实践技能，更能培养出社会需要的人才。

2. 有利于缓和教育资源紧张的局面

2020 年，我国高等教育毛入学率为 54.4%，在学总人数达到 4 183 万人，已建成世界规模最大的高等教育体系。当前，高职院校普遍存在教育设施不

足、资金匮乏的问题,这严重影响了学生技能的培养。岗位实习充分利用企业现有资源和技术力量,构成高职院校、企业双方共赢的培养技能型人才的格局,创造性地走出了一条校企合作、工学结合的新路。

3. 推动工学结合人才培养模式发展

职业教育要与劳动就业紧密结合,主动适应社会需求,以就业为导向。工学结合、校企合作的办学模式与注重能力的培养是相辅相成的。在人才培养的全过程中,工学结合以全面培养学生的职业素质、技术应用能力和就业竞争力为主线,充分利用学校和企业两种不同的教育环境和教育资源,通过学校和企业合作双向介入,将在校的理论学习、基本技能训练与在企业实际工作经历的学习结合起来,为生产、服务第一线培养实务运作人才。

(三)岗位实习可以优化企业人力资源,提高企业用人效率

1. 与学校建立联系开展多方位合作

学校与企业开展多方位的合作,适应社会与市场的需要。学校与企业开展合作,企业能及时向学校反馈需求,学校能根据需求有针对性地培养人才,注重培养学生的实践能力,为企业、为社会培养所需要的人才。学校与企业进行合作,双方可以实现资源共享,学校不用担心学生训练的设备与场地,并将会缩短学生与企业之间的磨合期。学生在校期间就能了解企业文化与工作环境。学校与企业进行优势互补,可以为企业节约大量的员工培训成本。

2. 缩短企业培养所需人才的周期

岗位实习致力于学生实践能力和职业技能的培养,为企业培养实用型、技能型人才,满足企业的人才需求,同时提高学生就业技能。对于企业来说,学生岗位实习在一定程度上节省了企业培训的损耗,也能弥补岗位缺失,缓解企业技能人才短缺的矛盾。企业可以把学生岗位实习的时间作为考察的时间,通过学生在岗位实习期间德、能、勤、绩方面的表现,待岗位实习结束后,直接招聘合格的学生就业。这就能缩短企业培养所需人才的周期。

3. 为企业储备大量人才

学生在企业岗位实习期间经过一段时间的磨炼,熟悉企业的各项工作程序后,可以找到适合自己的工作岗位。企业可以对学生进行相应的培训,以挖掘学生的内在潜能,这样可以使企业拥有一批高素质、高技能的劳动者,同时也为企业储备大量人才提供了有效渠道。

4. 为企业提供新思维

创新是企业发展的动力,创新有利于企业的稳定发展,同时有利于企业拓展市场、增强竞争力。学生岗位实习为企业带来新生力量。学生的思维更加活跃,随着教育水平的不断提高,学生自主学习、思考、独立解决问题的能力增强,想法也越来越多,这对企业的改革创新具有重要意义。学生在提高实践能力的同时,还培养了创新意识与创新能力,从而促进企业的创新,进一步增强企业的市场竞争力。

二、 统计调查方案的设计

(一)调查月的

岗位实习是我国职业教育人才培养过程中的必修课,在高素质技术技能人才培养过程中起着不可替代的重要作用。据统计,2024年我国高校毕业生规模达1 179万人,如何帮助他们走上发挥才能的岗位、找到绽放青春的舞台,成为全社会共同关心的大事。但是,岗位实习在实施过程中仍然存在许多问题和困难,职业院校学生岗位实习的有效性和质量亟待提升。

为全面了解高职院校学生岗位实习的认知、体会以及对高职院校和指导老师的需求与评价,实习单位是否愿意承担高职学生实习及原因等情况,2022年5月至8月,湖南省教育科学规划课题"立德树人背景下职业教育岗位实习课程目标监测与模型构建研究"课题组制定了四类问卷,对长沙市的高职院校及其2023届应届毕业生、承担岗位实习的实习单位进行调查。基于岗位实习单位、学校、指导老师以及学生四个方面对高职院校学生岗位实习存在的问题予以剖析,并深入分析影响毕业生岗位实习有效转化就业的主要因素,以期为创新岗位实习模式、规范和推进岗位实习工作、充分发挥岗位实习的价值与作用、切实提高高职院校人才培养质量提供参考建议。

(二)调查范围

本次调查主要以长沙市的高职院校及其2023届应届毕业生、承担岗位实习的实习单位为调查对象。长沙市下辖芙蓉区、天心区、岳麓区、开福区、雨花区、望城区、星沙区七个区,考虑到项目经费限制,并且望城区、星沙区岗位实习情况相对分散,本次调查不包括这两个区。因此,本次调查的调查范围包括长沙市的五个区,即芙蓉区、天心区、岳麓区、开福区、雨花区。

（三）调查内容

1. 学生问卷的主要内容

（1）基本信息调查。我们预测长沙市高职院校毕业生岗位实习有效转化就业与被调查学生的性别、专业、生源地三项因素有关。在问卷的第一部分，我们就毕业生的这三项基本信息进行调查，以便于后期探究高职院校毕业生岗位实习有效转化就业相关问题与毕业生基本信息的联系。

（2）岗位实习现状调查。我们在问卷的第二部分就高职院校学生岗位实习的认知、岗位实习的体会、岗位实习的具体情况三方面展开调查。在高职院校学生岗位实习的认知部分，问卷设置了学生对岗位实习制度的了解程度、岗位实习要达到的目标及基本要求、大三期间进行岗位实习的必要性、岗位实习带来的最大作用、实习岗位与专业的吻合性等题目。在高职院校学生岗位实习的体会部分，问卷用 12 项描述性指标作为观测指标编制量表，具体包括专业知识不够、对实习岗位难以胜任、操作技能欠缺、不适应工作岗位的要求、所学知识与实习岗位不匹配等，对指标的符合性进行判断。每个观测指标均以陈述句形式出现，对应设置"非常符合""比较符合""一般性符合""不符合""非常不符合"五个答案选项，并分别赋值 5、4、3、2、1，构建了一份李克特五级量表。在高职院校学生岗位实习的具体情况部分，问卷涉及岗位实习来源、岗位实习单位获得的实习报酬、岗位实习加班情况以及对岗位实习的满意度等。

（3）岗位实习转化有效就业的影响因素调查。在这一部分，我们主要围绕老师指导能力、指导数量、熟练程度等，学生专业技能、道德品质、综合素质等进行调查，以期探究出影响学生岗位实习转化有效就业的关键因素。

2. 学校问卷的主要内容

学校问卷主要围绕高职院校类型、实习单位与学校签订协议情况、高职院校对学生岗位实习的教学形式、教学内容、考核形式、考核内容等方面进行调查。

3. 企业问卷的主要内容

（1）基本信息调查。我们预测长沙市高职院校毕业生岗位实习有效转化就业情况好坏与被调查企业承担学生实习是否得到了合理的利益补偿、是否提高了企业的社会声誉、是否得到了税费减免三项因素有关。在问卷整理与分析过程中，我们需要根据"实习单位"将学生问卷和企业问卷进行匹配，因此在问卷的第一部分就实习单位的基本信息进行调查，以便于后期探究高职院校毕业生岗位实习有效转化就业相关问题与实习单位的利益补偿、税收减免等情况的联系。

（2）实习单位现状调查。在该部分中，我们主要围绕实习单位对高职学生在实习单位表现出的优势和不足、实习单位承担学生实习目前最需要解决的问题、实习单位是否愿意接受高职学生实习及原因、实习单位承担学生实习是否获得了相应的利益补偿等方面进行调查。

（四）抽样形式和样本容量

本次调查主要采用三种方法：问卷调查法、小组访谈法、网络和文献搜索法。

1. 确定抽样的组织形式

考虑到本次调查内容涉及学生、企业、高职院校等多元主体，结合多阶段抽样、概率比例规模抽样（PPS）和简单随机抽样等多种抽样方法进行方案设计，本次调查采用三阶段抽样的方法。具体程序如下：

第一阶段：长沙市五个区（望城区、星沙区除外）内的各高职院校为一级抽样单位，在区内按与区内学校数成比例的不等概率抽样原则抽取学校，共抽取10所。各区域抽选的学校如表4-1所示。我们对抽中学校的辅导员、专任教师、教学管理者等进行问卷调查，发放"高职院校学生岗位实习情况的调查问卷（学校卷）"。

表4-1　各区或抽选的学校

城区	学校数/所	占比/%	抽取学校数/所
芙蓉区	3	12.5	1
天心区	4	16.7	2
岳麓区	5	20.8	2
开福区	1	4.2	1
雨花区	11	45.8	4
合计	24	100	10

第二阶段：我们以长沙市五个区被抽中的学校对应 15 个专业大类的毕业生人数为二级抽样单位，在学校中按与专业大类成比例的不等概率抽样原则抽取学校，抽选专业大类分配的样本数量。针对被抽中学校对应的 15 个专业大类的毕业生，我们发放"高职院校学生岗位实习情况的调查问卷（学生卷）""大学生岗位实习与有效就业的调查问卷"。

第三阶段：我们以长沙市五个区所有承担过或正在承担学生岗位实习的企业为调查对象，发放"高职院校学生岗位实习情况的调查问卷（企业卷）"。

2. 初步确定样本容量

在本次调查方案设计中，我们结合简单随机抽样、分层抽样等多种抽样组织形式进行设计。

在抽样设计中，除了岗位实习总体满意度比例这个指标外，指标还包含学生的性别、专业是否对口和生源地等变量。但是，在设计抽样方案时，我们无法对所有指标都进行精度分析。因此，我们只能选取某个核心指标，根据其方差与相对误差来确定样本容量，控制调查精度。适当地选取一个最有代表性的指标有助于提高抽样的准确度。本次调查的目的主要是了解学生对岗位实习的满意度情况及其影响因素，因此核心指标应该是岗位实习总体满意度比例。

我们进行简单随机抽样时，在 95% 的置信度下，绝对误差为 1%，取使方差达到最大的比例——50%，以保证精度。总的样本量为：

$$n = \frac{t^2 P(1-P)}{\Delta^2} \approx \frac{1.96^2 \times 0.5 \times 0.5}{0.1^2} = 96.04$$

考虑到被抽中的个体中，可能答题时间过快、问卷前后选择有自相矛盾的答案，或者没有应答，我们确定样本无效比例为 5%。有效样本量为：

$$96.04 \div 0.95 = 101.09$$

此外，考虑到分层抽样的设计效应，即精度的好坏，它是指一个特定的抽样设计估计量的方差与相同样本量下无放回简单随机抽样的估计量的方差之比。这里假设抽样设计效应 deff=0.95，则四类问卷均应调查的样本数量应不低于：

$$101.09 \times 0.95 \approx 96.04$$

3. 配置各层样本容量

首先，确定抽样学校。我们计划抽取学校数为 10 所，确定抽样比＝抽取学校数/学校总数＝10/24＝0.416 7，根据等比例分层抽样计算各地区应抽选的学校数。

其次，确定抽样专业。由前文可知，应调查的样本数量至少为 97 人，基于 2021 年湖南省三次产业对应的专业大类的毕业生人数计算抽样比，分别挑选三次产业对应的高职院校专业大类代表，如第一产业对应农林牧渔大类；第二产业对应土木建筑大类、装备制造大类以及轻工纺织大类；第三产业对应交通运输大类、电子信息大类、财经商贸大类、旅游大类、文化艺术大类、医药卫生大类、新闻传播大类、教育与体育大类、公安与司法大类、公共管理与服务大类以及资源环境与安全大类等。2021 年，湖南省高职院校 15 个主要专业大类的毕业生总人数为 195 789，因此抽样比为 97/195 789＝0.049 5%。根据抽样比，我们用各专业的毕业生人数乘以抽样比，即可得到各层应抽取的毕业生人数。考虑到是人数，我们采用函数 round（）对数值进行四舍五入取整，得到每层应至少抽取的毕业生人数（见表 4-2 中第四列）。

表 4-2　各层样本量的配置

专业大类	毕业生人数/人	各层应抽取的人数/人	四舍五入取整/人
农林牧渔大类	3 182	1.6	2.0
土木建筑大类	13 568	6.7	7.0
装备制造大类	27 543	13.6	14.0
轻工纺织大类	492	0.2	0.0
交通运输大类	17 841	8.8	9.0
电子信息大类	25 431	12.6	13.0
财经商贸大类	33 418	16.5	17.0
旅游大类	5 695	2.8	3.0
文化艺术大类	11 056	5.5	5.0
医药卫生大类	30 841	15.3	15.0
新闻传播大类	2 007	1.0	1.0
教育与体育大类	16 581	8.2	8.0
公安与司法大类	1 267	0.6	1.0
公共管理与服务大类	3 823	1.9	2.0

表4-2(续)

专业大类	毕业生人数/人	各层应抽取的人数/人	四舍五入取整/人
资源环境与安全大类	3 044	1.5	2.0
合计	195 789	97	99.0

最后，基于15种专业大类所分配的样本数量，在抽取的10所学校中对应15个专业大类中随机抽选学生。值得注意的是，若回收到的有效问卷总数大于确定的样本容量，则停止问卷填写。若样本量过大，我们可以运用SPSS软件中的"选择个案"功能进行抽样。

（五）调查方法

本次调查主要采用三种方法：问卷调查法、访谈法、网络和文献搜索法。

1. 问卷调查法

为了了解学生对岗位实习的目的、任务和要求的明确情况，学生对工作环境的适应能力和职业素养程度，企业参与岗位实习的热情度，企业是否有良好的激励机制和政策保护，探索影响高职院校学生岗位实习课程质量的主要因素等，我们设计了三份电子问卷。我们在"问卷星"平台上制作电子问卷，然后将问卷的填写二维码转发给抽选的高职院校毕业生，让每一位毕业生都能通过QQ、微信等社交软件扫码填写问卷。为了保证数据的真实可靠，我们在发放电子问卷之前，对问卷进行了有关设置，即一个账号只能填写一份问卷。利用此方法的优点是能够快速、低成本地收集到较为真实的数据资料。

2. 访谈法

为了更好地把握高职院校对学生岗位实习单位落实情况、学生实习岗位与所学专业结合度、岗位实习组织方式和考核方式等，我们还对学校辅导员、专任教师、教学管理者等采用了访谈法。

3. 网络和文献搜索法

为了收集到的数据具有更好的代表性，我们以2021年湖南省高职院校15个主要专业大类的毕业生总人数为基准计算抽样比。为了收集到2021年湖南省三次产业对应的各专业大类的毕业生人数，我们还采用了网络和文献搜索法，从湖南省统计局、高职院校招生处等收集到2016—2021年的相关数据。

（六）调查组织实施安排

1. 准备阶段

从 2022 年 1 月初开始，调研小组成员按照调查目的和内容开始收集各种资料，包括与湖南省产业结构与统计岗位适配性主题密切相关的调查分析报告、论文等，以便全面把握主题，同时设计调查方案和调查问卷等。准备阶段安排如表 4-3 所示。

表 4-3 准备阶段安排

时间安排	具体事项	负责人
2022.12.01 至 2022.12.15	收集毕业生就业热点问题、文献研究、与老师沟通最终确认调查题目	全部组员
2022.12.16 至 2022.12.30	撰写基本调查方案	A 同学：调查目的 B 同学：调查范围 C 同学：调查内容 D 同学：调查方式 E 同学：问卷设计与改进
2023.01.05 至 2023.01.06	预调查	全部组员
2023.01.07 至 2023.01.16	改进方案、征求老师意见	全部组员

2. 实施阶段

实施阶段安排如表 4-4 所示。

表 4-4 实施阶段安排

时间安排	具体事项	负责人
2023.01.17 至 2023.02.15	问卷调查	全部组员
2023.02.16 至 2023.02.20	访谈调查	C 同学、D 同学、E 同学
	其他数据收集	A 同学、B 同学

3. 总结阶段

总结阶段安排如表 4-5 所示。

表 4-5　总结阶段安排

时间安排	具体事项	负责人
2023. 02. 21 至 2023. 03. 20	问卷数据整理与分析	A 同学：对"学校卷"进行整理与分析 B 同学：对"企业卷"进行整理与分析 C 同学：对"学生卷"进行整理与分析
	其他数据整理与分析	D 同学、E 同学
2023. 03. 21 至 2023. 04. 10	撰写调查报告、征求指导老师意见并进行相应修改	A 同学、B 同学：撰写调研结论 C 同学、D 同学：整合调查分析报告 E 同学：修改完善分析报告

三、 问卷的信度、 效度分析

（一）信度分析

信度是指问卷中测量数据和结论的一致性、稳定性、可靠性程度，即测量工具能否稳定地测量到它要测量的事项。信度分析用于检验问卷对同一事物进行多次测量后所得的结果是否一致，还可以用于判断问卷中不同问题是否针对同一目标。

用于测量信度的常用方法是计算 Cronbach α 系数，它被定义为量表中由共同的因素引起的总体方差的比例。其计算公式为：

$$\alpha = \frac{t}{t-1}\left[1 - \frac{\sum_{i=1}^{t} S_i^2}{S_n^2}\right]$$

式中，t 代表量表题目数，S_i^2 代表第 i 个题目的方差，S_n^2 代表总得分的方差，$\frac{t}{t-1}$ 是为了将 α 系数的取值固定在 $0 \sim 1$。一般而言，根据 Cronbach α 系数的大小判断问卷可信性的标准如表 4-6 所示。

表 4-6　判断问卷可信性的标准

可信度	α 系数
不可信	α 系数 < 0.3
稍微可信	0.3 ≤ α 系数 < 0.5
可信	0.5 ≤ α 系数 < 0.7
很可信	0.7 ≤ α 系数 < 0.9
十分可信	α 系数 ≥ 0.9

我们利用 SPSS 软件中的信度分析功能，应用 α 信度系数法（Cronbach α 系数）对调查回收的四类问卷进行了信度分析。问卷信度分析结果如表 4-7 所示。

表 4-7　问卷信度分析结果

项目	Cronbach α 系数	项数
高职院校学生岗位实习情况的调查问卷（学生卷）	0.891	18
高职院校学生岗位实习情况的调查问卷（学校卷）	0.781	32
高职院校学生岗位实习情况的调查问卷（企业卷）	0.858	54
大学生岗位实习与有效就业的调查问卷	0.771	34

由表 4-7 可知，设计的四份调查问卷的 α 系数均介于 0.7~0.9，属于很可信的范围。这说明问卷的整体信度较高，每份问卷均具有较高的内部一致性。

（二）效度分析

效度是指测量的准确性和真实性，即测量出的东西到底是不是调研人员想要得到的东西。效度分析是指采用探索性因素分析，检验问卷的项目构成与理论期望是否一致，可以借助 SPSS 的效度分析来进行衡量。

具体而言，我们先用 KMO（Kaiser-Meyer-Olkin）和 Barrlett 球形检验系数进行分析。若 KMO 值大于 0.6，我们认为效度合理；若 Barrlett 球形检验的显著性概率值低于给定显著性水平，我们认为该问卷的数据适合进行因子分析。因子分析主要采用主成分分析方法，该方法将得到共同度和采用方差极大正交的旋转后成分矩阵，根据因子载荷的数值进行判断，决定是否需要将某些重复或无效项目予以剔除，从而判断问卷的效度水平。

我们利用 SPSS 软件中的效度分析功能，可以得出四类调查问卷的 KMO 和 Barrlett 球形检验的统计结果。问卷效度分析结果如表 4-8 所示。

表 4-8　问卷效度分析结果

项目	发放问卷	有效问卷
高职院校学生岗位实习情况的调查问卷（学生卷）	0.820	0.000
高职院校学生岗位实习情况的调查问卷（学校卷）	0.674	0.000
高职院校学生岗位实习情况的调查问卷（企业卷）	0.725	0.000
大学生岗位实习与有效就业的调查问卷	0.704	0.000

由表 4-8 可知，我们设计的四类调查问卷的 KMO 值均大于 0.6，并且 Barrlett 检验的概率 P 值远远小于 0.05，说明效度合理。

四、　调查数据的分析

（一）问卷发布与收取情况

本次调查主要采用网络自填方式，首先在"问卷星"平台上制作电子问卷，然后将电子问卷的填写二维码通过 QQ、微信等社交软件转发给湖南省长沙市五个区的高职院校毕业生。利用此方法的优点在于能够快速、低成本地收集到较为真实的数据。

我们共计发放了 116 份"高职院校学生岗位实习情况的调查问卷（学生卷）"问卷，收回的有效问卷为 112 份，无效问卷为 4 份；我们共计发放了 106 份"大学生岗位实习与有效就业的调查问卷"问卷，收回的有效问卷为 100 份，无效问卷为 8 份；我们共计发放了 142 份"高职院校学生岗位实习情况的调查问卷（企业卷）"问卷，收回的有效问卷为 139 份；我们共计发放了 116 份"高职院校学生岗位实习情况的调查问卷（学校卷）"问卷，收回的有效问卷为 110 份，问卷发布与收取情况如表 4-9 所示。

表 4-9　问卷发布与收取情况　　　　　　单位：份

项目	发放问卷	有效问卷
高职院校学生岗位实习情况的调查问卷（学生卷）	116	112
高职院校学生岗位实习情况的调查问卷（学校卷）	116	110
高职院校学生岗位实习情况的调查问卷（企业卷）	142	139
大学生岗位实习与有效就业的调查问卷	106	100

（二）数据预处理

在分析市场调查数据之前，我们需要对数据进行预处理。我们主要对三个方面的数据进行了预处理。

1. 多项选择的处理

对多选题，为了使分析更清晰、更容易，我们采用二分法予以编码。二分法是将多选题中的每一个选项作为一个新的变量，若被调查者选择了就编码为 1，没选择就编码为 0。例如，针对问卷中第二部分的第 7 题"您在岗位实习后提升了哪些方面的能力？"的选项为"实践技能与动手能力""沟通交流能力""分析解决问题能力""团队协作能力""专业知识"。二分法编码规则如表 4-10 所示。

表 4-10　二分法编码规则

变量名	实践技能与动手能力	沟通交流能力	分析解决问题能力	团队协作能力	专业知识
变量值及其标签	0＝没选	0＝没选	0＝没选	0＝没选	0＝没选
	1＝选	1＝选	1＝选	1＝选	1＝选

2. 缺失值和异常值的处理

对某个变量具有缺失值的个案，在正式分析之前，我们采用均值插补法进行填充。如果是数值型数据，我们用平均值来填充该变量下的缺失值；如果是非数值型数据，我们用位置平均数——众数来补齐该变量下的缺失值。

对具有前后不一致或极端异常值的样本，我们采用个案剔除法，即在问卷录入时就将含有异常值的个案予以剔除。

3. 排序题的处理

问卷中除了多选题之外，还有一种是对给出的选项进行重要性的排序。例如，问卷中第三部分的第 11 题如下："您觉得对于您而言，在下列影响学生岗位实习有效转化就业的因素中，哪方面因素比较重要？请排序。"（请将所给答案按重要性 1、2、3……填写在表 4-11 中）。

表 4-11　学生岗位实习有效转化就业因素排序

序号	影响因素	重要性
1	教师能力	
2	指导数量	
3	熟练程度	
4	专业技能	
5	道德品质	
6	综合素质	
7	学校硬件设施	
8	学校软件设施	
9	合理的利益补偿	
10	家庭资源	
11	社会环境	
12	就业形势	

我们定义 12 个变量，分别代表第 1 位到第 12 位，每个变量的值标签做如下定义：1 为教师能力，2 为指导数量，3 为熟练程度，4 为专业技能，5 为道德品质，6 为综合素质……依次类推，12 为就业形势。我们在录入问卷的时候，录入的数字 1、2、3、4、5、6，一直到 12，分别代表 12 个选项。例如，被调查者把熟练程度排在第一位，则在代表第一位的变量下输入"3"。

（三）高职院校学生岗位实习整体效果

1. 对岗位实习课程认知的调查和分析

（1）对岗位实习课程喜欢程度的调查和分析。对岗位实习课程的喜欢程度调查结果如图 4-1 所示。

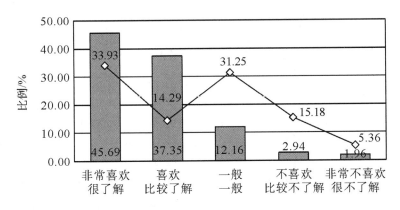

图 4-1　对岗位实习课程的喜欢/了解程度调查结果

　　从图 4-1 可以看出，45.69%的学生非常喜欢岗位实习课程，37.35%的学生喜欢岗位实习课程，这说明学生对岗位实习课程所需要的理论知识和技能表现出很高的求知欲。表示不喜欢、非常不喜欢岗位实习课程的学生占比不到 5%，可见学生对岗位实习课程的认可度较高。

　　（2）对岗位实习课程了解程度的调查和分析。对岗位实习课程的了解程度调查结果如图 4-1 所示。表示比较不了解、很不了解的学生占比分别为15.18%、5.36%，这表明还存在一小部分学生缺乏对岗位实习课程的了解和认知，各高职院校要提高学生对岗位实习课程的了解程度，可以在每个学期开设就业指导课程、就业讲座等，让学生了解岗位实习课程的要求和专业新动向。

　　2. 对岗位实习课程满意度的调查和分析

　　（1）学生对岗位实习课程总体满意度调查结果。由表 4-12 可知，9.82%的学生对实习总体持不满意的态度，3.57%的学生对实习总体表示非常不满意。由此可见，大多数学生对岗位实习课程的设置满意度较高。

表4-12 对岗位实习课程总体满意度调查结果　　　单位:%

评价项目	非常满意/完全能	满意%/能	一般%基本能	不满意%/不能	非常不满意/完全不能
对实习的总体满意度	1.79	40.18	44.64	9.82	3.57
实习单位接纳实习的态度	2.68	35.71	52.68	6.25	2.68
能否实现零距离上岗	5.36	13.39	62.50	16.07	2.68

（2）学生对实习单位满意度调查结果。根据调查可知，"对实习单位接纳实习的态度"方面，学生表示在一般、满意和非常满意的占比为91.07%，有8.93%的学生表示不满意和非常不满意。这说明，实习单位在接纳学生岗位实习过程中要积极、热情。有81.25%的学生表示能实现零距离上岗，但是还有16.07%的学生表示不能实现零距离上岗，而完全不能实现零距离上岗的学生占比为2.68%。这意味着，指导教师还应该在教学方式上有所改进，多方面、多角度对岗位所需知识、技能进行介绍，让学生能够更好地掌握。同时，在实践操作环节，实习单位及指导教师应该多提供机会让学生多观察、多动手以及多思考来提高岗位实习效果。

（3）学生对学校及校内指导教师满意度调查结果。由表4-13可知，赞成校内指导教师可以提高学生岗位实习的效率和工作能力的学生占比为83.04%，赞成校内指导教师具有较强的法律意识和综合协调能力，能够维护学生在实习期间的权益、协调好纠纷、解决问题的学生占比为80.36%。

表4-13 对学校及校内指导教师满意度调查结果　　　单位:%

评价项目	同意（或是）	不同意（或否）
教师通过有效的管理，使学生工作能力逐步提高	83.04	16.96
教师具有较强的法律意识和综合协调能力	80.36	19.64
教师有能力与企业协商，客观公正地对学生进行评价	79.46	20.54
教师能与企业协商，制订学生的学习计划	77.68	22.32
学校是否推荐满意的实习岗位	66.07	33.93%
学校是否能够参与解决实习困难	68.75	31.25

（4）学生对实习效果满意度调查结果。岗位实习是培养复合型职业技术人才不可或缺的职业训练环节，是对学生专业知识和专业能力掌握程度的综合检验。在进行岗位实习后，有 19.64% 的学生能够被实习单位录用，有62.5% 的学生能够获得被实习单位试用资格。学生认为专业能力提高非常明显、提高明显的占比分别为 17.86%、65.18%。有 58.93% 的学生认为岗位实习能提升实践技能与动手能力，有 71.43% 的学生认为岗位实习能提升沟通交流能力，有 76.79% 的学生认为岗位实习能提升分析解决问题能力，有57.14% 的学生认为实习能提升团队协作能力。从这些数据可以看出，学生在进行岗位实习后，实习效果满意度较高。

表 4-14　对实习效果满意度调查结果　　　　　单位：%

评价项目	具体内容	比例
是否被实习单位录用	录用	19.64
	试用	62.5
	未录用	17.86
专业能力是否提高	提高非常明显	17.86
	提高明显	65.18
	提高不明显	16.96
实习能提升哪些方面的能力	实践技能与动手能力	58.93
	沟通交流能力	71.43
	分析解决问题能力	76.79
	团队协作能力	57.14
	专业知识掌握能力	38.39
就业信心是否增强	极大增强	26
	一定程度上促进作用	60
	没有变化	11
	受到打击	3

3. 对岗位实习关注点的调查和分析

由图 4-2 可知，受访学生认为岗位实习能给自己带来的最主要的作用是提前适应社会，占比高达 39.29%；第二是帮助今后就业，占比高达 33.93%，第三是熟悉岗位要求，第四是能够顺利毕业，最后是获取实习薪酬。可以看出，学生在面对岗位实习时最在意的是给自己积累的经验，看重实习平台与企业未来的发展空间。学生在选择实习时，薪资高低不是主要的考虑因素。

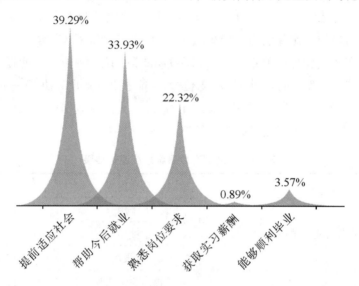

图4-2　岗位实习的最主要作用

4. 对岗位实习校内指导教师绩效考核的调查和分析

从图4-3可知，被调查高职院校对校内指导教师指导学生岗位实习工作计算额外工作量的占比较高，达66.36%。对校内指导教师按指导学生的数量计算额外的工作量，体现了多劳多得原则，能充分调动教师的积极性，增强教师的责任感。

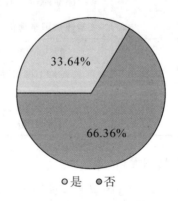

图4-3　校内指导教师指导岗位实习是否计算工作量

本次调查数据显示（见图4-4），有93.64%的学校将各种实习实训教学纳入校内指导教师的绩效考核，但是仍然有一小部分学校未将实习实训教学纳入校内指导教师的绩效考核。将实习实训教学纳入校内指导教师的绩效考核能够提升他们的主动性和积极性，充分挖掘他们的潜能，使校内指导教师的作用得到充分的发挥。未将实习实训教学纳入绩效考核的学校应及时改进，不断完善教学模式、管理模式，以期充分调动指导教师的工作积极性，提高岗位实习课程的教学质量。

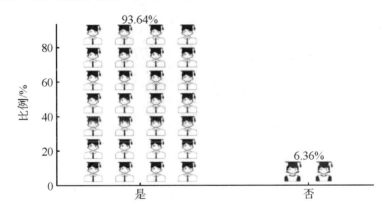

图4-4　实习实训教学是否纳入校内指导教师的绩效考核

（四）高职院校学生岗位实习存在的问题剖析

1. 岗位实习单位方面问题分析

（1）企业参与岗位实习热情度不高。在被调查的实习企业中，企业不愿意承担实习基地责任的原因有很多，有24%的企业不愿意承担学生岗位实习的原因是担心实习生不好管理，有22%的企业担心实习生技能、素质达不到企业要求。此外，企业反馈学生管理工作难度高、担心出事故担责任、担心影响正常生产以及担心"为别人作嫁衣"的占比也不低，均超过了10%。可见，大多数企业与学校之间存在着局部意识和全局意识、眼前利益和长远利益的矛盾，大多数企业表示学校与企业缺乏沟通，没有建立双赢方案，也没有成熟的合作认知理念，因此企业参与岗位实习的热情度不高，存在一定的认知差异。

（2）企业对待岗位实习注重自身需要。由图4-5可知，被调查的实习企业中，有16.38%的企业愿意承担学生岗位实习的原因是使企业节省劳动力，有12%的企业将岗位实习学生作为企业储备人才，有极少数企业因为承担人才培养的社会责任而愿意承担学生实习工作。可见，企业主要是按照自己的需要对待岗位实习。

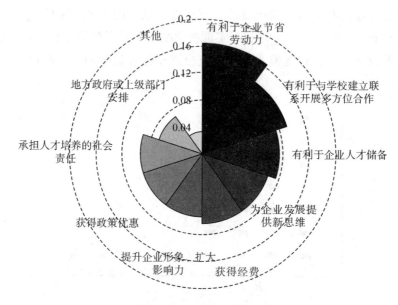

图4-5　企业愿意承担学生岗位实习的原因

（3）企业激励机制和政策保护不够。由表4-15可知，虽然国家已经出台鼓励校企合作，特别鼓励企业接受职业院校学生实习的具体政策，但企业方没有得到政策反馈兑现，参与企业没有得到必要的成本补偿（占比为10.07%），没有得到税费减免（占比为15.83%），也没有提高社会声誉（占比为10.79%）。

表4-15　实习单位承担学生实习得到的补偿情况　　单位:%

评价项目	是	否
贵单位承担学生实习，得到了合理的利益补偿	89.93	10.07
贵单位承担学生实习，提高了企业的社会声誉?	89.21	10.79
贵单位承担学生实习，得到了税费减免?	84.17	15.83

由调查数据可知（见表4-16），在被调查的实习企业中，有20.5%的企业表示需要解决的问题是学生工作的稳定性，学生没有认识到岗位实习的重

要性，换岗率较高；其次是安全责任与保险，占比为 17.2%；再次是学生专业知识的加强，占比为 16.8%。

表 4-16　实习单位承担学生实习需要解决的相关问题

需要解决的相关问题	应答次数	百分比/%	个案百分比/%
安全责任与保险	78	17.2	56.1
财政补贴	71	15.7	51.1
税收减免	51	11.3	36.7
学生工作的稳定性	93	20.5	66.9
学生专业知识的提高	76	16.8	54.7
学生的积极性不够	54	11.9	38.8
其他	30	6.6	21.6
总计	453	100.0	325.9

（4）企业承担岗位实习难以保障学生权益。由表 4-17 和图 4-6 可知，被调查的实习企业都会为学生提供岗位薪酬；为学生提供留岗机会的企业和为学生提供交通补贴的企业占比基本相当，均超过 40%；只有少数企业为学生购买保险、提供伙食补贴和住宿补贴。可见，学生在实习期间的权益得不到保障现象时有发生。

表 4-17　实习单位为实习生提供的权益情况　　　　　　单位:%

实习单位为实习生提供的权益保障	是	否
为学生购买保险	28	72
为学生提供伙食补贴	30	70
为学生提供住宿补贴	32	68
为学生提供交通补贴	43	57
为学生提供岗位薪酬	100	0
为学生提供留岗机会	45	55

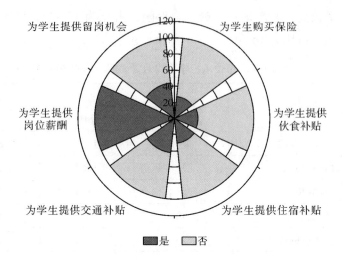

图4-6 实习单位为实习生提供的权益情况

2. 岗位实习学校方面问题分析

（1）学生岗位实习单位难落实。从图4-7可以看出，有15%的学生是通过学校安排，集中岗位实习；有25%的学生是通过学校安排，分散岗位实习；需要自己找岗位实习单位的学生占比最高，为49%。这表明，大部分学生需要自己找岗位实习单位。

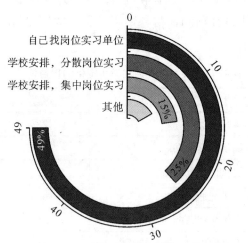

图4-7 学生岗位实习单位落实情况

（2）学生实习岗位与所学专业结合度不高。调查得知（见表4-18），学生的实习岗位与所学专业的关联度很大的占比为30%，学生的实习岗位与所学专业的关联度一般的占比为37%。可以看出，部分学生在实习时并不是很了解实习岗位要达到的目标和基本要求，在自行选择实习岗位时随意性较大，与所学专业结合度不高。

表4-18　学生实习岗位与所学专业结合度情况

评价项目	具体内容	比例/%
实习岗位与所学专业的关联度	很大	30
	大	29
	一般	37
	不大	3
	没有任何关系	1

（3）学生实习指导不到位，学生管理工作难度大。有25%的学生是通过学校安排，分散岗位实习；有49%的学生是自己找岗位实习单位，大部分学生在实习期间相当分散，学生实习指导不到位，学生管理工作难度大。

（4）学生岗位实习考核体系不健全。由表4-19可知，第2列是应答次数，剔除缺失数据后总计为545次；第3列百分比是应答百分比（如18.2% = 99/545×100%）；第4列个案百分比分母是样本容量（如90.0% = 99/110×100%），通常该列数据只做参考。可见，被调查学校中有18.2%的学校在考核学生岗位实习时注重学生出勤情况；有18.3%的学校在考核学生岗位实习时注重学生实习实训表现；注重学生实习过程中职业素养表现的学校比例较低。

表4-19　学校对学生岗位实习的考核内容

需要解决的相关问题	应答次数	百分比/%	个案百分比/%
出勤情况	99	18.2	90.0
实习实训表现	100	18.3	90.9
实习实训过程记录	90	16.5	81.8

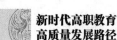

表4-19(续)

需要解决的相关问题	应答次数	百分比/%	个案百分比/%
实习实训结果报告	97	17.8	88.2
技能熟练程度	87	16.0	79.1
职业素养表现	71	13.0	64.5
其他	1	0.2	0.9
总计	545	100.0	—

由表 4-20 可知，学校对学生岗位实习的考核方式主要采用校内指导教师评价，占比为 24.7%；采用学生个人自评、校内辅导员评价的学校数也相对较多，占比均为 22.7%。学生在岗位实习过程中必须深入现场，直接参加生产，亲自操作，掌握第一手资料，这样才能掌握和巩固所学知识。企业导师、企业主管对学生的考核最具代表性，然而由企业导师评价、企业主管评价的学校数相对较少，占比不足 20%。

表4-20 学校对学生岗位实习的考核方式

需要解决的相关问题	应答次数	百分比/%	个案百分比/%
个人自评	92	22.7	83.6
校内指导教师评价	100	24.7	90.9
校内辅导员评价	92	22.7	83.6
企业导师评价	67	16.5	60.9
企业主管评价	51	12.6	46.4
其他	3	0.7	2.7
总计	405	100.0	—

3. 岗位实习指导教师方面问题分析

（1）实习指导教师指导力度不够。校内指导教师是学生和实习单位之间的重要桥梁，高职院校均表示配备了实习指导教师，然而校内指导教师与学生的沟通联系还有待进一步加强。由图 4-8 可知，在实习期间，有 42% 的学生表示校内指导教师与其联系一般；有36%的学生表示校内指导教师与其联系密切；表示校内指导教师与其联系较少和联系很少的学生分别占比18%和4%。这反映出，校内指导教师在学生实习期间对岗位实习学生的重视和关注度还需要进一步加强。

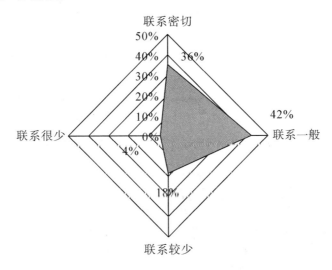

图4-8　校内指导教师的指导情况

在岗位实习过程中，大部分学生希望学校关心学生的实习工作情况，经常与学生保持联系（校内占比为71.4%）。实习生、毕业生踏入职场往往缺乏正确的定位，不明白自己的需求，在就业过程中比较被动。校内指导教师应随时了解学生的工作和生活情况，以便岗位实习工作顺利开展。在本次调查中，有62.5%的学生期望在岗位实习过程中，校内指导教师能针对学生在实习过程中提出的问题作出有效、及时的解答。高职院校指导教师指导不够和缺乏针对性的指导将影响校企双方的有效沟通和实践教学的质量。

（2）实践教学力度需进一步加强。由图4-9可知，认为学校的实习实训对有效转化就业起决定作用、很重要的学生占比分别为35%和34%；认为学校的实习实训对有效转化就业不太重要、无影响的学生占比均不超过4%。这说明，学生已经认识到学校实习实训对提高其职业能力至关重要。

由图4-10可知，绝大多数学生都要求增加专业课程、实训课程，认为应该增加实训课程的学生占比达到了64%。这反映出学校需要进一步加大实践教学力度，使课程内容与岗位所需要的职业能力相衔接。

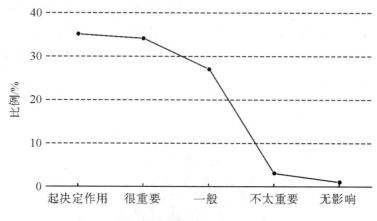

图4-9　实习实训对有效转化就业的影响程度

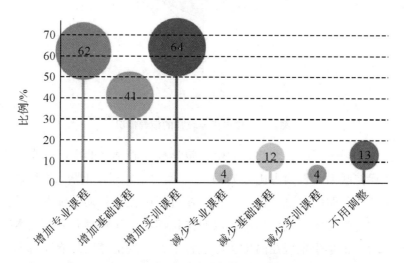

图4-10　学校课程调整情况

4. 岗位实习学生方面问题分析

（1）学生对岗位实习目的、任务和要求不明确。由图4-11可知，有38.39%的学生表示指导教师详细介绍过岗位实习要达到的目标及要求；有52.68%的学生表示指导教师只是简单说过岗位实习情况；8.93%的学生表示指导教师没有介绍过岗位实习情况。可见，大部分学生并不是很了解岗位实习要达到的具体目标及要求。

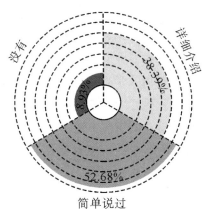

○ 详细介绍　● 简单说过　● 没有

图 4-11　指导教师对岗位实习的介绍情况

（2）学生对岗位实习的重视度不够，换岗率高。

表 4-21　学生更换实习单位的次数及原因　　　　　　单位:%

换过几次实习单位				更换实习单位的原因			
0 次	1 次	2 次	2 次以上	专业不对口	工作压力大	待遇低	其他
64.29	28.57	6.25	0.89	23.64	36.36	25.45	14.55

　　在被调查的 112 名实习学生中，更换实习单位的学生总数为 40 人，换岗率为 35.71%，其中有 1 人更换实习单位的次数为 2 次以上，占比为 0.89%；更换实习单位的次数为 1 次的有 32 人，占比为 28.57%；更换实习单位的次数为 2 次的有 7 人，占比为 6.25%。笔者通过实地走访、电话和微信联系等方式对更换实习单位的原因展开调查，归纳分析学生更换实习单位的原因。由于待遇低而更换实习单位的比例较高，为 25.45%。部分学生在实习中对薪资报酬不满时选择更换实习单位，没有深刻理解岗位实习的目的与意义。由于工作压力大而更换实习单位的比例最高，为 36.36%。部分学生意志力较薄弱，承压能力较差。高职学生因为学历限制，实习岗位多是一线岗位，相比学校而言工作环境较差、劳动强度较大、工作时间较长，加上企业规章制度严格，部分学生在实习一段时间后，容易感到压力大，出现逃避心理，进而产生更换实习单位的想法。此外，由于专业不对口而更换实习单位的比例为

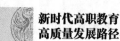

23.64%。在当前社会形势下，每年毕业生人数显著高于新增的就业岗位数量，这造成了实习岗位供不应求的结果。学校规定岗位实习是顺利毕业的必要条件，这将导致学生很难考虑专业与实习岗位的对口性。学生到了实习单位后，发现实习岗位专业不对口。学生在实习中遇到问题，容易产生心理压力，同时误认为自身专业水平不足，易产生更换实习单位的想法。

（4）学生留在实习单位就业的意愿不强。由表 4-22 可知，愿意留在实习单位继续工作的学生占比不足 60%；不愿意留在实习单位继续工作的学生占比为 20%；有 21% 的学生持无所谓的态度，这意味着有部分学生留在实习单位就业的意愿不强。

表 4-22　学生留在实习单位就业的意愿

评价项目	具体内容	比例/%
愿意留在实习 单位继续工作	愿意	59
	不愿意	20
	无所谓	21
实习单位安排的 岗位发展前景	不好	6
	一般	62
	较好	25
	很好	7

调查数据显示（见表 4-22），认为实习单位安排的岗位发展前景一般的学生占比为 62%；认为实习单位安排的岗位发展前景不好的学生占比为 6%；认为实习单位安排的岗位发展前景较好的学生占比不足 30%。这意味着学校和企业的合作空间还很大，双方需要携手推进岗位实习工作，提高学生留在实习单位就业的意愿，促进岗位实习有效转化就业。

（五）高职院校学生岗位实习有效转化就业的影响因素分析

通过前文的描述性分析，我们得知当前高职院校岗位实习存在一些现实问题，比如企业参与岗位实习热情度不高，产教融合度不高；学校落实学生实习单位难，学生岗位实习考核体系不健全；实习指导教师指导力度不够，等等。岗位实习兼具教育性和职业性特点，为进一步帮助高职院校毕业生提升就业能力，我们运用单样本 T 检验、独立样本 T 检验、相关分析、回归分析以及重要性-感知性 IPA 分析等统计分析方法，探究影响高职院校学生岗位实习有效转化就业的关键因素。

1. 学生岗位实习有效转化就业的相关分析

根据相关分析可知，岗位实习学生有效转化就业与教师能力、熟练程度、专业技能、道德品质、综合素质以及学校硬件设施等之间相关系数均不等于0，表明岗位实习学生有效转化就业与这些因素之间都存在相关关系。任意两个影响因素之间的相关系数均小于0.8，说明以岗位实习学生有效转化就业作为被解释变量，教师能力、熟练程度、专业技能、道德品质、综合素质以及学校硬件设施等作为解释变量构建多元线性回归模型时，不会出现多重共线性问题。

2. 有效就业组与未有效就业组的差异分析

由表4-23可知，总体来说，与实习单位签约过的人认为大部分因素对于有效转化就业的影响较大。被调查的学生都认为教师熟练程度因素对有效转化就业的影响很大。但是，与没有和实习单位签约过的学生相比，签约过的学生认为教师指导数量因素对有效转化就业的影响的差异度更大。被调查的学生都认为家庭资源、就业形势等因素对有效转化就业的影响很大。但是，相比于和实习单位签约过的学生，未签约过的学生认为综合素质、学校软件设施、社会环境对有效转化就业的影响更大。

表4-23 变量的公因子

公因子	变量	签约得分	名次	未签约得分	名次
教师因素 X_1	教师能力	0.800	1	0.500	2
	指导数量	3.820	1	2.750	2
	熟练程度	3.930	1	3.600	2
学生因素 X_2	专业技能	0.095	1	−0.380	2
	道德品质	0.018	1	−0.071	2
	综合素质	−0.028	2	0.111	1
学校因素 X_3	学校硬件设施	0.076	1	−0.305	2
	学校软件设施	−0.003	2	0.014	1
企业因素 X_4	合理的利益补偿	0.938	1	0.900	2

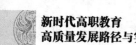
表4-23（续）

公因子	变量	签约得分	名次	未签约得分	名次
环境因素 X_5	家庭资源	3.810	1	3.700	2
	社会环境	1.490	2	1.500	1
	就业形势	3.920	1	3.650	2

3. 有效转化就业后的就业力的差异性分析

为进一步分析学生岗位实习对有效转化就业成效的影响，我们继续运用学生岗位实习的薪资水平数据来衡量有效就业力。在此项调查的 100 名毕业生中，有 20 名学生在岗位实习后没有有效就业，有 80 名学生在岗位实习后实现有效就业，有效转化就业率高达 80%。

（1）独立样本 T 检验：性别差异。为判断男生和女生在岗位实习后有效转化就业的就业力是否存在差异，笔者建立如下假设：

H0：原假设，$u_1 = u_2$，即男生组和女生组在岗位实习后有效转化就业的就业力无显著性差异。

H1：备择假设，$u_1 \neq u_2$，即男生组和女生组在岗位实习后有效转化就业的就业力有显著性差异。

①全体学生不存在薪资水平差异。由独立样本检验分析可知，检验两总体方差是否相等的 F 统计量观测值为 0.061，对应的概率 P 值为 0.806，大于给定的显著性水平 α（$a = 0.05$），不能拒绝原假设，表明应参考第一行的 T 检验结果。T 统计量的观测值为 0.331，对应的概率 P 值为 0.741，大于显著性水平 0.05。因此，检验结果不能拒绝原假设，即对于所有岗位的实习生而言，男生和女生在岗位实习后有效转化就业的就业力没有显著性差异。

②有效就业组不存在性别差异。笔者对 80 名有效就业的学生进行差异性分析，以检验岗位实习后有效转化就业的就业力差异。

由独立样本检验分析可知，检验两总体方差是否相等的 F 统计量观测值为 10.422，对应的概率 P 值为 0.002，远小于给定的显著性水平 α（$a = 0.05$），拒绝原假设，表明应参考 T 检验结果。T 统计量的观测值为 -0.962，对应的概率 P 值为 0.353，大于显著性水平 0.05，因此不能拒绝原假设，即对于有效就业组学生而言，男生和女生在岗位实习后有效转化就业的就业力没有显著性差异。

③未有效就业组不存在性别差异。由独立样本检验分析可知，检验两总体方差是否相等的 F 统计量观测值为 0.138，对应的概率 P 值为 0.715，远高于给定的显著性水平 α（$a=0.05$），不能拒绝原假设，表明应参考 T 检验结果。T 统计量的观测值为 -0.272，对应的概率 P 值为 0.789，高于显著性水平 0.05，因此，不能拒绝原假设，即对于未有效就业组学生而言，男生和女生在岗位实习后有效转化就业的就业力没有显著性差异。

（2）独立样本 T 检验：生源地差异。为了判断城镇学生在岗位实习后有效转化就业的就业力是否高于农村学生的有效就业力，笔者建立如下假设：

H0：原假设，$\mu_1 - \mu_2 \leq 0$，即城镇学生在岗位实习后有效转化就业的就业力不高于农村学生在岗位实习后有效转化就业的就业力。

H1：备择假设，$\mu_1 - \mu_2 > 0$，即城镇学生在岗位实习后有效转化就业的就业力显著高于农村学生在岗位实习后有效转化就业的就业力。

①全体学生存在生源地差异。由描述统计分析可知，城镇学生在岗位实习后有效转化就业的就业力样本均值高于农村学生在岗位实习后有效转化就业的就业力的样本均值，但还需检验这种差异是否具有统计上的显著性。

由独立样本检验分析可知，城镇学生和农村学生在岗位实习后有效转化就业的就业力的总体方差不存在显著差异（F 检验的概率 P 值大于 0.05），应看 T 检验结果。T 统计量的观测值为 1.840，对应的概率 P 值为 0.069，P/2 为 0.034 5，低于给定的显著性水平 0.05，应拒绝原假设，认为城镇学生在岗位实习后有效转化就业的就业力显著高于农村学生在岗位实习后有效转化就业的就业力。

②有效就业组存在生源地差异。笔者对 80 名有效就业的学生进一步进行差异性分析，以检验岗位实习后有效转化就业的就业力是否存在生源地差异。

由独立样本检验分析可知，对有效就业组，城镇学生和农村学生在岗位实习后有效转化就业的就业力的总体方差存在显著差异（F 检验的概率 P 值远小于 0.05），应看 T 检验结果。T 统计量的观测值为 2.361，对应的概率 P 值为 0.031，P/2 为 0.015 5，低于给定的显著性水平 0.05，应拒绝原假设，认为对于有效就业组而言，城镇学生在岗位实习后有效转化就业的就业力显著高于农村学生在岗位实习后有效转化就业的就业力。

③未有效就业组存在生源地差异。由描述统计分析可知，在未有效就业组中，城镇学生只调查了一位学生，农村学生调查了 19 位学生，T 统计量的

观测值为 1.739，对应的概率 P 值为 0.099，P/2 为 0.049 5，低于给定的显著性水平 0.05，应拒绝原假设，认为对于未有效就业组而言，城镇学生在岗位实习后有效转化就业的就业力显著高于农村学生在岗位实习后有效转化就业的就业力。

（3）单因素方差分析：专业对口性差异。为了探究专业对口性对学生岗位实习后有效转化就业的就业力是否存在显著差异，笔者以学生岗位实习后有效转化就业的就业力为观测变量，以专业对口性为控制变量进行单因素方差分析。

①全体学生不存在专业对口性差异。由描述统计分析可知，专业对口的学生在岗位实习后有效转化就业的就业力的样本均值最高，为 3.548 4；专业不对口的学生在岗位实习后有效转化就业的就业力的样本均值最低，只有 2.750 0。专业是否对口对学生的有效就业力存在一定的差异，但还需检验这种差异是否具有统计上的显著性。

由方差分析可知，F 统计量的观测值为 1.403，对应的概率 P 值为 0.251，高于显著性水平 0.05，不能拒绝原假设，认为专业对口性对学生岗位实习后有效转化就业的就业力产生的影响在统计上不显著。这可能是由于专业对口工作的就业压力，学生在岗位实习时普遍放松了专业对口的要求，不再只关注专业对口的工作，更加注意那些门槛较低，甚至"零门槛"的职业。

②有效就业组存在专业对口性差异。笔者对 80 名有效就业的学生进一步进行差异性分析，以检验岗位实习后有效转化就业的就业力是否存在专业对口差异。

由描述统计分析可知，专业对口的学生在岗位实习后有效转化就业的薪资水平的样本均值最高，为 4 750 元；专业不对口的学生在岗位实习后有效转化就业的薪资水平的样本均值最低，为 3 893 元。专业是否对口对学生的有效就业力存在一定的差异，但还需检验这种差异是否具有统计上的显著性。

由方差分析可知，F 统计量的观测值为 4.631，对应的概率 P 值为 0.013，低于显著性水平 0.05，拒绝原假设，认为对于有效就业组而言，专业对口性对学生岗位实习后有效转化就业的就业力产生的影响在统计上显著。

由方差齐性检验分析可知，概率 P 值为 0.265，高于显著性水平 0.05，不能拒绝原假设，即方差具有齐性，在"多重比较"表中，应参考"LSD"检验结果。

在有效转化就业后，专业对口与专业不对口的学生的平均薪资水平差额为 856.667 元，并且这种差异程度在 1% 的显著性水平下显著；专业对口与专业基本对口的学生的平均薪资水平差额为 402.564 元，并且这种差异程度在 10% 的显著性水平下显著；专业基本对口与专业不对口的学生的平均薪资水平差额为 454.103 元，并且这种差异程度在 10% 的显著性水平下显著。

这说明，毕业生在求职时普遍放松了专业对口的要求，不再只关注专业对口的工作，专业对口性对毕业生是否有效转化就业不存在显著影响。但是，在有效就业后，专业对口性对就业能力有显著影响。这给我们的启示是，专业是否对口对工作后的发展影响很大，是毕业生薪资水平差异的重要因素。

因此，高职院校采用"工学结合、就业直通"的模式，可以大大提高毕业生专业对口就业的可能性。校企合作是高职院校发展的重要模式，高职院校应加强同企业的合作，比如与企业签订人才供需合同，展开"订单式"培训，拓展和丰富学生的就业渠道。

③未有效就业组不存在专业对口性差异。由描述统计分析可知，专业对口、基本对口和不对口的学生在岗位实习后有效转化就业的薪资水平的样本均值相当，均为 4 000 元。

由方差分析可知，F 统计量的观测值为 0.199，对应的概率 P 值为 0.821，高于显著性水平 0.05，不能拒绝原假设，认为对于未有效就业组而言，专业对口性对学生岗位实习后有效转化就业的就业力产生的影响在统计上不显著。

4. Logit 和 Probit 回归模型

有效就业与否的 Logit 与 Probit 的边际效应如表 4-24 所示。

表 4-24　有效就业与否的 Logit 与 Probit 的边际效应

变量	Logit 模型		Probit 模型	
	边际效应	P 值	边际效应	P 值
教师能力	0.071 2***	0.000	0.078 0***	0.000
指导数量	0.001 5	0.900	0.000 2	0.994
熟练程度	0.288 9***	0.000	0.283 4***	0.000
专业技能	0.005 9	0.759	−0.000 5	0.985
道德品质	0.017 6***	0.000	0.008 2***	0.009

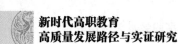
表4-24(续)

变量	Logit 模型		Probit 模型	
	边际效应	P 值	边际效应	P 值
综合素质	−0.014 1	0.532	−0.005 0	0.844
学校硬件设施	0.005 9	0.656	0.007 5	0.481
学校软件设施	0.027 4 ***	0.006	0.021 9 **	0.013
合理的利益补偿	0.300 8 **	0.039	0.263 6 ***	0.005
家庭资源	−0.039 2	0.433	−0.045 4	0.387
社会环境	0.067 7 **	0.024	0.063 6	0.125
就业形势	0.066 9 ***	0.000	0.079 6 ***	0.000
学生性别	0.100 3 ***	0.000	0.092 4 ***	0.000
学生专业	−0.267 6 **	0.014	−0.306 7 ***	0.003
学生生源地	−0.001 6	0.960	0.000 4	0.992
样本量	100	—	100	—

注：采用稳健的标准误；*、**、***分别代表在10%、5%、1%水平上显著。

从 Logit 模型结果可知，"教师能力"的边际效应为 0.071 2，表明指导教师的能力每提高一个单位，岗位实习学生有效转化就业的概率将提高 7.12%。

"综合素质"的边际效应为−0.014 1，表明学生的综合素质每提高一个单位，岗位实习学生有效转化就业的概率将下降 1.41%。这可能是由于学生各方面素质较强，自我期望较高，在实习单位实习后，更愿意寻找新的挑战，因此有效转化就业的可能性降低了。

"家庭资源"的边际效应为−0.039 2，表明学生的家庭资源每提高一个单位，岗位实习学生有效转化就业的概率将下降 3.92%。这可能是由于学生家庭资源越丰富，在实习单位实习后，越可能借助家庭资源找到更合适的就业单位，因此有效转化就业的可能性降低了。

"合理的利益补偿"的边际效应为 0.300 8，表明对于没有获得相应补偿的企业而言，企业获得补偿机制能使岗位实习学生有效转化就业的概率提高 30.08%。

"就业形势"的边际效应为 0.066 9，表明就业形势每提高一个单位，岗位实习学生有效转化就业的概率将提高 6.69%。这可能是由于当经济形势良好时，企业生产能力好，招聘实习生的机会和转化其为正式员工的需求量会增加，因而可以提高转化率；当就业形势比较严峻时，企业对实习生转化为员工时提出的要求更高，转化率低。

5. 非线性回归模型的诊断

本书主要计算四种检验 Logit 模型、Probit 模型拟合优度的统计量值，即正确预测百分比、对数似然值、伪 R^2 以及 ROC 曲线下的面积（AUC）。判断模型拟合优度的统计分析如表 4-25 所示。

表 4-25 判断模型拟合优度的统计分析

检验统计量	Logit 模型	Probit 模型
正确预测百分比/%	84.00	82.00
对数似然值（LR）	−37.809 0	−38.285 3
伪 R^2	0.244 4	0.234 9
AUC	0.824 4	0.820 6

以 Logit 模型为例，正确预测百分比为 84.00%，似然比检验统计量，即对数似然值（LR）为−37.809 0，对应的 P 值小于 0.05，因此可以认为即使在 5% 的显著性水平下除常数项以外的所有解释变量对被解释变量都存在显著影响。

笔者进一步运用 ROC（receiver operating charactcristic）曲线检验回归预测的准确度。该方法是运用曲线与左上角之间的距离，或者曲线下方的面积来判断预测的效果，距离越近或曲线下方面积越大，表明预测效果越好；反之，表明预测效果越差（见图 4-13 和图 4-14）。

由图 4-13 和图 4-14 可知，两个回归模型所对应的 ROC 曲线下的面积（AUC）分别为 0.824 4、0.820 6，均大于 0.5，表明模型有比较好的准确性。

两种模型相比较而言，Logit 模型的拟合程度要稍微优于 Probit 模型，但总体来看，Probit 模型的伪 R^2、正确预测百分比、ROC 曲线下的面积与 Logit 模型相差不大，可以认为所构建的 Logit 模型比较稳健。

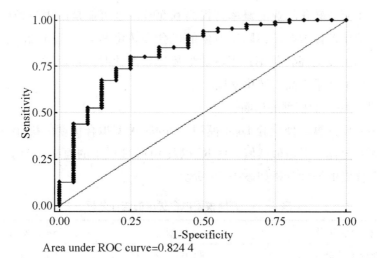

Area under ROC curve=0.824 4

图 4-13 回归模型的 ROC 曲线

注：图中 Sensitivity 代表灵敏度，1-Sensitivity 代表特异度。

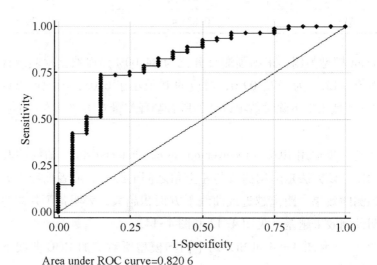

Area under ROC curve=0.820 6

图 4-14 回归模型的 ROC 曲线

注：图中 Sensitivity 代表灵敏度，1-Sensitivity 代表特异度。

6. 高职院校学生有效转化就业提升方向分析

为了精准地分析如何提升岗位实习后有效转化就业的就业力，笔者对相关开放式问题进行词云图分析。

（1）学生遇到的最大困难。根据词云图分析可知，学生反馈在岗位实习过程中遇到的最大困难是缺乏专业知识和技能、缺乏工作经验以及难以适应企业的经营管理模式等。对于即将毕业走上工作岗位的学生来说，其要学好专业知识，并将专业知识投入实践。高职院校应为学生多提供校内实践机会，以便学生更好地掌握所学的专业知识。

（2）学生期望学校改进方面。根据词云图分析可知，大部分学生期望在岗位实习过程中，学校能够及时解决学生疑惑、加强监督、定期检查等。

（3）学生期望企业改进方面。根据词云图分析可知，学生在岗位实习过程中对企业的期望主要是合理安排专门的职业知识培训、关心实习生的个人成长、及时听取实习生的意见以及多给实习生机会等。

（4）学生自身需要改进方面。根据词云图分析可知，学生通过岗位实习后，认为自己最需要提升和培养的能力主要是专业知识和职业技能、团队协作能力、沟通协调能力、获取机会的能力等。

（六）学生岗位实习有效转化就业影响因素重要性-感知性IPA分析

1. 频数分析

通过频数分析，我们可以看到每一选项的具体选择情况（见表4-26）。一选人数最多的是专业技能，有43名被调查者认为在岗位实习有效转化就业的12个因素中，学生对专业技能的掌握程度最重要。其次是教师能力，一选人数有36人。在影响岗位实习有效转化就业的12个因素中，被调查者普遍认为对实习单位给予合埋的利益补偿相对重要性较弱，作为末位选择（十二选）的人数有49人。

表4-26　频数分析

选项	一选人数	二选人数	三选人数	四选人数	五选人数	六选人数	七选人数	八选人数	九选人数	十选人数	十一选人数	十二选人数
教师能力	36	3	8	8	20	17	13	20	12	7	7	11
指导数量	6	21	5	8	9	22	22	11	23	7	11	17
熟练程度	12	33	28	16	18	16	10	13	6	7	1	2
专业技能	43	39	27	19	12	9	6	2	4	1	1	0
道德品质	8	15	31	20	28	13	12	15	8	8	2	2
综合素质	19	13	29	27	13	23	15	9	8	1	4	1

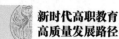
表4-26(续)

选项	一选人数	二选人数	三选人数	四选人数	五选人数	六选人数	七选人数	八选人数	九选人数	十选人数	十一选人数	十二选人数
学校硬件设施	2	3	4	12	8	13	30	20	17	26	18	9
学校软件设施	0	4	4	9	12	9	17	26	21	24	30	6
合理的利益补偿	4	1	0	9	10	8	6	13	26	24	12	49
家庭资源	9	4	7	7	12	10	12	12	24	32	11	22
社会环境	5	17	7	15	13	5	15	12	3	20	40	10
就业形势	18	9	12	12	7	18	4	9	10	5	25	33

2. 重要性排名

在上述频数分析中，虽然我们了解了各选项的选择情况，但还无法确定各因素的重要性排名，因此还需要进一步分析。

（1）权重赋值。选择顺序不同，重要程度也不一样。因此，在分析时，我们需要给每个数值赋值一个加权数，即第一位的数值权重>第二位的数值权重>第三位的数值权重>第四位的数值权重>第五位的数值权重>第六位的数值权重>第七位的数值权重>第八位的数值权重>第九位的数值权重>第十位的数值权重>第十一位的数值权重>第十二位的数值权重。

我们在这里采用反向计分赋值方法，排第一位的计12分，排第二位的计11分，排第3位的计10分，依次类推（见表4-27）。

表4-27　赋值方法

选项	一选	二选	三选	四选	五选	六选	七选	八选	九选	十选	十一选	十二选
反向计分	12	11	10	9	8	7	6	5	4	3	2	1

（2）综合得分。笔者运用SPSS进行描述分析，可得各个变量的综合得分，即平均值得分。基础指标如表4-28所示。

表4-28　基础指标

变量	样本量	最小值	最大值	平均值	标准差	中位数
New_教师能力	162	1	12	7.210	3.479	7

表4-28(续)

变量	样本量	最小值	最大值	平均值	标准差	中位数
New_指导数量	162	1	12	6.111	3.265	6
New_熟练程度	162	1	12	8.401	2.695	9
New_专业技能	162	2	12	9.907	2.161	11
New_道德品质	162	1	12	7.870	2.612	8
New_综合素质	162	1	12	8.321	2.563	9
New_学校硬件设施	162	1	12	5.130	2.586	5
New_学校软件设施	162	1	12	4.802	2.524	4.5
New_合理的利益补偿	162	1	12	3.864	2.851	3
New_家庭资源	162	1	12	5.056	3.186	4
New_社会环境	162	1	12	5.574	3.501	5
New_就业形势	162	1	12	5.753	3.963	5

计算得出的平均值可以代表题项被选中的顺序,平均值越大,表明该指标的排序就越靠前。我们按数值大小进行排列,可以得到最终的排名顺序。

我们将频数分析得出的每一选项的具体选择情况进行整理,最终得到一个标准分析结果(见表4-29)。

表4-29　标准分析结果

选项	综合得分	排序
New_专业技能	9.907	1
New_熟练程度	8.401	2
New_综合素质	8.321	3
New_道德品质	7.87	4
New_教师能力	7.21	5
New_指导数量	6.111	6
New_就业形势	5.753	7
New_社会环境	5.574	8
New_学校硬件设施	5.13	9
New_家庭资源	5.056	10

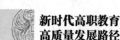

表4-29（续）

选项	综合得分	排序
New_学校软件设施	4.802	11
New_合理的利益补偿	3.864	12

我们进行重要性-满意度IPA分析，可以直接通过SPSSAU系统构建IPA象限图，以实际感知性数值为y轴，重要性数值为x轴，实际感知性数值与重要性数值总平均值的交叉点为原点，将坐标轴划分四个象限。各测量指标基于个体的实际感知数值与重要性数值的均值情况被定位于四个象限中，从而可以对各个指标进行IPA分析。学生岗位实习有效转化就业的影响因素的IPA分析如图4-15所示。

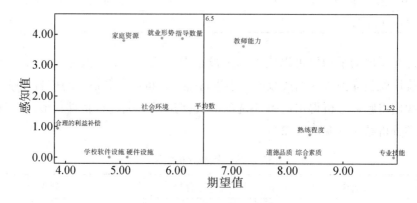

图4-15　学生岗位实习有效转化就业的影响因素的IPA分析

第一象限：优势区。该区域内的各个测量指标对学生岗位实习有效转化就业的影响较大且相对重要的因素。学生认为教师能力因素对学生岗位实习有效转化就业的影响很大。

第二象限：维持区。该区域内的各个测量指标对学生岗位实习有效转化就业有重要影响，但相对其他指标重要性较低。指标主要包括家庭资源、就业形势、指导数量和社会环境，涉及家庭因素、社会因素和教师因素。

第三象限：机会区。该区域内的各个测量指标的感知值和重要程度都较低。在实践中，相关部门需重视落实企业承担学生岗位实习的合理的利益补偿和税收减免等优惠政策，通过各种正面的舆论传播途径，改善企业的社会形象和提升企业的声誉。

第四象限：改进区。该区域内的各个测量指标对学生岗位实习有效转化就业的影响不是很大。从客观角度来说，学生对自身的道德品质、综合素质、熟练程度以及专业技能的评价和实际上重要程度存在一定的差距。因此，这一部分指标不容忽视。

我们通过 IPA 分析可以看出，第一象限优势区的指标（教师能力），第四象限改进区域的指标（道德品质、综合素质、熟练程度以及专业技能）是影响学生岗位实习有效转化就业的重要因素。

第二节　高职院校岗位实习课程质量监测模型的构建
——基于 CIPP 评价模式

一、高职院校岗位实习课程质量评价指标体系

（一）指标选取的技术路线

为了确保所选指标的精确性、科学性以及覆盖面，笔者分五个步骤进行指标的选取与检验：一是对《职业学校学生实习管理规定》《关于深化职业教育教学改革全面提高人才培养质量的若干意见》等政策文本进行分析；二是以政策文本和 CIPP 评价模式理论框架为基础，确定质性访谈主题并开展质性访谈；三是梳理政策文本的核心语句和质性访谈记录，初选高职院校岗位实习课程教学活动的主要监测指标；四是利用精简和筛选后的指标编制问卷并进行测试，收集各指标的重要性数据；五是利用指标重要性数据，探索指标体系的内在结构，对指标体系进行结构效度和信度检验，确定最终岗位实习课程质量监测指标体系。指标选取的技术路线如图 4-16 所示。

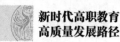
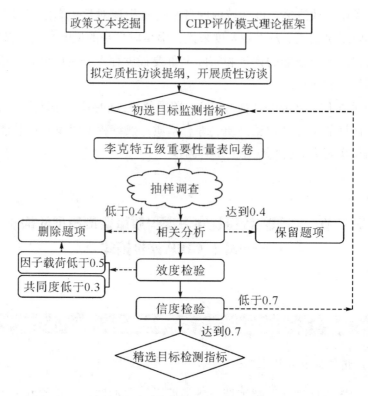

图 4-16　指标选取的技术路线

（二）质性访谈与指标框架建立

在对政策文本进行分析的基础上，笔者基于 CIPP 评价模式理论框架，围绕"背景、输入、过程、结果"四项评价活动确立质性访谈主题，具体包括以下四个方面：一是背景性主题，包括国家重视岗位实习育人的政治环境、政府岗位实习政策的具体落实、学校岗位实习制度等主要监测指标；二是输入性主题，包括学校指导教师数量、企业导师操作熟练程度等主要监测指标；三是过程性主题，包括学生出勤、学生工作态度等主要监测指标；四是结果性主题，包括职业资格证书的取得、学生实习报告、有效就业情况等主要监测指标（见表 4-30）。

依据上述访谈主题，笔者对部分高职院校学校层面负责就业工作的管理人员、校内指导教师、辅导员等人员；企业层面分管实习工作的部门人员、企业指导教师等共计 15 人进行了一对一的访谈，初步提炼了 30 项高职院校学生岗位实习课程质量评价指标（见表4-30）。

表4-30　高职院校学生岗位实习课程质量评价指标重要性调查问卷

一级指标	二级指标	李克特五级量表计分制				
		非常重要5	比较重要4	一般3	不重要2	非常不重要1
背景性主题	国家重视岗位实习					
	政府岗位实习政策					
	学校岗位实习规定					
	学校岗前教育					
输入性主题	学生知识、技能基础					
	岗位与专业吻合度					
	校企合作程度					
	实习企业技术水平					
	企业岗位实习规定					
	学校指导教师数量					
	学校指导教师能力					
	企业导师操作熟练程度					
	企业提供薪酬情况					
	学校督导检查情况					
	企业提供实习岗位情况					
	企业指导教师数量					

表4-30(续)

一级指标	二级指标	李克特五级量表计分制				
		非常重要 5	比较重要 4	一般 3	不重要 2	非常不重要 1
过程性主题	学导合作					
	企业教师指导					
	学校教师指导					
	学生出勤					
	学生实习周记					
	学生工作态度					
	学生敬业精神					
	学生协作能力					
	学生创新意识					
结果性主题	职业资格证书的取得					
	岗位实习奖励					
	学生实习报告					
	事故发生情况					
	有效就业情况					

（三）指标的信效度检验

首先，笔者以表4-30中的30项描述性指标（二级指标）作为观测指标编制问卷，对指标的重要性进行判断。每个观测指标均以陈述句形式出现，对应设置"非常重要、比较重要、一般性重要、不重要、非常不重要"五个答案选项，并分别赋值"5、4、3、2、1"，构建了一份李克特五级量表。其次，笔者通过问卷星平台在湖南省内随机发放问卷。测试对象为学校层面负责就业工作的管理人员、校内指导教师、辅导员等人员；企业层面分管实习工作的部门人员、企业指导教师等人员。最后，笔者在剔除无效问卷后，得到有效问卷310份。高职院校学生岗位实习课程质量评价指标重要性测试样本分布如表4-31所示。

表 4-31　高职院校学生岗位实习课程质量评价指标重要性测试样本分布

变量	水平	频次	频率/%
性别	男	180	58.06
	女	130	41.94
职称	教授（正高）	15	4.84
	副教授（副高）	43	13.87
	讲师	91	29.35
	助教	94	30.32
	无职称	67	21.61
工作岗位	督导评估（含"双肩挑"）	29	9.35
	学工（含"双肩挑"）	29	9.35
	学院领导（含"双肩挑"）	21	6.77
	就业办领导（含"双肩挑"）	46	14.84
	校内指导教师	96	30.97
	专职辅导员	21	6.77
	企业领导	7	2.26
	企业指导教师	20	6.45
	其他	41	13.23
所属专业	农林牧渔大类	27	8.71
	土木建筑大类	23	7.42
	装备制造大类	15	4.84
	轻工纺织大类	4	1.29
	交通运输大类	61	19.68
	电子信息大类	69	22.26
	财经商贸大类	93	30.00
	其他	18	5.81
方案制订	参与过	242	78.06
	未参与过	68	21.94

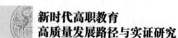
表4-31(续)

变量	水平	频次	频率/%
参与培训	参与过	231	74.52
	未参与过	79	25.48
岗位实习带队经历	开展过	290	93.55
	未开展过	20	6.45

由表4-31可知，在310份有效问卷中，男生的占比为58.06%，女生的占比为41.94%；职称为讲师和助教的占比较高；有78.06%的被调查者表示参与过岗位实习方案制订；有74.52%的被调查者表示参与过岗位实习培训；有93.55%的被调查者表示开展过岗位实习带队工作。此次调查对象覆盖了涉及岗位实习工作的相关人员，并且性别、专业、职称等方面具有较好的覆盖面，因此对指标重要性评价数据具有较好的代表性。

笔者利用SPSS统计软件，首先进行相关性分析，即分析各个题目得分与所在维度总得分的相关系数。根据标准，相关系数应至少达到0.4，若低于0.4，则删除该项题目。笔者接着通过效度分析，采用因素分析法进行效度考察。根据标准，共同度小于0.3、因子载荷小于0.5，则删除该项题目。经检验，笔者删除了第3、19、26题共3个题目。

笔者对余下的27个题目进行结构效度和内部一致性检验。调查问卷的背景性主题、输入性主题、过程性主题以及结果性主题四个维度的KMO值和Barrlett检验的概率P值，即问卷效度分析结果如表4-32所示。

表4-32 问卷效度分析结果

项目	KMO值	Barrlett检验的概率P值
问卷总体	0.966	0.000
背景性主题	0.923	0.000
输入性主题	0.871	0.000
过程性主题	0.938	0.000
结果性主题	0.861	0.000

由表4-32可知，四个维度的KMO值均大于0.6，且Barrlett检验的概率P值远远小于0.05，说明因子分析的效度较高，可以进行因子分析。在四个

维度各自的旋转成分矩阵中，每一个题目都仅仅只在一个主成分上的载荷大于 0.6，由此推出四个维度里面的每一个题目都是有效度的。

之后，笔者利用 SPSS 统计软件中的信度分析功能，得出调查问卷的总体信度和各个部分的 Cronbach α 系数。问卷信度分析结果如表 4-33 所示。

表 4-33　问卷信度分析结果

项目	Cronbach α 系数	项数
问卷总体	0.974	27
背景性主题	0.925	8
输入性主题	0.910	5
过程性主题	0.941	9
结果性主题	0.897	5

由表 4-33 可知，调查问卷总体的 α 系数为 0.974，属于十分可信的范围，可以认为此份问卷的设计是比较科学的。背景性主题、输入性主题、过程性主题以及结果性主题的 α 系数分别为 0.925、0.910、0.941 和 0.897，可以认为关于背景性主题、输入性主题、过程性主题以及结果性主题的测试问题的信度均较合理，四个维度各自均具有较高的内部一致性。

二、高职院校岗位实习课程质量监测模型

本书基于 CIPP 评价模式理论框架，围绕上述"背景、输入、过程、结果"四个维度，运用多级模糊综合评价法构建学生岗位实习课程质量监测模型。

（一）进行第一级模糊综合评价

笔者进行第一级模糊综合评价，旨在获得第一层指标每一因素的得分等级。笔者通过对综合评价指标体系的第二层指标主要监测点进行得分等级评判，再将第二层指标因素的权重与第二层指标监测点得分等级评价值进行模糊关系合成，得出第一层指标每一因素的得分等级。具体步骤如下：

1. 确定第一级模糊综合评价因素集

根据高职院校岗位实习课程质量的综合评价指标体系，第一级模糊综合评价因素集为其第一层指标，即将评价因素论域 U 划分为五个互不相交的子

集，相应的集合可以写为

$$U = \{U_1, U_2, U_3, U_4\}$$

其中，每个子集 U_k 可以进一步划分为若干个第二层指标因素，每个子集 U_k 所包含的第二层指标因素可以表示为

$$U_k = \{u_{k1}, u_{k2}, \cdots, u_{ki}\}\,(k = 1, 2, 3, 4)$$

2. 确定第二层指标因素权重 A_k

对每个第二层指标因素，笔者运用层次分析法确定权重向量 $A_k = \{a_{k1}, a_{k2}, \cdots, a_{ki}\}\,(k = 1, 2, 3, 4)$。具体步骤如下：

笔者运用公式对判断矩阵的每一列进行归一化。

$$\bar{a}_{ij} = \frac{a_{ij}}{\sum\limits_{k=1}^{n} a_{kj}} \quad (i, j = 1, 2, \cdots, n)$$

笔者将归一化后的矩阵求行和。

$$\overline{W}_i = \sum\limits_{j=1}^{n} \bar{a}_{ij} \quad (i = 1, 2, \cdots, n)$$

笔者将向量 $\overline{W} = (\overline{W}_1, \overline{W}_2, \cdots, \overline{W}_n)^T$ 进行归一化。

$$W_i = \frac{\overline{W}_i}{\sum\limits_{i=1}^{n} \overline{W}_i} \quad (i = 1, 2, \cdots, n)$$

笔者计算判断矩阵最大特征根。

$$\lambda_{\max} = \sum\limits_{i=1}^{n} \frac{(AW)_i}{nW_i}$$

笔者运用一致性指标 CI 计算出检验系数 CR，若 CR<0.1，则认为判断矩阵通过一致性检验。

$$CI = \frac{\lambda_{\max} - n}{n - 1}$$

$$CR = \frac{CI}{RI}$$

其中，RI 是平均一致性指标，可由表 4-34 直接查得。

表 4-34　平均一致性指标系数

判断矩阵阶数	3	4	5	6	7	8	9
RI	0.58	0.90	1.12	1.24	1.32	1.41	1.45

注：该表由美国运筹学家萨迪（Saaty）提出，用于查询不同判断矩阵阶数对应的平均　致性指标数值，若检验系数 CR<0.1，可以认为判断矩阵具有满意的一致性；若检验系数 CR≥0.1，认为判断矩阵不具有满意的一致性，即需要重新调整判断矩阵。

3. 确定得分评语等级论域 V 及其取值

$V = \{v_1, v_2, v_3, v_4, v_5\}$。由于笔者评判课程质量，因此将课程质量等级论域 V 做如下设置，即将 v_1 设置为优，将 v_2 设置为良，将 v_3 设置为中，将 v_4 设置为较差，将 v_5 设置为差。

笔者汇总出第二层指标监测点评定为优、良、中、较差以及差的数量，再基于样本容量，计算第二层中每一个指标属于五种得分等级的比率，可以得出第二层指标因素得分等级评价表。

4. 进行单因素评判

笔者对二级指标因素集 U_k 中的各因素进行单因素评判，构建模糊关系矩阵 R_k。

$$R_k = \begin{bmatrix} r_{11} & \cdots & r_{1m} \\ \vdots & \ddots & \vdots \\ r_{i1} & \cdots & r_{im} \end{bmatrix} (k = 1, 2, 3, 4)$$

其中，r_{ij} 表示学生岗位实习课程质量相对于评价因素 u_{ki} 而言被评价为 v_j 的程度，即 u_{ki} 是隶属于 v_j 的程度。

5. 进行模糊关系合成

笔者利用模糊算子进行一级模糊综合评价，即 U_k 的综合评价结果 B_k 为

$$B_k = A_k \circ B_k (k = 1, 2, 3, 4, 5)$$

对上式模糊算子"∘"，笔者采用加权平均型 $M(\cdot, \oplus)$ 模型形式求解，模型中"·"表示积，"⊕"表示和，如输入性主题为 v_1 优等级的程度为

$$b_1 = a_{11} r_{11} + a_{12} r_{21} + a_{13} r_{31}$$

（二）进行第二级模糊综合评价

进行二级模糊综合评价，旨在得出综合评价指标体系下学生岗位实习课程质量的综合评价结果。笔者以第一级模糊综合评价得出的第一层指标每一

因素的得分等级，与第一层指标因素权重进行综合评价。具体步骤如下：

1. 确定第二级模糊综合评价因素集

根据高职院校学生岗位实习课程质量的综合评价指标体系，第二级模糊综合评价因素集为评价因素论域 U，它由四个互不相交的子集构成，可以表示为

$$U = \{U_1, U_2, U_3, U_4\}$$

2. 确定第一层指标因素权重 A

对第一层中每个指标因素，笔者运用层次分析法确定权重向量。

3. 建立二级模糊关系矩阵

笔者由一级模糊综合评价结果 $B_k(k = 1, 2, 3, 4)$ 为矩阵的每一行，得到二级模糊关系矩阵 R。

$$R = \begin{bmatrix} b_{11} & \cdots & b_{1m} \\ \vdots & \ddots & \vdots \\ b_{k1} & \cdots & b_{km} \end{bmatrix}$$

其中，b_{ij} 表示学生岗位实习课程质量相对于评价因素 U_i 而言被评价为 v_j 的程度，即 U_i 是隶属于 v_j 的程度。

4. 进行第二级模糊综合评价的模糊关系合成

笔者将第一层指标因素的权重 A 与第一级模糊综合评价中得到的第一层指标每一因素的得分等级构成的模糊矩阵 R 进行模糊关系合成，可以得到综合评价指标体系下学生岗位实习课程质量的得分等级。

$$B = A°R = (a_1\ a_2\ a_3 a_4)\ °\begin{bmatrix} r_{11} & r_{12} & r_{13} & r_{14} & r_{15} \\ \vdots & \vdots & \vdots & \vdots & \vdots \\ r_{41} & r_{42} & r_{43} & r_{44} & r_{44} \end{bmatrix}$$

其中，对模糊算子"°"，笔者主要采用主因素决定型 $M(\wedge, \vee)$、主因素突出型 $M(\cdot, \vee)$、主因素突出型 $M(\wedge, \oplus)$ 和加权平均型 $M(\cdot, \oplus)$。具体模型形式如下：

主因素决定型 $M(\wedge, \vee)$：$b_j = (a_1 \wedge r_{1j}) \vee (a_2 \wedge r_{2j}) \vee \cdots \vee (a_4 \wedge r_{4j})$

主因素突出型 $M(\cdot, \vee)$：$b_j = (a_1 r_{1j}) \vee (a_2 r_{2j}) \vee \cdots \vee (a_4 r_{4j})$

主因素突出型 $M(\wedge, \oplus)$：$b_j = (a_1 \wedge r_{1j}) + (a_2 \wedge r_{2j}) + \cdots + (a_4 \wedge r_{4j})$

加权平均型 $M(\cdot, \oplus)$ ： $b_j = a_1 r_{1j} + a_2 r_{2j} + \cdots + a_4 r_{4j}$

基于这四种模型形式，笔者可以对学生岗位实习课程质量得分等级概率进行比较，检验结果的稳健性。

三、 高职院校岗位实习课程质量监测模型的应用

（一）第二层指标因素五级梯度测评

本书以湖南省某所高职院校为例，将上述设计的学生岗位实习课程质量的监测模型应用于学生岗位实习课程质量评价，以检测学生岗位实习课程质量监测模型的效果。笔者用上述经过检验后的 27 个指标构建了一份李克特五级量表，对应设置"A（90~100）、B（80~90）、C（70~80）、D（60~70）、E（0~60）"五个答案选项，并分别赋值"5、4、3、2、1"；利用问卷星平台在该校学校层面负责就业工作的管理人员、校内指导教师、辅导员等人员，企业层面分管实习工作的部门人员、企业指导教师等人员发放问卷进行测试，共收回有效问卷 541 份。笔者汇总出第二层指标评定为优、良、中、较差以及差的数量，再基于样本容量，计算第二层中每一个指标属于五种得分等级的比率，得出各第二层指标因素得分等级评价值（见表4-35）。

表4-35 第二层指标因素得分等级评价值

一级指标	二级指标	五级梯度计分制（参评专家计分区间）				
		A 90~100	B 80~90	C 70~80	D 60~70	E 0~60
背景性主题	国家重视岗位实习	0.2	0.584	0.192	0.013	0.011
	政府岗位实习政策	0.12	0.558	0.29	0.022	0.009
	学校岗位实习规定	0.235	0.449	0.29	0.018	0.007
	学习岗前教育	0.262	0.464	0.251	0.015	0.007

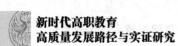

表4-35（续）

一级指标	二级指标	五级梯度计分制（参评专家计分区间）				
		A 90~100	B 80~90	C 70~80	D 60~70	E 0~60
输入性主题	学生知识、技能基础	0.201	0.553	0.222	0.017	0.007
	岗位与专业吻合度	0.153	0.569	0.242	0.028	0.007
	校企合作程度	0.248	0.458	0.272	0.013	0.009
	实习企业技术水平	0.244	0.492	0.237	0.015	0.013
	学校指导教师数量	0.231	0.549	0.198	0.017	0.006
	学校指导教师能力	0.153	0.56	0.266	0.015	0.006
	企业导师操作熟练程度	0.246	0.506	0.229	0.011	0.007
	企业提供薪酬情况	0.262	0.488	0.237	0.007	0.006
	学校督导检查情况	0.242	0.473	0.257	0.022	0.006
过程性主题	学导合作	0.257	0.486	0.237	0.015	0.006
	企业教师指导	0.2	0.534	0.24	0.024	0.002
	学校教师指导	0.131	0.553	0.287	0.026	0.004
	学生出勤	0.218	0.49	0.261	0.028	0.004
	学生实习周记	0.218	0.488	0.275	0.017	0.002
	学生工作态度	0.275	0.479	0.227	0.017	0.002
	学生敬业精神	0.235	0.542	0.214	0.007	0.002
	学生协作能力	0.187	0.53	0.259	0.018	0.006
	学生创新意识	0.266	0.475	0.242	0.015	0.002
结果性主题	职业资格证书的取得	0.277	0.46	0.244	0.015	0.004
	岗位实习奖励	0.322	0.433	0.227	0.017	0.002
	学生实习报告	0.216	0.532	0.24	0.009	0.002
	事故发生情况	0.153	0.536	0.285	0.022	0.004
	有效就业情况	0.257	0.449	0.277	0.015	0.002

（二）第一层指标因素五级梯度测评

首先，笔者运用萨迪（Saaty）提出的 1~9 标度方法[①]获得重要性判断矩阵，经检验具有满意的一致性，可得出第二层指标因素的权重向量具体如下：

$A_1 = \{0.042, 0.029, 0.188, 0.331, 0.146, 0.110, 0.090, 0.063\}$

$A_2 = \{0.067, 0.250, 0.419, 0.100, 0.163\}$

$A_3 = \{0.079, 0.064, 0.044, 0.094, 0.039, 0.234, 0.181, 0.132, 0.132\}$

$A_4 = \{0.063, 0.111, 0.160, 0.207, 0.458\}$

其次，笔者运用加权平均型模型，将上述第二层指标因素的权重向量 A_1、A_2、A_3、A_4 和第二层指标因素得分等级评价值进行综合运算，得到第一层指标因素的得分等级的评价值（见表 4-36）。

表 4-36　第一层指标因素得分等级评价值

U	v_1	v_2	v_3	v_4	v_5
U_1	0.227	0.494	0.253	0.017	0.008
U_2	0.223	0.515	0.242	0.014	0.006
U_3	0.235	0.505	0.24	0.017	0.003
U_4	0.237	0.479	0.265	0.016	0.003

（三）学生岗位实习课程的质量

首先，笔者运用萨迪（Saaty）教授提出的 1~9 标度方法获得重要性判断矩阵，以获得第一层指标每一因素的权重（见表 4-37 中第 6 列）。

表 4-37　修正后的判断矩阵 $U' - U_i$

U'	U_1	U_2	U_3	U_4	权重
U_1	1	1/2	1/3	1/4	0.096
U_2	2	1	1/2	1/3	0.161
U_3	3	2	1	1/2	0.277

---

① 该方法由美国运筹学家萨迪（Saaty）于 20 世纪 70 年代提出，该标度方法用阿拉伯数字 1~9 及其倒数标度，主要用于求得各指标因素的权重。

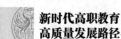
表4-37(续)

U'	U_1	U_2	U_3	U_4	权重
U_5	4	3	2	1	0.466
	$CR = 0.093$				

其次，笔者取表4-37中第6列作为输入性主题、背景性主题、过程性主题以及结果性主题的权重，采用主因素决定型 $M(\wedge, \vee)$、主因素突出型 $M(\cdot, \vee)$、$M(\wedge, \oplus)$ 和加权平均型 $M(\cdot, \oplus)$ 四种模型形式，将第一层指标因素的权重向量 $A = \{0.096, 0.161, 0.277, 0.466\}$ 和第一层指标因素得分等级评价值进行模糊关系合成，得到综合评价指标体系下学生岗位实习课程质量的得分等级概率（见表4-38）。

表4-38　应用四种模糊算子综合运算的得分等级概率评判结果

模糊算子	概率					
	符号	v_1	v_2	v_3	v_4	v_5
主因素决定型	$M(\wedge, \vee)$	0.237	0.466	0.265	0.017	0.008
主因素突出型	$M(\cdot, \vee)$	0.283	0.388	0.296	0.025	0.008
主因素突出型	$M(\wedge, \oplus)$	0.237	0.479	0.265	0.016	0.003
加权平均型	$M(\cdot, \oplus)$	0.233	0.493	0.253	0.016	0.004

（四）测评结果评析

由表4-38可知，根据主因素决定型模糊算子表述结果，学生在岗位实习课程过程中学习效果为优（A = 90～100）的概率为23.7%、良（B = 80～90）的概率为46.6%、中（C = 70～80）的概率为26.5%、较差（D = 60～70）的概率为1.7%、差（E = 0～60）的概率为0.8%。

四种模糊算子的运算结果均显示出学生在岗位实习课程学习过程中学习效果为良（B = 80～90）的概率在38%以上，相对较高，学习效果评价落入较差（D = 60～70）、差（E = 0～60）的概率相对较低，但学习效果评价落入优（A = 90～100）的概率不足30%。由此可以推断，学生在岗位实习课程的学习过程中，综合来看没有完全实现岗位实习目的。此外，应用四种模糊算子综合运算的得分等级概率评判结果基本一致，说明学生岗位实习课程质量的测度结果具有稳健性。

由表 4-36 可知，背景性主题、输入性主题、过程性主题以及结果性主题落入中等（C＝70~80）的概率分别为 0.253、0.242、0.24 和 0.265，表明学生岗位实习质量中等指标主要源于背景性主题和结果性主题两个方面。为进一步找出上述两个因素的低分指标，由表 4-35 可知，笔者需要重点关注的是第二层指标监测点背景性主题中的政府岗位实习政策、学校岗位实习规定、校企合作程度，结果性主题中的事故预防情况、有效就业情况等因素。因此，我们应该针对这些低分指标发出预警信号，及时干预，确保学生岗位实习课程质量。

四、 学生岗位实习课程质量监测模型的应用价值

尽管本书对高职院校岗位实习课程质量监测指标及模型构建的分析与相关结论是基于湖南省某所高职院校的数据获得，但是所构建的多级模糊评价模型对其他高职院校学生岗位实习课程质量评价同样适用。使用者只需要收集得到背景性主题、输入性主题、过程性主题以及结果性主题四个方面的第二层指标因素的评价值与运用层次分析法得出的第一层指标因素的权重，再运用主因素决定型、主因素突出型和加权平均型进行模糊关系合成，即可综合评判出学生在进行某项实习活动时落入较差、差等级的概率。因此，模型具有较强的应用价值，可以供学校、企业以及政府有关部门参考使用。

此外，本书在构建高职院校学生岗位实习课程质量监测模型时，得出良好或优秀的综合评判概率较高，即综合来看，学生在岗位实习过程中学习效果较好。但是，在某一单项指标处于较差或差等级时，学校、企业以及政府有关部门也需要对学生的该项实习活动引起重视，及时发出预警信号。

根据本书的实证分析结果，笔者主要从教育主管部门、学校、企业以及学生四个层面提出以下四点政策建议：

第一，在教育主管部门层面，众所周知，2016 年教育部就出台了《职业学校学生实习管理规定》，要求学校要向教育主管部门备案，教育主管部门是监督的主体。因此，一方面，教育主管部门可以将高职院校岗位实习课程综合评价模型得出的课程质量结果作为监督学校组织实习是否符合课程质量要求的重要依据之一；另一方面，教育主管部门可以结合目标监测模型发现的问题，将学生岗位实习课程质量纳入部门负责人任期目标和工作实绩考核内

容，重视学生岗位实习课程质量评判工作，提前采取相应措施，做好课程质量提升工作。

第二，在学校层面，学校在组织学生开展岗位实习时，可以利用高职院校岗位实习课程质量监测模型对每个专业进行客观及时的评估，及时调整岗位实习教学内容，达到"以评促改"的目的，确保岗位实习教学秩序和教学质量。岗位实习质量监测模型的广泛应用，使得高职院校岗位实习教学评价更加客观、科学、公正、规范和权威，进而得到社会和用人单位的高度认可。

第三，在实习单位层面，实习单位要加强与学校的双向沟通，组织企业指导教师与校内指导教师共同讨论，就高职院校岗位实习课程质量监测模型中显示出的效果较差的主要监测指标进行沟通协商，共同提出提高方案，达到"以评促建"的作用。

第四，在学生层面，学生可以通过高职院校岗位实习课程质量监测模型及时了解岗位实习存在的薄弱环节，针对薄弱环节有针对性地提高自身的职业技能，促进岗位实习有效转化就业。

第三节　高职院校学生岗位实习安全事故预警模型的构建
——基于《职业学校学生实习管理规定》的实施

一、构建高职院校学生岗位实习安全事故预警模型的必要性

防范高职院校学生岗位实习安全事故的发生，必须加强预警。要做好预警，构建相应的预警模型就显得十分必要。

（一）构建预警模型是防范学生岗位实习安全事故的重要防线

李川驰（2021）指出，学生在实习过程中由于政府宏观政策环境有待进一步优化、学生安全管理体系不完善、企业岗前培训不足、经济利益导向以及学生自身素质不高等因素，使得学生在岗位实习期间会遇到各种安全威胁。这些问题不仅对学生自身产生威胁，更危害到学校的发展和社会的稳定。学生岗位实习迫切需要防范安全事故的发生。学生岗位实习安全事故预警模型

是指通过收集影响学生岗位实习安全事故发生的主要因素方面的数据资料，运用统计分析方法把可能出现危险情况的指标及时分析出来，尽早发现各个因素的危险程度。教育主管部门、学校、企业以及教师等可以根据预警模型提示的预警指标提前介入，对各类危险情况切实做到心中有数，并在此基础上，以问题为导向，结合实际情况预先干预，把不安全因素消解在萌芽状态，实现对高职院校岗位实习工作的有效监督。构建预警模型能及时、有效地排查学生在实习过程中的安全隐患，帮助学校、企业等制定切实可行的学生安全防范措施，实现学生安全问题的早发现、早预警、早控制、早处理，切实保障学生岗位实习安全。综上所述，防范学生岗位实习安全事故有必要构建相应的预警模型。

（二）构建预警模型是更好地实现国家对学生岗位实习安全事故防范的需要

我国高度重视学生岗位实习安全事故的防范。2016年4月，教育部等五部门联合发布了《职业学校学生实习管理规定》，对防范学生岗位实习安全事故发生提出了一系列具体要求。2016年7月，教育部办公厅公布了首批《职业学校专业（类）岗位实习标准》（以下简称"岗位实习标准"），明确要求把保障学生实习安全及相关权益作为重要内容，对学生岗位实习的安全保障、工作时长、工作环境、企业资质等做了明确规定。2022年1月，教育部、财政部等八部门再次对《职业学校学生实习管理规定》进行了修改，新增了"保障措施"和"监督与处理"内容，比如针对学生实习加班和考勤问题，在原规定不得安排学生加班和上夜班的基础上，进一步增加了实习单位应遵守国家关于工作时间和休息休假的规定，保障学生在岗位实习期间按规定享有休息休假、获得劳动卫生安全保护；针对学生实习内容方面，明确实习内容"不得安排学生从事Ⅲ级强度及以上体力劳动或其他有害身心健康的实习"，"不得安排学生从事高空、井下、放射性、有毒、易燃易爆，以及其他具有较高安全风险的实习"；针对实习管理方面，明确提出职业学校应对实习工作和学生实习过程进行监管，鼓励有条件的职业学校充分运用现代信息技术，搭建实习信息化管理平台，与实习单位共同加强实习过程管理，严禁以营利为目的违规组织实习等。

构建预警模型可以提前预知岗位实习过程中可能出现的安全风险，并对安全风险进行识别、衡量和分析，可以帮助实习组织者适时采取有效方法进行防范和控制安全风险。构建预警模型契合了国家加强对学生岗位实习安全事故防范的需要，能够有效促进相关政策的实施。

（三）构建预警模型是防范学生岗位实习安全事故发生的现实需要

学生岗位实习安全问题是职业教育学生岗位实习中不可回避的客观存在的现实问题。虽然随着国家规范职业学校学生岗位实习管理有关规定和标准的相继出台，实习学生伤亡事故发生率有了大幅度下降，但是每年参与岗位实习的职业教育学生人数仍然庞大，并且呈增长趋势，这又使得学生岗位实习安全事故的总量仍然较高。学生岗位实习分布点多面广，极为分散，管理难度大，存在诸多安全风险。近年来，一些职场新业态、新模式不断涌现，驱动了岗位升级、职业场景变化，这也使实习过程中的风险因素变得更多样且难以控制，学生岗位实习环境更复杂，潜在风险系数更高。

学生岗位实习安全事故客观存在的现实需要有积极的预警对策。构建预警模型能够实时监测各个指标的危险程度，能够及时发现和防范岗位实习安全的风险。

（四）构建预警模型是防范学生岗位实习安全事故理论研究发展的必然

学生岗位实习安全问题多年来一直受到学术界的高度关注。学者们已清晰地认识到职业院校学生岗位实习安全事故频频发生，不仅使学生及其家庭遭受伤害和使企业蒙受了较大的经济损失，也影响了学校和企业之间的长期合作。因此，防范学生岗位实习安全事故的发生成为众多学者关注的焦点。张海松和陈宁（2019）以高职院校汽车专业学生为研究对象，提出了构建高职院校学生岗位实习安全事故预防机制，包括建立学生安全教育长效机制、学生岗位实习岗前培训机制、学生岗位实习协作管理机制、学生实习企业安全评估机制以及学生岗位实习安全事故预警机制等。卢宇和孙长坪（2017）通过对100所高职院校的抽样研究，认为高职院校防范学生岗位实习伤害的制度建设现状不容乐观，迫切需要政府统筹谋划对职业教育岗位实习学生伤害防范的制度建设，建立起学生岗位实习伤害多方联防联控机制，以保证学生实习安全。高艳春和马莹莹（2019）提出，只有构建有效的安全风险防范机制与保护措施，才能确保高职院校学生岗位实习工作顺利进行。

学者们的相关研究已表明防范学生岗位实习安全事故发生是职业教育开

展学生岗位实习的必然要求。预警是安全防范的第一步。现有研究虽然提出了很多有益的防范对策，但是针对如何做好预警的研究却还十分欠缺。切实做好学生岗位实习安全防范需要深入探讨安全预警问题。为此，笔者对学生岗位实习安全事故发生的影响因素进行深入分析，并基于主要影响因素构建安全事故预警模型，以期更好地预测学生岗位实习安全危机事件。

二、学生岗位实习安全事故的影响因素分析

学生岗位实习安全事故发生的影响因素是多方面的，《职业学校学生实习管理规定》对相关影响因素均有所考虑。基于 2022 年 1 月新修订的《职业学校学生实习管理规定》（以下简称"新《规定》"）的主要内容，笔者认为影响学生岗位实习安全事故发生的因素主要包括教师因素、学生因素、学校因素、企业因素以及环境因素五个方面。

（一）教师因素

新《规定》第八条规定："职业学校和实习单位应当分别选派经验丰富、综合素质好、责任心强、安全防范意识高的实习指导教师和专门人员全程指导、共同管理学生实习。"由此可见，教师对防范学生岗位实习安全事故的发生有着重要的影响。教师作为一类影响因素，对学生岗位实习安全事故发生的影响主要表现在以下三个方面：

1. 实习指导教师的"双师"素质

通常来说，高职院校安排的实习指导教师具备"双师"素质的人员占比越高，特别是在企业从事过一线工作、既有学历又有工作经验的人员占比越高，越能更好地将学校的理论知识与企业所需要的专业技能相结合，越能对容易出现安全事故的各个环节把握得较为精准，越能在更大程度上降低学生岗位实习过程中发生危险的概率。

2. 平均每位教师指导学生的数量

根据有关高职院校师资的相关规定：高职院校师生比应为 1∶18。高职院校"双师型"教师数量越充足，平均每位教师指导岗位实习的学生人数就越少，教师就越有充沛的精力关注学生在岗位实习过程中的各个环节，学生岗位实习的安全事故风险就越低。

3. 企业指导教师操作熟练程度

通常来说，实习单位都能认真履行劳动法律法规的规定和岗位实习协议所约定的安全保障义务，为实习学生指定专门的企业指导教师。如果企业指导教师操作熟练程度比较高，其指导的学生在岗位实习过程中发生安全事故的概率就会较低，即企业安排有经验的技术人员担任实习指导教师，能够显著降低学生在岗位实习操作过程中的风险。

（二）学生因素

新《规定》第二十一条规定："实习学生应当遵守职业学校的实习要求和实习单位的规章制度、实习纪律及实习协议。"新《规定》第三十二条规定："实习学生应遵守国家法律法规、校纪校规和实习单位安全管理规定，认真完成实习方案规定的实习任务，提高自我保护意识。"由此可见，学生自身对防范岗位实习安全事故发生有着重要的影响。学生作为内部影响因素，对岗位实习安全事故发生的影响主要表现在以下三个方面：

1. 沟通能力

在岗位实习过程中，学生应主动和企业、学校安排的实习指导教师进行沟通，及时反映实习中出现的特殊情况。学生和实习指导教师沟通的次数越多，企业和学校的实习指导教师就越能适时了解学生实习的具体状况，针对学生反馈的各种问题及时给予指导，从而有效降低学生发生安全事故的概率。

2. 安全意识

通常而言，高职学生自身安全意识越强，越容易正确认识到岗位实习过程中各种潜在的危险性。学生在主观意识上容易认为安全事故是离自己特别近的事情，从而能有效降低学生发生安全事故的概率。相反，高职学生自身安全意识越薄弱，越难正确认识到岗位实习过程中各种潜在的危险性，以至于到了实习单位，往往不认真倾听指导教师的任务布置便动手操作，而操作不当极易导致安全事故发生。

3. 专业技能

高职学生在岗位实习之前已经学习相关实训课程，学生在实训中的专业操作技能越高，对岗位职责了解越清晰，到了实习单位就越能熟练操作以防止造成人为安全事故。相反，学生的专业操作技能熟练程度越低，则越容易导致其在实习岗位上发生意外事故。

（三）学校因素

新《规定》第十三条规定："职业学校应当明确学生实习工作分管校长和责任部门，规模大的学校应当设立专门管理部门，建立健全学生实习管理岗位责任制和相关管理制度与运行机制。"由此可见，学校对学生岗位实习安全应该负主要管理责任。学校的安全管理情况严重影响着学生岗位实习安全事故的发生情况。学校对学生岗位实习安全事故发生的影响主要表现在以下四个方面：

1. 岗前培训

在学生正式开始岗位实习前，高职院校往往都会对学生开展安全教育、遵纪守法教育、就业教育等前期教育，要求学生在实习单位及岗位上充分利用好岗位实习的机会，好好实习，端正工作态度。这在一定程度上可以促使指导教师、学生等对岗位实习过程中可能发生的安全问题引起足够重视，从而有效减少安全事故的发生。

2. 实习协议

新《规定》明确指出，学生参加岗位实习前，职业学校、实习单位、学生三方应签订实习协议，未按规定签订实习协议的，不得安排学生实习。但是，高职院校很难为所有毕业生提供岗位实习的机会，很多学生都是自己找实习单位，而很多企业不愿意承担风险，不愿意与学生签订实习协议。学校如能监督用人单位，要求其签订三方协议，则能促使企业对学生岗位实习安全事故引起足够的重视。

3. 制度因素

学校的学生岗位实习安全管理制度建设也是防范学生岗位实习安全事故发生的重要措施。很多高职院校虽然建立了学生岗位实习安全管理制度及安全事故预防机制，但是存在执行不力的情况，或者缺乏科学的预警系统，对潜在的安全事故信号判断不精准，无法进行及时科学的预警，难以有效防范安全事故的发生。

4. 监督因素

新《规定》明确指出，职业学校和实习单位要确立安全第一的原则，严格执行国家及地方安全生产和职业卫生有关规定。职业院校也应当自觉接受上级部门及相关部门的安全监督检查。职业学校自觉接受上级部门监督检查是有效降低学生岗位安全事故发生概率的重要手段。在实践中,有些职业学校不太乐意甚至有意回避上级部门的学生岗位实习安全防范管理监督,这不利于实习安全事故的防范。

（四）企业因素

新《规定》第三十条规定:"职业学校和实习单位要确立'安全第一、预防为主'的原则,强化实习单位主要负责人安全生产第一责任人职责,严格执行国家及地方安全生产、职业卫生、人格权保护等有关规定。"新《规定》第三十一条规定:"实习单位应当健全本单位安全生产责任制,执行相关安全生产标准,健全安全生产规章制度和操作规程,制定生产安全事故应急救援预案,配备必要的安全保障器材和劳动防护用品,加强对实习学生的安全生产教育培训和管理,保障学生实习期间的人身安全和健康。"由此可见,企业对学生岗位实习安全也应该负主要管理责任,其对学生岗位实习安全事故发生的影响主要表现在以下三个方面:

1. 设备因素

用于学生岗位实习的设备运行状况良好与否,对学生岗位实习安全事故的发生与否有着十分重要的影响。企业以盈利为最终目的,存在用于学生实习的设备投入较少、设备种类单一、机械陈旧、维修不及时等情况,因此学生在实习过程中,可能发生因实习设备安全质量问题而导致实习安全事故。

2. 制度因素

用人单位建立了较完善的安全管理约束机制,做好安全管理工作,能让学生、指导教师明确了解哪些行为是安全的、哪些行为是不安全的,就可以有效减少安全事故发生的次数。相反,若用人单位缺乏学生实习安全管理主体责任意识,没有就学生岗位实习阶段的安全管理工作建立相关制度,比如学生所在岗位的职责与工作规范、企业中工作与生活的行为准则等,将会让学生的岗位实习随意性过大,从而提高学生安全事故发生的概率。

3. 监督因素

学生在企业岗位实习期间存在很多潜在安全风险,用人单位若采取了有效的监督措施,则能及时发现潜在风险,降低安全事故发生的概率。相反,若用人单位监督不力,甚至缺乏相应监督,则极有可能使学生岗位实习安全隐患发展为安全事故。例如,企业车间生产工作过程对违规操作缺乏监督易造成工伤事故。

（五）环境因素

新《规定》第十九条规定："在遇有自然灾害、事故灾难、公共安全等突发事件或重大风险时，按照属地管理要求，分不同风险等级、实习阶段做好分类管控工作。"由此可见，环境对防范学生岗位实习安全事故发生也有着重要的影响。实习风险系数高在很大程度上是由学生实习环境的复杂性造成的。环境作为一类影响因素，对学生岗位实习安全事故发生的影响主要表现在以下三个方面：

1. 自然环境

高职学生的岗位实习大多都是在实际环境中进行的技能锻炼，实习过程中的自然环境越恶劣，学生发生实习安全事故的概率就越大。反之，学生在实习过程中所处的自然环境越好，学生发生实习安全事故的概率就越小。

2. 社会环境

通常来说，用人单位若能积极接纳学生参加岗位实习，加强校企合作，提供更多的实习岗位，初步形成"互利互惠，谋求共赢，相互支撑，携手发展"的校企合作模式，形成一种长期紧密的合作关系，学生在进入用人单位后便可以迅速适应工作环境，发生实习安全事故的概率就越小。反之，用人单位若视实习学生为"包袱"，与学校没有形成良好的校企合作模式，学生在进入用人单位后往往难以适应实习的工作环境，发生实习安全事故的概率就越大。

3. 实习项目

学生实习项目的危险程度可以按照工种危险程度进行分类分级。通常而言，从事危险性工作的学生，相比于一般实习项目的学生，其发生较严重安全事故的概率要更大。

三、学生岗位实习安全事故预警模型的构建

为及时发现学生岗位实习过程中的安全事故，有效防范岗位实习安全风险，促进新《规定》的有效实施，笔者拟运用多级模糊综合评价法，构建学生岗位实习安全事故预警模型。模型构建的基本程序如下：第一，笔者从上述教师因素、学生因素、学校因素、企业因素以及环境因素五个方面考虑，

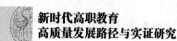
从两个层次确立评价指标体系（见表4-39）。第二，笔者针对第二层指标主要监测点进行第一级模糊综合评价，以判断出第一层指标因素集的危险程度。第三，笔者针对第一层指标因素集进行第二级模糊综合评价，以综合得出学生岗位实习过程中发生安全事故的概率。运用多级模糊综合评价法，可以实现高职院校学生岗位实习安全事故的全方位立体预测，并且针对模型中各个指标的风险程度，提出相应的安全管理措施，推进高职学生岗位实习安全管理工作的有序运行，提升高职院校的人才培养质量。

（一）确立评价指标体系

为准确评价学生在岗位实习过程中的危险程度，本书以前述学生岗位实习安全事故的五个影响因素为第一层指标，构建高职院校学生岗位实习安全事故预警的综合评价指标体系如表4-39所示。

表4-39　高职院校学生岗位实习安全事故预警的综合评价指标体系

	第一层指标	第二层指标	第二层指标主要监测点
高职院校学生岗位实习安全预警的综合评价指标体系	教师因素 U_1	教师能力 U_{11}	"双师型"教师数量
		指导数量 U_{12}	平均每位教师指导学生数量
		熟练程度 U_{13}	企业指导教师操作熟练程度
	学生因素 U_2	沟通能力 U_{21}	学生的沟通能力
		安全意识 U_{22}	学生的安全意识
		专业技能 U_{23}	专业技能熟练程度
	学校因素 U_3	岗前培训 U_{31}	实习前的教育和培训
		实习协议 U_{32}	学校规范与实习单位的岗位实习协议
		监督因素 U_{33}	学校安全检查记录
		制度因素 U_{34}	学校相关制度
	企业因素 U_4	设备因素 U_{41}	设备使用年限
		监督因素 U_{42}	企业安全检查记录
		制度因素 U_{43}	企业相关制度
	环境因素 U_5	自然环境 U_{51}	气候条件、空间
		社会环境 U_{52}	校企合作协议
		实习项目 U_{53}	工种的危险性

（二）进行第一级模糊综合评价

笔者进行第一级模糊综合评价，旨在获得第一层指标每一因素的危险度。笔者通过对综合评价指标体系的第二层指标主要监测点进行危险度评判，再将第二层指标因素的权重与第二层指标监测点危险度评价值进行模糊关系合成，得出第一层指标每一因素的危险度。具体步骤如下：

1. 确定第一级模糊综合评价因素集

根据高职院校学生岗位实习安全事故预警的综合评价指标体系，第一级模糊综合评价因素集为其第一层指标，即将评价因素论域 U 划分为五个互不相交的子集，相应的集合可以写为

$$U = \{U_1, U_2, U_3, U_4, U_5\}$$

其中，每个子集 U_k 可以进一步划分为若干个第二层指标因素，每个子集 U_k 所包含的第二层指标凶素可以表示为

$$U_k = \{u_{k1}, u_{k2}, \cdots, u_{ki}\} (k = 1, 2, 3, 4, 5)$$

2. 确定第二层指标因素权重 A_k

对每个第二层指标因素，笔者运用层次分析法确定权重向量 $A_k = \{a_{k1}, a_{k2}, \cdots, a_{ki}\} (k = 1, 2, 3, 4, 5)$。具体步骤如下：

第一，笔者基于萨迪（Saaty）提出的 1~9 标度方法获得重要性判断矩阵。

第二，如果判断矩阵不具有满意一致性，笔者可以采用李勇和丁日佳（2007）提出的最小元素法[1]对判断矩阵进行修正；如果判断矩阵具有满意的一致性，则判断矩阵可以不修正。

3. 确定危险评语等级论域 V 及其取值

$V = \{v_1, v_2, v_3, v_4\}$。由于笔者评判危险程度，因此笔者将危险评判等级论域 V 做如下设置，即将 v_1 设置为不危险，将 v_2 设置为一般危险，将 v_3 设置为较严重危险，将 v_4 设置为严重危险。

针对第二层指标监测点，笔者设计相应题目及评价标准，发放给被调查

---

① 修正程序如下：若判断矩阵 U 的检验系数大于 0.1，则判断矩阵不具有满意的一致性，就需要修正判断矩阵。若原判断矩阵 U 为 n 行 n 列，首先找出判断矩阵 U 中非主对角线元素中最小的且相互独立的 $n-1$ 个元素；其次对判断矩阵 U 中任意元素 a_{ij}，用找出的最小元素对应的比值作为修正元素重新构建判断矩阵 U'。

者进行评定，汇总出调查对象将第二层指标监测点评定为不危险、一般危险、较严重危险以及严重危险的数量，再基于样本容量，计算第二层指标监测点中每一个指标属于四种危险程度的占比，得出各第二层指标因素危险度评价表。

4. 进行第一级模糊综合评价的模糊关系合成

笔者将第二层指标因素的权重 A_k 和第二层指标因素危险度评价值进行模糊关系合成。笔者采用加权平均型 $M(\cdot, \oplus)$ 模糊算子进行模糊关系合成，可得到第一层指标每一因素的危险程度。

下面以教师因素下的三个二级指标，即教师能力、指导数量、熟练程度为例。关于这三个二级指标监测点的评价等级程度可以用矩阵 R_1 表示如下：

$$R_1 = \begin{bmatrix} r_{11} & r_{12} & r_{13} & r_{14} \\ r_{21} & r_{22} & r_{23} & r_{24} \\ r_{31} & r_{32} & r_{33} & r_{34} \end{bmatrix}$$

其中，r_{11} 表示二级指标教师能力被评价为 v_1 的程度，r_{21} 表示二级指标指导数量被评价为 v_1 的程度。其他矩阵元素的含义依此类推。

教师因素下的三个二级指标（教师能力、指导数量、熟练程度）的权重为 $A_1 = \{a_{11}\ a_{12}\ a_{13}\}$。笔者利用模糊算子进行模糊综合评价，即教师因素的危险度 B_1 为

$$B_1 = A_1 \circ R_1 = \{a_{11}\ a_{12}\ a_{13}\} \circ \begin{bmatrix} r_{11} & r_{12} & r_{13}\ r_{14} \\ r_{21} & r_{22} & r_{23}\ r_{24} \\ r_{31} & r_{32} & r_{33}\ r_{34} \end{bmatrix}$$

对上式模糊算子" $\circ$ "，笔者采用加权平均型 $M(\cdot, \oplus)$ 模型形式求解，模型中" $\cdot$ "表示积，" $\oplus$ "表示和，如教师因素为 v_1 不危险度的程度为

$$b_1 = a_{11}\ r_{11} + a_{12}\ r_{21} + a_{13}\ r_{31}$$

教师因素分别为 v_2 一般危险、v_3 较严重危险、v_4 严重危险的程度可类似求出。此外，对学生因素、学校因素、企业因素以及环境因素方面，笔者采用同样的方法，在此不赘述计算过程，可得到第一层指标每一因素的危险程度。

（三）进行第二级模糊综合评价

进行二级模糊综合评价，旨在得出综合评价指标体系下学生岗位实习安全程度的综合评价结果。笔者以第一级模糊综合评价得出的第一层指标每一

因素的危险度，与第一层指标因素权重进行综合评价。具体步骤如下：

1. 确定第二级模糊综合评价因素集

根据高职院校学生岗位实习安全事故预警的综合评价指标体系，第二级模糊综合评价因素集为评价因素论域 U，它由五个互不相交的子集构成，可表示为：

$$U = \{U_1,\ U_2,\ U_3,\ U_4,\ U_5\}$$

2. 确定第一层指标因素权重 A

对第一层中每个指标因素，笔者运用层次分析法确定权重向量。

3. 进行第一层指标因素集的单因素评判

笔者以第一级模糊综合评价结果，即第一层指标每一因素的危险度为矩阵的行，由于第一层指标由五个因素构成，因此可以得到 5 行 4 列的模糊矩阵 R。

4. 进行第二级模糊综合评价的模糊关系合成

笔者将第一层指标因素的权重 A 与第一级模糊综合评价中得到的第一层指标每一因素的危险度构成的模糊矩阵 R 进行模糊关系合成，可以得到综合评价指标体系下学生岗位实习安全程度的危险程度概率。

$$B = A°R = (a_1\ a_2\ a_3 a_4\ a_5) ° \begin{bmatrix} r_{11} & r_{12} & r_{13}\ r_{14} \\ \vdots & \vdots & \vdots\ \vdots \\ r_{51} & r_{52} & r_{53}\ r_{54} \end{bmatrix}$$

其中，对模糊算子"°"，笔者除了采用加权平均型 $M(\cdot,\ \oplus)$ 模型形式外，还采用主因素决定型 $M(\wedge,\ \vee)$、主因素突出型 $M(\wedge,\ \oplus)$ 模型形式。每种模型的具体计算方法如下：

加权平均型 $M(\cdot,\ \oplus)$：$b_j = a_1 r_{1j} + a_2 r_{2j} + \cdots + a_5 r_{5j}$

主因素决定型 $M(\wedge,\ \vee)$：$b_j = (a_1 \wedge r_{1j}) \vee (a_2 \wedge r_{2j}) \vee \cdots \vee (a_5 \wedge r_{5j})$

主因素突出型 $M(\wedge,\ \oplus)$：$b_j = (a_1 \wedge r_{1j}) + (a_2 \wedge r_{2j}) + \cdots + (a_5 \wedge r_{5j})$

基于这四种模型形式，笔者可以对学生岗位实习安全程度的危险程度概率结果进行比较。多种稳健性检验一致，说明得出的结论具有可靠性。

四、 学生岗位实习安全事故预警模型的应用检测

（一）数据来源与样本量的确定

本书以湖南省某所高职院校为例，将上述设计的学生岗位实习安全事故预警模型应用于该校 2021 届统计与会计核算专业四个班的学生岗位实习安全预警评价，以检测学生岗位实习安全事故预警模型的效果。笔者根据表 4-40 中的多层指标体系设计该专业学生岗位实习安全事故预警的调查问卷。调查对象主要是学校层面指导就业工作的相关领导以及与学生交往密切的辅导员、支部书记等人员；企业层面分管实习工作的部门人员以及企业指导教师等人员。通过他们对第二层指标的主要监测点进行评述，笔者了解被调查者对高职院校学生岗位实习各个因素的模糊评判。在本次问卷调查中，笔者总共收集到 492 份数据，无效问卷为 9 份，有效问卷为 483 份。

（二）第二层指标因素危险度测评

笔者对 483 份有效问卷进行分类整理，针对第二层中每一个指标，均汇总出调查对象将该项指标评定为不危险、一般危险、较严重危险以及严重危险的数量，再基于样本容量，计算第二层中每一个指标属于四种危险程度的占比，得出第二层指标因素危险度评价表（见表 4-40）。

表 4-40　第二层指标因素危险度评价值

第一层指标	第二层指标	第二层指标评价值			
		v_1	v_2	v_3	v_4
教师因素 U_1	教师能力 U_{11}	0.3	0.6	0.1	0
	指导数量 U_{12}	0.3	0.6	0.1	0
	熟练程度 U_{13}	0.4	0.3	0.2	0.1
学生因素 U_2	沟通能力 U_{21}	0.1	0.2	0.5	0.2
	安全意识 U_{22}	0.5	0.3	0.1	0.1
	专业技能 U_{23}	0.4	0.2	0.3	0.1
学校因素 U_3	岗前培训 U_{31}	0.3	0.2	0.5	0
	实习协议 U_{32}	0.4	0.2	0.3	0.1
	监督因素 U_{33}	0	0.5	0.4	0.1
	制度因素 U_{34}	0.2	0.2	0.5	0.1
企业因素 U_4	设备因素 U_{41}	0.35	0.39	0.22	0.04
	监督因素 U_{42}	0.17	0.35	0.39	0.09
	制度因素 U_{43}	0	0.3	0.44	0.26
环境因素 U_5	自然环境 U_{51}	0.43	0.35	0.22	0
	社会环境 U_{52}	0.029	0.22	0.3	0.19
	实习项目 U_{53}	0.5	0.2	0.1	0.2

（注：第一列为"高职院校学生岗位实习安全预警的综合评价指标体系"）

（三）第一层指标因素危险度测评

首先，笔者运用萨迪（Saaty）提出的 1~9 标度方法获得重要性判断矩阵，经检验具有满意的一致性，可得出第二层指标因素的权重向量具体如下：

$A_1 = \{0.11, 0.31, 0.58\}$

$A_2 = \{0.16, 0.22, 0.62\}$

$A_3 = \{0.47, 0.25, 0.13, 0.15\}$

$A_4 = \{0.62, 0.14, 0.24\}$

$A_5 = \{0.11, 0.31, 0.58\}$

其次，笔者运用加权平均型模型，将上述第二层指标因素的权重向量

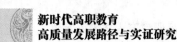

A_1、A_2、A_3、A_4、A_5 和第二层指标因素危险度评价值进行综合运算，得到第一层指标因素的危险程度的评价值（见表4-41）。

表4-41　第一层指标因素危险度评价值

U	v_1	v_2	v_3	v_4
U_1	0.36	0.43	0.16	0.06
U_2	0.37	0.22	0.29	0.12
U_3	0.27	0.24	0.44	0.05
U_4	0.24	0.36	0.30	0.10
U_5	0.43	0.22	0.18	0.17

（四）学生岗位实习的危险程度

首先，笔者运用萨迪（Saaty）提出的 1~9 标度方法获得重要性判断矩阵，以获得第一层指标每一因素的权重。经检验，判断矩阵不具有满意的一致性，笔者继续运用李勇和丁日佳（2007）提出的最小元素法对不具有满意一致性的判断矩阵进行修正。修正后的判断矩阵 U' 如表4-42所示。权重见表4-42中第7列。

表4-42　修正后的判断矩阵 $U' - U_i$

U'	U_1	U_2	U_3	U_4	U_5	权重
U_1	1	1	5/4	5/6	5	0.238
U_2	1	1	5/4	5/6	5	0.238
U_3	4/5	4/5	1	2/3	4	0.190
U_4	6/5	6/5	3/2	1	6	0.286
U_5	1/5	1/5	1/4	1/6	1	0.048
CR = 0.000						

其次，笔者取表4-42中第7列作为教师因素、学生因素、学校因素、企业因素以及环境因素的权重，采用主因素决定型 $M(\wedge, \vee)$、主因素突出型 $M(\wedge, \oplus)$ 和加权平均型 $M(\cdot, \oplus)$ 四种模型形式，将第一层指标因素的权重向量 $A = \{0.238, 0.238, 0.190, 0.286, 0.048\}$ 和第一层指标因素危险度

评价值进行模糊关系合成，得到综合评价指标体系下学生岗位实习的危险程度概率（见表 4-43）。

表 4-43 应用四种模糊算子综合运算的危险概率评判结果

模糊算子	符号	概率			
		v_1	v_2	v_3	v_4
主因素决定型	$M(\wedge, \vee)$	0.24	0.29	0.29	0.12
主因素突出型	$M(\wedge, \oplus)$	0.29	0.30	0.29	0.12
加权平均型	$M(\cdot, \oplus)$	0.31	0.31	0.29	0.09

（五）测评结果评析

由表 4-43 可知，根据加权平均型模糊算子表述结果，学生在岗位实习过程中发生特大危险的概率为 9%，较严重危险的概率为 29%，一般危险的概率为 31%，不存在危险的概率为 31%。四种模糊算子的运算结果均显示出学生在岗位实习过程中发生一般危险的概率相对较高，发生严重危险的概率相对较低，但发生较严重危险的概率接近 30%。由此，笔者可以推断出学生在岗位实习过程中总体上具有一定的危险性。此外，应用四种模糊算子综合运算的危险概率评判结果基本一致，这说明危险程度的测度结果具有稳健性。

由表 4-41 可知，教师因素、学生因素、学校因素和企业因素以及环境因素发生较严重危险的概率分别为 0.16、0.29、0.44、0.30 和 0.18，这表明危险主要来自学生因素、学校因素和企业因素三个方面。为进一步找出上述三个因素的高风险指标，由表 4-40 可知，笔者需要重点关注的第二层指标监测点为学生因素中的沟通能力、学校因素中的岗前培训、企业因素中的监督因素和制度因素。因此，我们应该针对这些高风险指标发出预警信号，及时干预，预防重大事故的发生。

五、学生岗位实习安全事故预警模型的应用价值

尽管本书对高职院校岗位实习安全预警指标及模型构建的分析与相关结论是基于湖南省某所高职院校的数据获得，但是所构建的多级模糊决策模型对其他高职院校学生岗位实习安全事故预警同样适用。使用者只需要收集得到教师因素、学生因素、学校因素、企业因素以及环境因素五个因素方面的

第二层指标因素的评价值与运用层次分析法得出的第一层指标因素的权重，再运用主因素决定型、主因素突出型和加权平均型进行模糊关系合成，即可综合评判出学生在进行某项实习活动时发生危险的概率。因此，模型具有较强的应用价值，可以供学校、企业以及政府有关部门参考使用。

此外，本书在构建高职院校岗位实习安全预警模型时，得出一般警情或不危险的综合评判概率较高，即综合来看，学生在岗位实习过程中危险程度较低。但是，在某一单项指标处于较严重警情或严重警情时，学校、企业以及政府有关部门也需要对学生的该项实习活动引起重视，及时发出预警信号。

根据本书的实证分析结果，笔者主要从国家、政府管理、学校和企业、教师和学生等层面提出以下四点有针对性的政策建议：

（1）在国家层面，国家统计局数据显示，2020 年普通专科毕业生人数达376.69 万人，这说明每年参与岗位实习的高职学生人数庞大。国家有关部门可以从总体中，采用随机抽样、分层抽样、整群抽样等抽查方式，将抽查学生应用于本书构建的安全事故预警模型，对各个因素预先监测与评价，从而预先发现警情，对学生岗位实习过程中的重大突发事件起到监督作用，监督各个方面存在风险的程度。

（2）在政府管理层面，新《规定》第五条规定："教育主管部门负责统筹指导职业学校学生实习工作；职业学校主管部门负责职业学校实习的监督管理。"教育主管部门通过应用预警模型，能够更好地加强管理，主要表现在两个方面：一方面，教育主管部门可以就高职院校岗位实习安全事故预警模型得出的警情程度作为监督学校组织实习是否符合安全保障要求的重要依据之一；另一方面，教育主管部门可以就高职院校岗位实习安全事故预警模型得出的警情程度，提高对重大突发事件的预先控制与管理能力。教育主管部门可以考虑将学生岗位实习的风险程度纳入部门负责人任期目标和工作实绩考核内容，从而有利于他们重视学生岗位实习风险评判工作，提前采取相应措施，做好风险防范。

（3）在学校、企业层面，学校在组织学生开展岗位实习时，利用高职院校岗位实习安全预警模型对每个专业进行客观及时的评估，可以及时查漏补缺，避免学生实习安全事故的发生。实习单位要加强与学校的双向沟通，组织企业指导教师与校内指导教师共同讨论，就预警模型中显示出危险程度较高的一些主要监测点进行沟通协调，共同提出预警方案。学校利用预警模型对岗位实习学生精准定位，可以了解学生的健康、生活和学习状况，从而更好地做好防范，精准"定位"危险指标，筑牢岗位实习学生的安全线。

（4）在教师、学生层面，指导教师可以针对预警模型中显示出危险程度较高的一些主要监测点迅速采取行动，加强指导，对安全监测点危险程度高的指标迅速采取行动，准确把握易出安全事故的环节，事前作出预判，准确与学生进行安全交流，避免安全事故的发生。学生自身可以通过高职院校岗位实习安全预警模型及时了解岗位实习存在的安全风险点，针对安全风险点学习安全知识，规避相应风险，增强自身的安全意识和风险防范能力。

第五章
数字经济时代高职统计类人才培养研究

第一节　湖南省产业结构与统计岗位适配性分析

一、产业结构调整现状分析

从图 5-1 可以看出，湖南省地区生产总值在稳定增长，存在明显的上升的趋势。这说明，借助中部中心城市优势条件，湖南省通过制定适合自身的发展政策，经济得到了持续快速发展。2012 年，湖南省地区生产总值超过 2 万亿元；2016 年，湖南省地区生产总值超过 3 万亿元；2020 年，湖南省地区生产总值超过 4 万亿元；2021 年，湖南省地区生产总值达到 46 063.1 亿元，位居全国第九位，地区生产总值稳步上升。

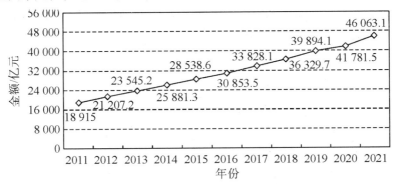

图 5-1　2011—2021 年湖南省地区生产总值

湖南省第一产业增加值占地区生产总值的比重在逐渐下降，比如由 2011 年的 12.79% 逐年下降到 2018 年的 8.49%；第二产业增加值占地区生产总值的比重由 2011 年的 46.97% 逐年下降至 2020 年的 38.15%；第三产业增加值占地区生产总值的比重由 2011 年的 40.24% 逐渐上升到 2020 年的 51.70%，第三产业增加值占地区生产总值的比重逐年上升。这表明，随着经济发展和社会生产的需要，第一产业和第二产业，即农、林、牧、渔业，采矿业，制造业，电力、煤气及水的生产和供应业，建筑业的比重逐渐下降，第三产业，即服务业的比重逐渐上升。随着湖南省经济的迅速发展，到 2021 年，湖南省三次产业比例调整为 9.38∶39.35∶51.26，产值结构呈现"三、二、一"的发展格局，这表明湖南省的产业结构逐步优化。

二、大数据行业等统计岗位现状分析

（一）统计人才需求的行业分布状况

数据显示，统计人才是主要面向互联网和相关服务行业、批发零售业、物流及供应链服务行业、跨境电商（贸易）行业、软件和信息技术服务业等行业，能够从事对采购数据、推广数据、销售数据、客服数据、市场数据、物流数据、客户数据、产品数据等进行采集、处理、分析及可视化等工作的创新型、发展型、复合型高素质技术技能人才。

（二）统计人才需求的单位及岗位情况

1. 企业对统计类岗位人员的总体需求情况

图 5-2 显示，企业对统计类岗位人员的总体需求为供不应求的占比最高，接近 80%；企业反映统计类岗位人员的总体需求已饱和，供过于求的占比不足 10%。因此，统计类岗位人员的发展前景较好。

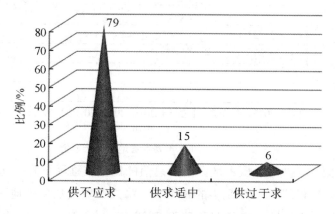

图 5-2 统计类岗位人员总体需求情况

2. 专业统计人员数量少

为了真实了解湖南省统计类岗位人员需求现状，笔者于 2021 年 12 月至 2022 年 6 月，共向湖南省长沙市、邵阳市、娄底市的 83 家单位发放了统计专业人员需求及职业岗位调查问卷。笔者共发放问卷 83 份，收回有效问卷 83 份。调查结果如表 5-1 所示。

表 5-1 调查结果

抽选城市	调查单位	设有专职统计岗位单位数/家	实际岗位职数/个	需求岗位职数/个
长沙市、邵阳市、娄底市	茶叶生产企业（8 家）	6	6	8
	信息科技有限公司（20 家）	20	20	36
	统计局（10 家）	10	55	80
	银行（5 家）	5	5	10
	医院（10 家）	10	10	10
	高职院校（13 家）	13	13	13
	装饰工程有限公司（8 家）	0	0	0
	机械设备有限公司（9 家）	7	7	9

在被调查的 83 家单位中，有 71 家单位设有专职统计岗位，占所有单位的 85.5%，且在这 71 家单位中，除了统计局外，其他设有专职统计员岗位的单位岗位数均为 1~2 个。

（三）企业对统计岗位人员的能力需求分析

企业对统计岗位人员的能力要求如表 5-2 所示。

表 5-2 企业对统计岗位人员的能力要求

统计职业岗位	典型工作	职业能力要求
高级统计师（金融数据岗位、统计运营岗位）	数据挖掘、数据解读和数据分析	①熟练运用统计调查、统计整理的方法 ②熟练运用统计分析方法 ③熟练解读统计报表 ④能对宏观经济数据进行深度挖掘
统计信息管理（数据库工程岗位、统计物流岗位）	统计信息管理	①热爱统计信息化工作 ②能正确运 Excel 或 SPSS 统计软件进行频数分析和基本描述统计分析 ③能正确运 Excel 或 SPSS 统计软件对经济现象进行单样本 T 检验、独立样本 T 检验、单因素方差分析以及进行相关与回归分析等

表5-2(续)

统计职业岗位	典型工作	职业能力要求
数据分析师（统计员岗位、数据、统计分析师岗位、商业市场分析岗位）	经济活动分析和预测、动态数据处理	①具备较强的统计思维能力和敏锐的眼光，能够对杂乱无章的原始数据进行统计整理、汇总，对数据进行合理的解释并作出推断，在梳理的过程中领略到统计的应用 ②具备统计整理、分析的能力，能准确对杂乱无章的原始数据进行统计分组，正确计算综合指标，编制统计指数以及进行抽样推断等 ③对动态数列能够准确计算相对指标，并熟练运用各种水平指标和速度指标分析时间序列

（四）企业对统计岗位人员的素质要求分析

用人单位在招聘统计岗位人员时更看重统计人员对统计软件实际操作熟练程度、统计相关的社会实践经验等、统计相关的职业技能竞赛、统计相关的职业资格证书、统计专业知识与能力（见图5-3）。

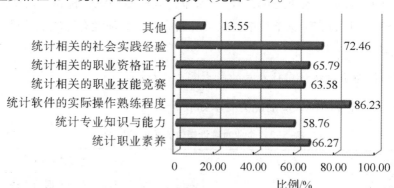

图5-3　企业对统计岗位人员的素质要求

（五）企业对统计岗位人员的薪资分析

为了客观准确地反映统计岗位薪资情况，笔者对83家单位统计岗位人员进行调查，对其薪资情况进行统计分析（见表5-3）。

表5-3　薪资情况统计分析

薪资	3 000元及以下	3 001~6 000元	6 001~9 000元	9 001~12 000元	12 001~15 000元	15 001~18 000元	18 001~20 000元	20 000元以上
招聘岗位数量比例/%	7	29	23	14	15	5	4	4

统计数据显示，湖南省统计类岗位薪资水平集中度较高的区间为 3 001~15 000 元，其中 3 001~6 000 元的占比为 29%，6 001~9 000 元的占比为 23%，9 001~12 000 元的占比为 14%，12 001~15 000 元的占比为 15%。笔者调查进一步得知，薪资水平与工作内容的复杂度和工作岗位级别呈正相关关系，工作内容越复杂、岗位级别越高，薪资水平越高。薪资水平在 3 000 元及以下的岗位主要是实习生和统计文员，薪资水平集中度高的区间的岗位主要是从事独立统计数据收集、统计整理、编制统计报表等基础性工作的基层统计人员，薪资上万元的岗位一般都要求有工作经验，主要集中在高级统计师、数据库工程师、数据分析经理等高端岗位。

（六）企业对统计岗位人员的学历需求分析

为了客观准确反映统计岗位学历需求情况，笔者对 83 家单位统计岗位人员进行调查，学历需求分析如表 5-4 所示。

表 5-4 学历需求分析

学历要求	无要求	初中及以下	高中或中专	大专	本科	硕士	博士
岗位数量比例/%	5.72	0.29	15.19	47.70	28.59	2.47	0.05

统计数据显示，94.28% 的单位招聘统计人员对学历都提出了不同的要求，要求初中及以下的占比为 0.29%、高中或中专的占比为 15.19%、大专的占比为 47.70%、本科的占比为 28.59%、硕士的占比为 2.47%、博士的占比为 0.05%。调查结果表明，无学历要求和低学历要求的招聘岗位主要是收银员、统计文员等少量完成简单工作内容的低端岗位。需要完成较为复杂和专业工作内容的中高端统计岗位，都要求具有大专及以上学历。其中，大专学历占比最高，说明统计工作更注重的是实操性，企业更倾向于招聘既具有扎实理论知识又具有较强的实操能力的技术技能型人才，高职高专统计类毕业生就业空间较大。

岗位的工作内容越复杂、职务越高，对学历的要求越高，学历在统计人员职场提升的过程中起到了很大的作用。

（七）企业对统计岗位人员的工作经验需求分析

为了客观准确地反映统计岗位工作经验要求情况，笔者对 83 家单位统计岗位人员进行调查，工作经验需求分析如表 5-5 所示。

表 5-5　工作经验需求分析

工作经验年限	应届毕业生或无需经验	1~3 年	4~5 年	6~10 年	10 年以上
岗位数量比例/%	13.58	38.27	30.82	14.88	2.44

统计数据显示，企业招聘统计岗位人员时应届毕业生或无需工作经验的占比为 13.58%，要求 1~3 年工作经验的占比为 38.27%，要求 4~5 年工作经验的占比为 30.82%，要求 6~10 年工作经验的占比为 14.88%，要求 10 年以上工作经验的占比为 2.44%。统计岗位的工作内容需要如实高质量地反映企业的生产经营实际状况，给管理层提供决策数据，丰富的工作经验是高质量完成工作的有力保障。因此，企业更愿意招聘有 1~3 年和 4~5 年工作经验的统计人员。有些企业为了降低用人成本，也愿意接收一定比例的应届毕业生和无工作经验的统计人员。中高层统计岗位，如高级统计师、数据分析经理等，一般都要求 6~10 年或 10 年以上工作经验。

第二节　湖南省产业结构与统计岗位人才需求预测

一、2016—2021 年湖南省产业结构与统计岗位人才需求分析

为了进一步分析出湖南省产业结构与统计岗位人才需求的适配性，笔者选取 30 家企业进行统计岗位人才需求调查。

数据显示（见表 5-6），在被调查的 30 家企业中，属于第一产业的企业对统计人才需求比例呈现上升趋势，属于第二产业的企业对统计人才需求比例呈现上升趋势，而属于第三产业的企业对统计人才需求比例呈现下降趋势。第一产业对统计人才需求整体不高。第二产业对统计人才需求呈现增长的趋势，相比于 2016 年，2021 年增长了 5.08 个百分点。湖南省作为制造业大省，第二产业产值占地区生产总值的平均比例为 39.35%，因此对统计人才需求在

不断增加。第三产业统计人才需求呈现下降的趋势，相比于 2016 年，2021 年下降了 9.74 个百分点，第三产业产值占地区生产总值的平均比例为 51.40%，受经济发展形势对就业的影响，虽然显现出对统计人员需求下降，但是整体比例依旧较高。

表 5-6　2016—2021 年湖南省产业结构与统计岗位人才需求　单位:%

年度	第一产业产值占地区生产总值的比例	第二产业产值占地区生产总值的比例	第三产业产值占地区生产总值的比例	第一产业统计人才需求比例	第二产业统计人才需求比例	第三产业统计人才需求比例
2016	9.45	41.95	48.60	10.00	30.00	60.00
2017	8.86	39.79	51.35	12.50	31.25	56.25
2018	8.49	38.27	53.24	12.82	30.77	56.41
2019	9.14	38.61	52.25	13.86	34.65	46.53
2020	10.15	38.15	51.70	12.90	34.84	52.26
2021	9.38	39.35	51.26	14.66	35.08	50.26
平均	9.25	39.35	51.40	12.79	32.76	53.62

二、2022—2026 年湖南省产业结构与统计岗位人才需求分析

为了进一步分析 2022—2026 年湖南省产业结构与统计岗位人才需求的适配性，本书基于 2016—2021 年湖南省产业结构与统计岗位人才需求数据，运用自适应过滤法对 2022—2026 年湖南省三次产业的产值以及统计岗位人才需求展开预测。

由表 5-7 可知，2022—2026 年，第三产业统计岗位人才需求率呈现上升趋势，2026 年将达到 52.31%，相比于 2022 年，增加了 5.85 个百分点，这可能是湖南省深入实施数字经济发展战略，产业现代化和数字经济蓬勃发展对数字经济核算、数据统计分析等工作提出了迫切要求，从而需要更多的统计专业人员。第二产业统计岗位人才需求率呈现下降趋势，2026 年为 27.80%，相比于 2022 年，下降了 8.63 个百分点，这可能是湖南省紧紧围绕大力实施"三高四新"战略要求，引导企业加大技术改造投入，建设具有全球影响力的装备制造业基地，持续推动工业经济高质量发展，因此需要更多的中高端统

计人员，而对中低端的统计人员的需要量越来越低。第一产业统计岗位人才需求率呈现上升趋势，2026 年为 19.89%，相比于 2022 年，增加了 2.78 个百分点，这可能是湖南省大力推进农业农村现代化，需要建立完善的农业大数据体系。因此，农业现代化发展对大数据整理、分析的需求日益迫切，对相关统计人员的需求有所增长。综合湖南省三次产业统计岗位人才需求比率来看，企业对统计岗位人员的需求会有小幅度的增长，并且由对中低端的统计人员的需求向中高端统计人员的需求转变。

表5-7　2022—2026 年湖南省产业结构与统计岗位人才需求预测 单位:%

年份	统计岗位人才需求率			三次产业比例		
	第一产业需求比例	第二产业需求比例	第三产业需求比例	第一产业产值占地区生产总值的比例	第二产业产值占地区生产总值的比例	第三产业产值占地区生产总值的比例
2022	17.11	36.43	46.46	9.75	39.24	51.01
2023	9.10	18.51	72.39	9.58	39.75	50.67
2024	16.27	28.75	54.98	9.67	39.96	50.37
2025	15.75	24.56	59.69	9.64	40.32	50.05
2026	19.89	27.80	52.31	9.66	40.61	49.73
平均	15.63	27.21	57.17	9.66	39.98	50.37

第三节　基于四元五维一体高职统计类课程教学评价模型的构建

一、高职统计类课程教学评价模型的构建

为了能够全面、客观地评价学生，提高统计类课程教学质量，同时为其他专业课程的考试考核改革提供一些经验，笔者拟运用层次分析法，构建高职统计类课程教学评价模型。模型构建的基本程序如下：首先，笔者从职业素养、学习态度、学习能力、实践创新以及结果评价五个评价维度进行考量。

其次，笔者由四元主体确定第三层指标主要监测点。四元主体是指与教学质量相关的多元主体，具体包括与统计类课程教学密切相关的专任教师、学生、企业、教育行政管理部门。笔者与四元主体相关人员深入沟通，由每一个主体站在不同的角度将统计类课程的任务、内容、目标等描述出来，从三个层次确立评价指标体系（见表5-8）。最后，笔者与四元主体相关人员进行深入探讨，确定各个层次的判断矩阵，以综合得知学生在统计学基础课程学习过程中的学习效果。

表 5-8　统计学基础课程四元五维一体学习评价指标体系

	评价维度	评价指标	具体内容
统计学基础课程四元五维一体学习评价指标体系 A	职业素养 B_1	课堂违纪 C_1	违反课堂纪律要求次数
		统计素养 C_2	运用统计专业知识解决实际问题，有服务地方经济的愿望
		团队协作 C_3	分组任务完成情况
	学习态度 B_2	课堂出勤 C_4	出勤次数
		视频学习 C_5	观看视频时长
		在线互动 C_6	章节学习次数、课程访问量、抢答数、在线讨论的次数
	学习能力 B_3	课堂讨论 C_7	师生、生生讨论次数
		随堂测验 C_8	参与练习测验的数量
		课堂问答 C_9	提出与回答问题的次数
	实践创新 B_4	拓展加分 C_{10}	参与社会实践的次数
		技能竞赛 C_{11}	参加统计技能竞赛的次数及获奖情况
		资格证书 C_{12}	考取职业资格证书
	结果评价 B_5	学生评价 C_{13}	学习满意度
		平时考核 C_{14}	平时作业成绩
		期末考核 C_{15}	期末理论成绩

运用层次分析法，基于四元五维一体构建高职统计类课程教学评价模型，可以实现对高职院校学生学习过程中的监管。根据模型中各个指标的得分情况，教师可以对学生处于较差或很差水平的单项指标进行重点跟踪与指导，

确保课程教学质量。

（一）指标框架建立

笔者通过与四元主体开展深度质性访谈，围绕职业素养、学习态度、学习能力、实践创新以及结果评价五个评价维度，最终确定包括课堂出勤、视频学习、在线互动等 15 个主要监测点。统计学基础课程四元五维一体学习评价指标体系如表 5-8 所示。

（二）判断矩阵及一致性检验

笔者主要运用和积法，求出判断矩阵的最大特征根及其归一化特征向量，以检验判断矩阵的满意一致性。具体程序如下：

（1）笔者将判断矩阵的每一个元素分别除以对应的列和，以进行正规化处理。

$$\bar{a}_{ij} = \frac{a_{ij}}{\sum_{k=1}^{n} a_{kj}} \quad (i, j = 1, 2, \cdots, n)$$

（2）笔者将每一列经正规化后的判断矩阵按行相加。

$$\overline{W}_i = \sum_{j=1}^{n} \bar{a}_{ij} \quad (i, j = 1, 2, \cdots, n)$$

（3）笔者将向量 $W = (W_1, W_2, \cdots, W_n)$ 进行归一化。

$$W_i = \frac{\overline{W}_i}{\sum_{i=1}^{n} \overline{W}_i} \quad (i, j = 1, 2, \cdots, n)$$

（4）笔者计算判断矩阵的最大特征根。

$$\lambda_{max} = \sum_{i=1}^{n} \frac{(AW)_i}{nW_i}$$

（5）判断矩阵的满意一致性可以用如下一致性比率 CR 予以检验：

$$CI = \frac{\lambda_{max} - n}{n - 1}$$

$$CR = \frac{CI}{RI}$$

其中，CI 是判断矩阵的一致性指标；RI 是平均一致性指标，可由表 5-9 直接查得。

表 5-9 平均随机一致性指标值

阶数 n	1	2	3	4	5	6
RI	0	0	0.58	0.9	1.12	1.24

当一致性比率 CR<0.1 时，判断矩阵具有满意一致性；否则，判断矩阵不具有满意一致性，需要进行一致性修正。

笔者与统计类课程教学密切相关的专任教师、学生、企业以及教育行政管理部门等人员进行深入探讨，确定各个层次的判断矩阵，并基于上述步骤，得出各层判断矩阵的检验结果。其中，表 5-10 是第二层指标相对于第一层统计学基础课程四元五维一体学习评价指标的权重与一致性检验指标，表 5-11 至表 5-15 是第三层指标相对于第二层 B_1、B_2、B_3、B_4 和 B_5 各元素的权重及检验系数。

表 5-10 断矩阵 $A - B_i$

A	B_1	B_2	B_3	B_4	B_5	权重
B_1	1	2	5	4	3	0.339
B_2	1/2	1	6	2	1/5	0.190
B_3	1/5	1/6	1	5	3	0.174
B_4	1/4	1/2	1/5	1	1/6	0.052
B_5	1/3	5	1/3	6	1	0.244
			CR = 0.478			

表 5-11 判断矩阵 B_1-C_i

B_1	C_1	C_2	C_3	权重
C_1	1	1/3	1/5	0.110
C_2	3	1	1/2	0.309
C_3	5	2	1	0.581
		CR = 0.003		

表 5-12　判断矩阵 B_2-C_i

B_2	C_4	C_5	C_6	权重
C_4	1	5	9	0.735 2
C_5	1/5	1	5	0.206 7
C_6	1/9	1/5	1	0.058 1
CR=0.000 9				

表 5-13　判断矩阵 B_3-C_i

B_3	C_7	C_8	C_9	权重
C_7	1	3	6	0.644 2
C_8	1/3	1	4	0.270 5
C_9	1/6	1/4	1	0.085 2
CR=0.046 2				

表 5-14　判断矩阵 B_4-C_i

B_4	C_{10}	C_{11}	C_{12}	权重
C_{10}	1	1/6	1/7	0.070
C_{11}	6	1	1/2	0.350
C_{12}	7	2	1	0.580
CR=0.028				

表 5-15　判断矩阵 B5-Ci

B_5	C_{13}	C_{14}	C_{15}	权重
C_{13}	1	1/4	1/5	0.096
C_{14}	4	1	1/3	0.284
C_{15}	5	3	1	0.619
CR=0.075				

　　由表 5-10 至表 5-15 可知，判断矩阵 $A-B_i$ 的一致性比率 $CR=0.478>0.1$，则该判断矩阵 A 不具有满意一致性，需对 A 进行调整；判断矩阵 B_1、B_2、B_3、

B_4 和 B_5 的一致性比率 CR 远远小于 0.1，可以认为判断矩阵 B_1、B_2、B_3、B_4 和 B_5 具有满意一致性，不需要重新调整判断矩阵。

（三）判断矩阵的一致性修正

笔者借鉴李勇和丁日佳（2007）提出的最小元素法，对不通过一致性检验的判断矩阵 A 进行修正。若给定的判断矩阵为 n 行 n 列，笔者需要在该判断矩阵中的非主对角线元素中选择 $n-1$ 个元素，被选中的元素最小且相互独立，并以选中的元素为准进行修正。判断矩阵 A 的一致性修正程序如下：

首先，笔者从判断矩阵 A 非主对角线元素中选出 $n-1$ 个元素，它们满足最小且相互独立的要求，即 a_{31}，a_{32}，a_{43}，a_{44}，a_{45}，并记为（$M1$：$M2$：$M3$：$M4$：$M5 = 1/5$：$1/6$：$1/5$：1：$1/6$）。

其次，笔者以 $\dfrac{Mi}{Mj}$ 作为修正元素，对判断矩阵 A 中每一个元素 a_{ij} 分别进行修正，便可以得到修正后的判断矩阵 A'（见表5-16）。

表5-16　修正后的判断矩阵 $A' - B_i$

A'	B_1	B_2	B_3	B_4	B_5	权重
B_1	1	5/6	1	5	5/6	0.217
B_2	1 1/5	1	1 1/5	6	1	0.261
B_3	1	5/6	1	5	5/6	0.217
B_4	1/5	1/6	1/5	1	1/6	0.043
B_5	1 1/5	1	1 1/5	6	1	0.261
CR = 0.000						

（四）最低层指标相对于总目标最高层的重要性权重

层次加权是指从最低层开始，自下而上逐层进行，或者从最高层开始，自上而下逐层进行，直到求得最低层元素相对于第一层元素的相对重要性权重。假设从高到低相邻的三个层次记为 A、B、C。层次 B 有元素 B_1，B_2，…，B_m，层次 C 有元素 C_1，C_2，…，C_m，层次 B 的元素 B_1，B_2，…，B_m 相对于上一层次 A 的元素的重要性权重值为 a_1，a_2，…，a_m，层次 C 的元素 C_1，C_2，…，C_m 相对于上一层次 B_i 的元素的重要性权重为 $W_1^{(i)}$，$W_2^{(i)}$，…，$W_m^{(i)}$（$i=1$，2，…，m）。

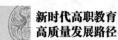

本书将高职院校统计学基础课程考核的综合评价问题分为两层：第一层为大学生统计学基础课程考核综合评价一级指标；第二层包括五个二级指标，具体为职业素养、学习态度、学习能力、实践创新以及结果评价。根据上述层次排序方法，笔者得出本书中层次 C 元素相对于层次 A 元素的重要性权重值为表 5-17 中最右列的总排序结果。

表 5-17　层次总排序

C 关于 B	B_1	B_2	B_3	B_4	B_5	总排序结果
	0.217	0.261	0.217	0.043	0.261	
C_1	0.11	0	0	0	0	0.024
C_2	0.309	0	0	0	0	0.067
C_3	0.581	0	0	0	0	0.126
C_4	0	0.735	0	0	0	0.192
C_5	0	0.207	0	0	0	0.054
C_6	0	0.058	0	0	0	0.015
C_7	0	0	0.644	0	0	0.140
C_8	0	0	0.271	0	0	0.059
C_9	0	0	0.085	0	0	0.018
C_{10}	0	0	0	0.07	0	0.003
C_{11}	0	0	0	0.35	0	0.015
C_{12}	0	0	0	0.58	0	0.025
C_{13}	0	0	0	0	0.096	0.025
C_{14}	0	0	0	0	0.284	0.074
C_{15}	0	0	0	0	0.619	0.162

（五）评价模型的构建

高职统计类课程教学评价指标的相关数据通过教学网络平台学习数据、任课教师的日常教学登记数据以及对学生发放调查问卷等方式获取。考虑到指标的取值范围不全在 0~100，笔者首先需要对数据进行标准化处理。具体步骤如下：第一步，笔者以指标的最大值除以 100 求得约数，$\max (x_i) /$ $100 = k_i$。其中，x_i 表示第 i 个指标，k_i 表示第 i 个指标的约数。第二步，笔者将指标 x_i 的每个数值均除以约数，即可把指标 x_i 的范围量化统一到 0～100，并将标准化后的指标记为 x_i^*。笔者采用同样的方法确定各项具体指标的得分。然后，笔者采用线性加权函数法，对高职统计类课程教学进行综合定量评价。高职统计类课程教学评价指标评价模型如下：

$$Score = \sum_{i=1}^{n} W_i X_i^*$$

其中，$Score$ 为综合评价得分；X_i^* 为第 i 个三级指标标准化后的评价分值；W_i 为第 i 个三级指标的层次总排序权重；n 为三级指标个数（本模型取 15 个）。

二、高职统计类课程教学评价模型的应用

（一）数据来源

笔者以湖南省某所高职院校 2022 届统计与会计核算专业的学生为例，线上学习监测点，如课堂出勤、视频学习、在线互动以及随堂测验四个评价指标的数据来自超星学习通平台上的学习数据；线下学习主要监测点，如课堂问答、课堂讨论、课堂违纪、团队协作以及总结性学习评价阶段的平时考核等评价指标数据来自任课教师的日常教学登记数据；职业素养维度的统计素养指标，即总结评价维度中的学生评价指标数据来自对学生的问卷调查数据；实践创新维度的拓展加分、技能竞赛以及资格证书等指标的数据来自行业企业以及教育行政管理部门等人员对学生的评价问卷调查数据。

（二）测评结果评析

基于层次分析法计算出的最低层相对于总目标层的重要性权重值，笔者将每位学生的各项指标具体分数，分别乘以对应指标相对于总目标的权重，然后求和即可得到每名学生的综合得分。湖南省某所高职院校 2022 届某班学生各项指标分数的分布情况如表 5-18 所示。

表 5-18　湖南省某所高职院校 2022 届某班学生各项指标分数的分布情况

指标	平均值	60 分以下	61~70 分	71~80 分	81~90 分	91~100 分
课堂违纪 C_1	84.53	0	4	5	7	37
统计素养 C_2	83.89	0	0	5	40	8
团队协作 C_3	89.91	0	0	3	19	31
课堂出勤 C_4	91.66	0	1	1	17	34
视频学习 C_5	80.65	11	5	4	6	27
在线互动 C_6	47.99	38	6	4	2	3
课堂讨论 C_7	84.91	0	3	5	8	37
随堂测验 C_8	62.53	17	11	13	8	4
课堂问答 C_9	80.66	0	0	0	51	2
拓展加分 C_{10}	77.92	0	0	23	18	12
技能竞赛 C_{11}	86.04	0	0	0	27	26
资格证书 C_{12}	73.77	0	9	23	13	8
学生评价 C_{13}	69.28	5	12	15	18	3
平时考核 C_{14}	72.99	7	14	18	11	3
期末考核 C_{15}	65.82	13	13	11	5	3
综合得分	78.24	1	6	24	20	2

运用层次分析法计算出学生的综合得分，能够客观地反映学生在统计学基础课程中的学习效果。由表 5-18 可以得知，该班共有学生 53 人，班级的平均综合分数为 78.24 分，有一位不及格的学生；71~80 分、81~90 分的学生占比较高，分别为 45.28%、37.74%；高分人数较少，占比不足 5%，整体来说该班学习效果一般。

从各分项指标来看，平均值在 85 分以上的指标有团队协作、课堂出勤、技能竞赛，这反映出该班学生具有较好的团队协作意识，学习态度较好，出勤率高，并且比较注重职业技能竞赛。平均值在 65 分以下的指标有在线互动、随堂测验，这反映出该班学生平时与教师在线互动积极性不高，随堂练习效果不佳。因此，在今后的统计类课程教学中，专任教师要以应用为目标，以启发式引导案例或情景引入，创设精彩的、极富吸引力的情景，先使学生触景生情地进入状态，再精心选取典型的实际统计分析案例和数据，通过情景引入、对案例进行分析研究和学习，使学生加强对该理论方法的理解，消除统计的抽象和神秘感，提高运用统计方法分析问题与解决问题的能力。

此外，授课教师在今后的教学过程中，可以借助本书所构建的四元五维一体高职院校统计类课程教学评价模型。当学生某一单项指标处于较差或很差水平时，授课教师需要对学生的该项活动引起重视，及时发出预警信号，精准锁定学困生，进行精准施策，确保课程教学质量。

第四节 基于市场需求导向的高职统计类专业毕业生就业力的实证研究

一、高职院校统计类专业毕业生就业力水平测度

（一）就业力水平的定义

英国学者希尔阿格和波拉德（Hillage & Pollard，1998）将就业力定义为个人获取、维持和必要时重新获取满意就业的能力。在本书中，就业力水平是指在就业力这一方面所达到的高度，是就业力相对高低的表现。"就业力"这一概念可测化、可量化，能够使不同个体之间的就业力进行比较。

（二）就业力水平的衡量指标

很多学者以毕业生薪资水平、岗位职位等衡量就业力水平，如张佳（2014），刘复兴和朱俊华（2017），罗明忠、陶志、冯莉萍（2020）等。笔者运用就业时间和薪资水平两个指标来衡量就业力水平。

就业时间定义为从大三下学期开学到签订三方协议的时间区间，时间区间越短（从离校开始到就业的时间越短），意味着学生的就业力水平越高；反之，学生找到工作的时间间隔越长（从离校开始到就业的时间越长），意味着学生的就业力水平越低。因此，就业时间的跨度长短在一定程度上能够反映出学生就业力水平的高低。薪资水平定义为学生签订三方协议后单位支付给

学生的月工资。一般来说，毕业生的薪酬越高，说明其就业力水平越高；毕业生的薪酬越低，说明其就业力水平越低。因此，薪资水平在一定程度上能够反映出学生就业力水平的高低。

就业时间用 A 表示，考虑到 A 的取值范围不在 $0 \sim 100$，笔者采取分段线性函数处理的方法，把 A 的范围量化统一到 $0 \sim 100$，记为 A^*。具体赋值如下：当就业时间小于一个月时，$A^* = 100$；当就业时间大于 12 个月时，$A^* = 0$。薪资水平用 B 表示，考虑到 B 的取值范围同样不在 $0 \sim 100$，笔者采取分段线性函数处理的方法，将 B 的取值范围转换到 $0 \sim 100$。设当 B 小于 1 000 元时，$B^* = 0$；当 B 大于或等于 10 000 元时，$B^* = 100$。

笔者利用分段函数可以将就业时间和薪资水平统一量化到 $0 \sim 100$。笔者再对量化后的两个指标取均值得到个体的就业力水平，记为 Y，即就业力水平 Y 与 A^*、B^* 的关系可以表示为

$$Y = (A^* + B^*) / 2$$

（三）就业力水平的影响因素

吴敏（2022）指出，青年学生就业能力不仅与其未来的职业选择密切相关，还影响着青年学生能否充分和高质量就业。其基于劳动力市场的角度对 1 537 名大学生的就业能力开展了实证调查，得出大学生基本能力总体得分较低、职业发展能力较低，职业能力稍显薄弱；与就业相关的个性品质得分非常高；社会应对能力得分比较高等结论。其并从学生个体、高校、企业三方提出建议：青年学生应将提升并保持可持续性的就业能力作为职业发展的首要目标，高校应充分发挥提升青年学生就业能力关键角色作用，企业应积极承担与发挥市场力量培养大学生的就业能力。

就业力水平的影响因素具体可以分为个人因素、家庭因素、学校因素和社会因素。个人因素主要是指大学生自身具备的知识、技能水平、专业能力和个性特质等方面；家庭因素主要是指父母的受教育水平、家庭背景等方面；学校因素主要是指教师的就业指导、职业规划等方面；社会因素是指大学生所拥有的一切社会关系的总和，包括人际关系、就业形势等方面。本书以毕业生的个人 KSABs 行为结构为主要研究对象，同时结合其家庭、学校和社会等方面的因素，确定了影响就业力水平的因素。大学生就业力的影响因素如表 5-19 所示。

表 5-19　大学生就业力的影响因素

一级因素	二级因素	三级因素	示例
个人因素	基本情况	学历	专科
		专业	所学专业
		生源地	城市、乡镇、农村
	技能水平	职业证书	教师资格证、初级会计师、初级统计师等
		技能证书	英语四级和六级、计算机等级证书等
	专业能力	获奖证书	专业职业技能竞赛
		专业成绩	专业课程成绩
		职务锻炼	学生会、班干部
	自我提升力	工作态度	上进心、责任感
		学习能力	
	就业适应力	工作岗位	
		薪资匹配	
	实习经历	实习经历	
家庭因素	家庭干预	父母的受教育水平	
		父母的职业	
学校因素	就业指导	就业指导	
	职业规划	职业规划	
社会因素	就业形势	就业形势	
	人际关系	人际交往能力	

二、高职院校统计类专业毕业生就业力影响因素实证研究

（一）样本分布

本书以湖南省某所高职院校为例，将上述设计的统计类专业毕业生就业力水平及其影响因素设置成电子问卷，应用于 2022 届统计类专业毕业生的就业力水平影响因素探析中，以分析出影响该专业毕业生就业力水平的主要因

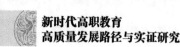

素。本次问卷调查总共收集到 129 份数据，无效问卷为 9 份，有效问卷为 120 份。

由表 5-20 可知，在 120 份有效问卷中，男生的占比为 62.52%，女生的占比为 37.50%；生源地为城市的占比为 27.50%，生源地为乡镇的占比为 45.83%，生源地为农村的占比为 26.67%。在本次调查中，就业时间短于 1 个月的人数占比为 15%，就业时间为 1~3 个月的人数占比为 34.17%，就业时间为 4~6 个月的人数占比为 24.17%，就业时间为 7~12 个月的人数占比为 26.67%。有 10.83% 的学生的薪资在 1 001~4 000 元；有 40.83% 的薪资在 4 001~6 000 元；有近一半的学生（48.33%）薪资在 6 001~10 000 元；薪资在 10 000 元以上的人数为 0。

表 5-20　样本分布

变量	变量值	人数	百分比/%
性别	男	75	62.50
	女	45	37.50
生源地	城市	33	27.50
	乡镇	55	45.83
	农村	32	26.67
就业时间	1 个月以下	18	15.00
	1~3 个月	41	34.17
	4~6 个月	29	24.17
	7~12 个月	32	26.67
	12 个月以上	0	0
薪资水平	1 000 元及以下	0	0.00
	1 001~4 000 元	13	10.83
	4 001~6 000 元	49	40.83
	6 001~10 000 元	58	48.33
	10 000 元以上	0	0

（二）就业力影响因素的表现性测验

为了获得影响因素的表现性评价数据，笔者利用大学生就业力的影响因素构建了一份李克特五级量表，对应选项均设置"严重影响、较大影响、一般影响、较小影响、极小影响"五个答案选项，并分别赋值"5、4、3、2、1"。在120份有效问卷中，严重影响占比超过5%的变量有11个（见表5-21）。笔者以严重影响占比为依据，初步判断出影响就业力大小的顺序依次为学历、自我提升力、技能水平、就业适应力、专业成绩、实习经历、就业指导、职业规划、家庭干预度、人际交往能力以及社会就业形势。这也可以反映出学生个人因素对就业力的影响最大，而外界力量比如家人和学校的影响并不大。

表5-21 就业力影响因素的表现性评价数据　　　　单位:%

变量	严重影响占比	较大影响占比	一般影响占比	较小影响占比	极小影响占比
学历	23.3	29.2	33.3	10.0	4.2
专业成绩	15.8	25.8	36.7	15.8	5.8
技能水平	19.2	26.7	32.5	15.0	6.7
自我提升力	20.0	19.2	35.0	16.7	9.2
就业适应力	16.7	28.3	30.0	20.8	4.2
实习经历	11.7	22.5	39.2	21.7	5.0
家庭干预度	8.3	20.8	27.5	34.2	9.2
就业指导	10.8	13.3	35.0	34.2	6.7
职业生涯规划	10.8	20.8	23.3	40.0	5.0
人际交往能力	8.3	20.0	25.8	40.0	5.8
社会就业形势	7.5	29.2	30.0	22.5	10.8

（三）就业力水平及影响因素的描述性分析

为了使抽象的概念便于量化和进行数据统计，笔者把调查问卷中的严重影响、较大影响、一般影响、较小影响、极小影响等选项分别设置为100、80、60、40、20，这样可以将选项的数据量化，更有利于进行数据统计。笔者对就业力水平及其影响因素变量进行描述性统计，结果可知学历、专业成绩、技能水平、自我提升力、就业适应力、实习经历、家庭干预度、就业指导、职业生涯规划、人际交往能力、社会就业形势、薪资水平和就业时间的均值分别为71.5、66、67.33、64.83、66.5、62.83、57、57.5、58.17、57、

60、59.38、59.38。笔者根据已知的薪资水平均值和就业时间均值,将二者再求算术平均,即利用表达式 $Y=(A^*+B^*)/2$ 计算就业力平均水平,得到 $Y=(59.38+59.38)/2=59.38$。

（四）因子分析

在进行因子分析之前,笔者先进行信度、效度检验。问卷的信度分析是为了考察问卷测量的可靠性,是指测量所得结果的内部一致性程度。这里使用 Cronbach's α (克朗巴哈) 系数法来检测数据信度是否达标,检测各分量表中被测试者对量表中题目回答内容的一致性。信度检验结果 Cronbach's α 值为 0.992>0.8,说明本次问卷中的量表对于分析目的而言信度较好。

关于效度分析,笔者采用探索性因子分析。笔者利用 SPSS 软件进行因子分析,得到效度检验的结果如表 5-22 所示。

表 5-22　效度检验结果

KMO 和 Bartlett 的检验

取样足够度的 Kaiser-Meyer-Olkin 度量		0.941
Bartlett 的球形度检验	近似卡方	4 424.900
	df	136
	Sig.	0.000

由表 5-22 可知,KMO 系数为 0.941,该值越接近 1,说明结构效度越好,因此本次问卷的结构效度较好。巴特利球形检验显著性为 0.000<0.05,也说明问卷具有良好的结构效度。

笔者运用 SPSS 软件对所有变量进行降维,确定进入回归模型的自变量,即对 11 个变量进行降维,提取 4 个公因子。公因子 1 为个人因素 X_1,公因子 2 为家庭因素 X_2,公因子 3 为学校因素 X_3,公因子 4 为社会因素 X_4（见表 5-23）。

表 5-23　变量的公因子

公因子	变量
个人因素 X_1	学历
	专业成绩
	技能水平
	自我提升力
	就业适应力
	实习经历
家庭因素 X_2	家庭干预度
学校因素 X_3	就业指导
	职业生涯规划
社会因素 X_4	人际交往能力
	社会就业形势

（五）就业力影响因素分析

1. 独立样本 T 检验

笔者使用 SPSS 软件检验就业力是否存在性别差异、技能差异、实习经历差异等。笔者利用 SPSS 软件分析菜单下"比较均值"—"独立样本 T 检验"进行独立样本 T 检验。笔者在检验变量中选择就业力，分组变量依次选择性别、技能水平、实习经历，点击定义组设置所需的内容，得到结果如下：

由组统计量可知，女生组的就业力均值、标准差分别为 63.44、4.281；男生组的就业力均值、标准差分别为 53.76、5.959。

由独立样本检验可知，在 Levene 检验中 F = 29.353，P = 0.00<0.05，这说明应拒绝原假设；在 T 检验中，应看"假设方差不相等"这一行，t = 10.327，P = 0.00<0.05，得出两组之间的就业力水平差异有统计学意义，即女生组的就业力水平显著高于男生组的就业力水平。

由组统计量可知，具备技能组的就业力均值、标准差分别为 55.83、6.522；不具备技能组的就业力均值、标准差分别为 63.53、4.710。

由独立样本检验可知，在 Levene 检验中 F = 58.383，P = 0.00<0.05，这说明应拒绝原假设；在 T 检验中，应看"假设方差不相等"这一行，

t=-7.376，P=0.00<0.05，得出两组之间的就业力水平差异有统计学意义，即具备技能组的就业力水平显著低于不具备技能组的就业力水平。这可能是由于技能水平较高的学生对自身期望较高，对企业薪酬福利期望较高，可能导致其找工作的时间跨度较长。另外，还有一部分技能水平较高的学生选择"拟专升本""拟出国"以及"暂不就业"等，从而降低了具备技能组的就业力水平。

由组统计量可知，有实习经历的就业力均值、标准差分别为 64.33、3.807；没有实习经历的就业力均值、标准差分别为 56.11、6.538。

由独立样本检验可知，在 Levene 检验中 F=124.427，P=0.00<0.05，这说明应拒绝原假设；在 T 检验中，应看"假设方差不相等"这一行，t=8.596，P=0.00<0.05，得出两组之间的就业力水平差异有统计学意义，即有实习经历组的就业力水平显著高于没有实习经历组的就业力水平，这表明实习经历有助于帮助毕业生成功就业。

2. 单因素方差分析

笔者运用 SPSS 软件分析菜单下"比较均值"——"单因素方差分析"进行单因素方差分析，判断生源地对就业力是否存在显著影响。

由描述性统计可知，农村、乡镇、城市的均值分别为 50.00、62.29、65.18；由方差齐性检验结果可知，Levene 值为 18.752，显著性水平P=0.00<0.01，方差不齐。

由 ANOVA 单因素方差分析结果可知，F 值为 215.5，P=0.00<0.05，说明生源地对观察变量就业力有显著性影响。

由于方差不具有齐性，多重比较检验需要参考统计量结果，农村组与乡镇组的 P=0.00<0.01，说明农村组与乡镇组有显著性差异；农村组与城市组的 P=0.00<0.01，说明农村组与城市组有显著性差异；乡镇组与城市组的 P=0.008<0.01，说明乡镇组与城市组有显著性差异。综合三种生源地的就业力均值可知，农村组的就业力水平显著低于乡镇组、城市组的就业力水平，乡镇组的就业力水平显著低于城市组的就业力水平。

3. 构建回归模型

笔者以表 5-23 因子分析中得出的四个公因子 X_1、X_2、X_3、X_4 为自变量，以就业时间和薪资水平均值代表的就业力水平为因变量，构建多元线性回归模型。回归模型结果如表 5-24 所示。

表 5-24　回归模型结果

项目	回归系数	显著性
常数	59.479	0.000
公因子 1	5.184	0.000
公因子 2	0.939	0.004
公因子 3	2.214	0.000
公因子 4	0.664	0.038

模型的 R^2 为 0.742，说明所构建的多元线性回归方程的拟合效果好；F 统计量为 82.53，对应的概率 P 值为 0<显著性水平 $\alpha=0.05$，这说明所构建的多元线性回归方程整体显著，即个人因素、家庭因素、学校因素、社会因素四个自变量对就业力水平产生了联合显著影响。

由系数表可知每个自变量的回归系数，得到回归方程 $Y=5.18X_1+0.94X_2+2.21X_3+0.66X_4+59.48$。其中，$X_1$ 表示个人因素，X_2 表示家庭因素，X_3 表示学校因素，X_4 表示社会因素。X_1 的回归系数为 5.18，表示毕业生个人因素每增加一个单位，其就业力水平平均增加 5.18 个单位；毕业生的家庭因素、学校因素以及社会因素每增加一个单位，其就业力水平分别平均增加 0.94 个、2.21 个、0.66 个单位。这反映出学生个人因素对就业力的影响最大，而外界力量比如家人和教师的影响并不大。

（六）就业力模型验证

1. 模型预测就业力

笔者根据回归方程 $Y=5.18X_1+0.94X_2+2.21X_3+0.66X_4+59.48$，计算出每个个体的就业力预测值，再分段统计出就业力预测值及影响因素的频率。模型预测就业力数据如表 5-25 所示。

表 5-25　模型预测就业力数据

项目	平均值	0~20	21~40	41~60	61~80	81~100
学历	71.50	0.04	0.10	0.33	0.30	0.23
专业成绩	66.00	0.05	0.16	0.37	0.26	0.16
技能水平	67.33	0.07	0.15	0.32	0.27	0.19

表5-25(续)

项目	平均值	0~20	21~40	41~60	61~80	81~100
自我提升力	64.83	0.09	0.17	0.35	0.19	0.20
就业适应力	66.50	0.04	0.21	0.30	0.28	0.17
实习经历	62.83	0.05	0.22	0.39	0.22	0.12
家庭干预度	57.00	0.09	0.34	0.28	0.21	0.08
就业指导	57.50	0.07	0.34	0.35	0.13	0.11
职业生涯规划	58.17	0.05	0.40	0.23	0.21	0.11
人际交往能力	57.00	0.06	0.40	0.26	0.20	0.08
社会就业形势	60.00	0.11	0.23	0.30	0.29	0.07
预测就业力	54.75	0.00	0.00	0.80	0.20	0.00

由表5-25可知，模型预测出的就业力水平的均值为54.75，就业力水平在61~80分的占比为20%，在41~60分的占比为80%，没有人高于80分，说明学生的就业力水平整体一般，提升空间较大。

2. 相对误差

学生就业时间和薪资待遇的均值为59.38，两者取均值得到实际就业力水平。根据就业力相对误差的计算公式，（实际就业力-模型预测就业力）÷实际就业力＝（59.38-54.75）÷59.38＝0.078，得出模型预测就业力的相对误差为7.8%，不足10%，这意味着经过验证后的误差在模型可以接受的范围内。

三、 结论及政策建议

笔者针对统计类专业人才的社会需求与高职院校人才供给之间存在的矛盾，以毕业生的个人KSABs行为结构为主要研究对象，同时结合其家庭、学校和社会等方面的因素，对统计类专业毕业生就业力水平进行评价，构建了统计类专业毕业生就业力影响因素统计模型。

在一般情况下，就业力水平越高，就业的可能性越大。对于湖南省高职院校统计类专业的毕业生来说，如果就业力超过均值59.38，可以认为该生在毕业前能够较为顺利地就业；反之，在毕业前可能较难顺利就业。

由独立样本 T 检验、单因素方差分析可知，高职院校统计类专业毕业生女生组的就业力水平显著高于男生组的就业力水平，有实习经历组的就业力水平显著高于没有实习经历组的就业力水平，农村组的就业力水平显著低于乡镇组、城市组的就业力水平。

由回归方程可知，毕业生个人因素每增加一个单位，其就业力水平平均增加 5.18 个单位，而毕业生的家庭因素、学校因素以及社会因素每增加一个单位，其就业力水平分别平均增加 0.94、2.21、0.66 个单位，这反映出学生个人因素对就业力的影响最大，而外界力量比如家人和教师的影响并不大。虽然每年的就业形势都在变化，每个家庭的干预程度不同，但学生自身因素是影响就业力水平的主要因素。

因此，根据本书的实证分析结果，为更好地实现大学生就业能力与岗位所需人才之间的无缝对接，笔者提出以下三点有针对性的政策建议：

（一）以 KSABs 为基础，提升毕业生的核心就业力

1. 提升专业素养，提高学生综合素养

高职院校应不断提高毕业生的综合素养，培养和引导学生形成正确的人生观、价值观和道德观，使其毕业时拥有较强的责任心、良好的职业道德和正确的人际关系处理方法。这是人才培养的基础。

（1）深挖课程思政元素，落实"大思政"理念。专任教师应对学生思想道德素质的培养承担责任，开展好课程思政育人，通过各项目内容和特点对学生进行思想政治教育。例如，对时间序列项目，教师可以结合我国国内生产总值数据，通过时间序列见证祖国的伟大成就；对相关与回归分析项目，教师可以运用"摸着石头过河"的故事来形象地反映回归分析中的最小二乘法估计思想，收集到的数据就好比"石头"，适合的模型就好比"过河"的路径。当代大学生既要勇于探索、敢于先行，又要小心谨慎、稳妥稳当等。教师要做到既向学生传授知识，又进行思想政治教育，以达到教书育人的目的。

（2）提升职业素养和学生的就业力。高职院校应注重学生对职业道德的培养。首先，在思想政治课和就业指导课程中，教师要重视培养学生的诚信品质、敬业精神和责任意识，培养学生遵守"爱岗敬业、诚实守信、办事公道、服务群众、奉献社会"的职业道德。其次，高职院校应聘请实习基地或

大型企业中的优秀员工，为学生进行职业道德素质的培训。最后，在提高学生职业道德修养过程中，教师必须结合实践，事先对实践活动进行精心设计，安排实训的各个环节，确保实践活动的有效性，使学生在实践活动中感悟和体会职业道德的重要性。

2. 以工作过程为导向，增强学生的就业力

高职院校应让统计类专业学生多进入信息咨询类公司、统计局等单位进行岗位实习，以工作过程为导向，帮助学生建立统计职业岗位所需的知识体系。在构建课程体系、开发统计类专业课程时，高职院校必须结合工作过程对不同工作岗位所需的专业能力进行分析，突出典型工作能力领域。学生可以从选题指南中选题，也可以根据社会经济热点问题自拟题目进行技能训练。学生为了完成技能训练项目，首先要设计一个完整的统计调查方案；其次要开展统计调查活动，收集资料、对资料进行整理，绘制统计图表、计算相关指标，并通过相关分析与回归分析挖掘数据之间隐藏的联系；最后要撰写分析报告。教师要切实增强学生在分析某一实际问题时用数据说话的能力，以项目任务型为指导来开发专业课程。这样才不会出现理论知识与实践相脱节，不会让学生一走上工作岗位就不知所措。

3. 以赛促学，提升学生的统计实践能力

有超过90%的毕业生认为，在校期间积极参加统计类、数据分析类等技能竞赛，能够促进他们创新和实践。因此，高职院校应积极鼓励统计类专业学生在校期间参加职业技能竞赛，通过大赛的宣传、选拔、培训，让更多的学生对专业知识、工作流程、操作程序、岗位技能、处理方法等更加深入、切实、全面、系统地接触和了解，使学生能够熟练地组织、策划、调查实施以及进行数据处理与分析，提高学生的技能水平与岗位工作能力。

（二）加强农村生源毕业生就业指导的针对性和实效性，缩小就业力水平的生源地差异

政府和高职院校应组织实施好"三支一扶""到村任职""西部计划""农技特岗"等各类基层就业项目，进一步调整结构、扩大规模，重点向农村生源毕业生倾斜；强化毕业生就业信息服务，鼓励地方和高职院校针对农村生源毕业生，举办专场招聘活动，对就业困难的学生实施重点援助，积极促进农村生源毕业生顺利实现就业；增强农村生源毕业生的求职竞争力，加强

就业指导的针对性和实效性，以提高素质和能力为重点实施有效的就业帮扶，切实提升农村生源毕业生的就业力。

（三）积极开展校企合作，深度推进实习就业工作，强化实习经历对就业力水平的正向贡献

高职院校应为企业、社会发展培养高素质专业技能型人才，因此应积极争取社会和企业的支持，深化校企合作，为学生提供学生高质量的实训机会。

一是高职院校应强化校企合作对接机制，建立人才培养对接企业需求、专业教师对接能工巧匠、教学内容对接工作任务、素质教育对接职业素养、能力考核对接技能鉴定、研发方向对接企业难题的机制，实现学校与行业企业在教学育人、技术创新、社会服务等方面的深度融合。

二是高职院校应打造高水平生产性实训基地，在现有合作基地的基础上，引入品牌企业，建成集教学培训、工艺研发和技术服务于一体的国家级高水平生产性实训基地。

三是高职院校应建设校外实习基地群，不断拓展生产环境好、有一定规模和优质企业导师的企业作为新的校外实习基地，建设企业教学工厂，建立稳定的实习就业基地。

第六章
高职教育服务地方经济的研究

第一节 湖南省产业结构与高职院校专业现状分析

一、湖南省产业结构情况

借助中部地区中心城市优势条件，湖南省通过制定适合自身的发展政策，经济得到了持续快速发展。2002 年，湖南省地区生产总值（GDP）为 4 151.5亿元；2008 年，湖南省 GDP 超过 1 万亿元；2012 年，湖南省 GDP 超过 2 万亿元；2016 年，湖南省 GDP 超过 3 万亿元；2021 年，湖南省 GDP 达到 46 063.1亿元，位居全国第九位，接近 2002 年的 11.096 倍，GDP 稳步上升。

2021 年，按不变价格计算，湖南省 GDP 同比增长 7.7%。其中，第一产业增加值为 4 322.92 亿元，增长 9.3%；第二产业增加值为 18 126.09 亿元，增长 6.9%；第三产业增加值为 23 614.08 亿元，增长 7.9%。随着湖南省经济的迅速发展，三次产业结构也发生了相应的变化（见图 6-1）。2002 年，湖南省三次产业的比例为 20.4∶36.7∶42.9；2021 年，湖南省三次产业的比例调整为 9.38∶39.35∶51.26，产值结构呈现"三二一"的发展格局，表明湖南省的产业结构逐步优化。

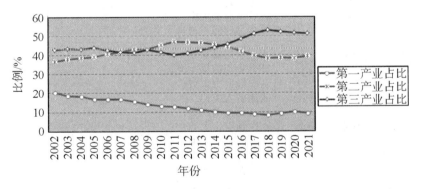

图 6-1 2002—2021 年湖南省三次产业比例

二、 湖南省高职教育专业与产业匹配情况

就业结构由产业结构决定，而高职教育的专业结构又受到就业结构的影响，因此高职教育专业结构的调整和改革方向应以产业结构为导向。2020 年，湖南省高职毕业生数量为 17.83 万人，比上年增加了 0.67 万人。教育部印发的《职业教育专业目录（2021 年）》（以下简称《目录》）显示，高职专科专业共 744 个。湖南省高职（高专）院校备案的专业达 443 个，覆盖率约为 60%，覆盖了 19 个专业大类。由 2021 年教育部公布的高职院校专业审批结果可知，湖南省共增设 29 个高职（专科）专业点，主要有四类，分别是医学类、中医类、公安类和教育类①。

《目录》主要根据产业分类进行专业划分，各产业与专业大类的对应关系如表 6-1 所示。

表 6-1　各产业与专业大类的对应关系

产业类别	专业大类
第一产业	①农林牧渔大类； ②水利大类
第二产业	①能源动力与材料大类； ②轻工纺织大类； ③生物与化工大类； ④土木建筑大类； ⑤装备制造大类； ⑥食品药品与粮食大类
第三产业	①交通运输大类； ②电子与信息大类； ③财经商贸大类； ④旅游大类； ⑤文化艺术大类； ⑥医药卫生大类； ⑦新闻传播大类； ⑧教育与体育大类； ⑨公安与司法大类； ⑩公共管理与服务大类； ⑪资源环境与安全大类

---

① 余蓉. 湖南新增 29 个高职（专科）专业点 27 个为教育类，今年起开始招生 [EB/OL]. (2021-02-11) [2024-06-30]. http://www.hunan.gov.cn/hnszf/hnyw/zwdt/202102/t20210211_14460006.html.

由表6-2可知，湖南省高职毕业生比例与产业结构存在着整体不协调的情况。其中，2016—2021年第一产业占GDP的比例的平均值为9.25%，而第一产业相关专业的毕业生比例不足2%，契合度较低。这可能是由于高职学生认为第一产业经济效益不高，从而不愿选择第一产业相关专业。"十四五"期间，湖南省大力发展符合当地资源禀赋的特色农业产业，高职院校应从数量和结构方面优化调整第一产业相关专业设置，加快特色农业人才队伍建设。

第二产业相关专业的毕业生平均比例为24.15%。湖南省作为制造业大省，第二产业占GDP的比例的平均值为39.35%，可见第二产业相关专业毕业生比例明显偏低。第三产业相关专业毕业生平均比例达到74.32%，而第三产业占GDP的比例平均值为51.40%。相比于2016年，2021年第三产业相关专业毕业生比例上升了6.31个百分点，整体而言第三产业相关专业毕业生比例过高。尽管第一产业和第二产业能吸纳少数第三产业相关专业的毕业生，但是第三产业相关专业的毕业生规模已超越湖南省所能吸纳的上限。基于上述分析，湖南省高职院校相应的毕业生规模和对接的产业发展情况存在结构性差异，笔者运用定量分析方法对两者的适配性进行分析。

表6-2　2016—2021年湖南省三次产业占GDP的比例与三次产业
相关专业的毕业生比例　　　　　　　单位:%

年度	第一产业产值占GDP的比例	第二产业产值占GDP的比例	第三产业产值占GDP的比例	第一产业专业毕业生比例	第二产业专业毕业生比例	第三产业专业毕业生比例
2016	9.45	41.95	48.60	1.63	27.55	70.82
2017	8.86	39.79	51.35	1.58	27.90	70.52
2018	8.49	38.27	53.24	1.67	25.02	73.31
2019	9.14	38.61	52.25	1.42	21.60	76.98
2020	10.15	38.15	51.70	1.26	21.60	77.14
2021	9.38	39.35	51.26	1.63	21.25	77.13
平均	9.25	39.35	51.40	1.53	24.15	74.32

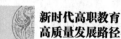
第二节 湖南省三次产业结构
与高职院校毕业生比例相关分析和回归分析

一、毕业生人数比率与产业结构匹配情况的相关分析

关于湖南省高职院校专业毕业生人数比例与产业发展之间契合度较低的问题，笔者首先对湖南省高职院校各专业的毕业生比例和湖南省三次产业比例进行相关分析，其次对相关系数较高的变量进行回归分析，即构建因变量为毕业生比例数据，自变量为相应产业比例数据的回归方程，并利用 F 检验统计量和 T 检验统计量对回归方程的显著性进行判定。该过程不仅能确定变量之间的相关性，还可以明确变量之间的数量关系，为进一步调整分析专业招生比例提供数据支撑。笔者挑选三次产业对应的高职院校专业代表大类，进行相关分析的专业大类如表 6-3 所示。

表 6-3 进行相关分析的专业大类

产业类别	选取的专业大类
第一产业	①农林牧渔大类
第二产业	①土木建筑大类； ②装备制造大类； ③轻工纺织大类
第三产业	①交通运输大类； ②电子信息大类； ③财经商贸大类； ④旅游大类； ⑤文化艺术大类； ⑥医药卫生大类； ⑦新闻传播大类； ⑧教育与体育大类； ⑨公安与司法大类； ⑩公共管理与服务大类； ⑪资源环境与安全大类

湖南省高职院校各专业的毕业生比例和湖南省三次产业比例的相关分析输出结果如表 6-4 所示。可以看出，第二产业对应的装备制造大类、轻工纺织大类，第三产业对应的电子信息大类、财经商贸大类、旅游大类、文化艺

术大类、公共管理与服务大类的毕业生比例与三次产业比例存在显著的相关性，而第一产业对应的农林牧渔大类，第三产业对应的交通运输大类、医药卫生大类、新闻传播大类、教育与体育大类、公安与司法大类以及资源环境与安全大类的毕业生比例与三次产业比例相关性在统计上不显著。

表 6-4　相关分析输出结果

相应专业 大类毕业生 比例	相关系数	第一产业 比率	第二产业 比率	第三产业 比率
农比例	相关系数	−0.522	0.319	−0.058
	Sig.（单侧）	0.144	0.269	0.457
土比例	相关系数	−0.257	0.600	−0.200
	Sig.（单侧）	0.311	0.104	0.352
制造比例	相关系数	−0.314	0.657*	−0.429
	Sig.（单侧）	0.272	0.078	0.198
轻工比例	相关系数	0.406	−0.812**	0.435
	Sig.（单侧）	0.212	0.025	0.194
交通比例	相关系数	0.429	−0.314	0.086
	Sig.（单侧）	0.198	0.272	0.436
电子比例	相关系数	0.143	−0.657*	0.257
	Sig.（单侧）	0.394	0.078	0.311
财经比例	相关系数	−0.029	−0.829**	0.771**
	Sig.（单侧）	0.479	0.021	0.036
旅游比例	相关系数	0.657*	−0.200	−0.371
	Sig.（单侧）	0.078	0.352	0.234
文化比例	相关系数	0.771**	0.314	−0.771**
	Sig.（单侧）	0.036	0.272	0.036
医药比例	相关系数	−0.257	0.429	−0.143
	Sig.（单侧）	0.311	0.198	0.394

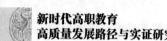

表6-4(续)

相应专业大类毕业生比例	相关系数	第一产业比率	第二产业比率	第三产业比率
新闻比例	相关系数	0.543	−0.429	0.143
	Sig.（单侧）	0.133	0.198	0.394
教育比例	相关系数	0.429	−0.543	0.086
	Sig.（单侧）	0.198	0.133	0.436
公安比例	相关系数	−0.429	0.543	−0.086
	Sig.（单侧）	0.198	0.133	0.436
公共比例	相关系数	0.371	0.600	−0.886***
	Sig.（单侧）	0.234	0.104	0.009
资源比例	相关系数	0.429	0.200	−0.314
	Sig.（单侧）	0.198	0.352	0.272

注：①* 表示在显著性水平为 0.05 时，相关性是显著的；** 表示在显著性水平为 0.01 时，相关性是显著的。

②考虑图表中表述的需要，三次产业中对应的有代表性的高职院校专业大类的毕业生比例使用简称，比如农林牧渔大类的毕业生比例简称为农比例，土木建筑大类的毕业生比例简称为土比例，交通运输大类的毕业生比例简称为交通比例，依此类推，下同。

二、毕业生人数比例与产业结构匹配情况的回归分析

在相关分析的基础上，笔者选取毕业生比例与产业结构存在显著相关性的七个专业大类进行回归分析。在构建三次产业结构对应专业大类的回归模型之前，笔者提出如下假设：若三次产业均为零时，则与第二产业对应的装备制造大类毕业生比例、轻工纺织大类毕业生比例，以及与第三产业对应的各专业大类毕业生比例的估计值应为零。因此，为精准地分析出湖南省三次产业结构对高职院校对应专业大类招生的影响，笔者进行无常数项的回归分析。

笔者以制造比例为因变量，第二产业比例为自变量，第一产业比例、第三产业比例为控制变量（预测变量）建立回归方程（见表6-5至表6-7）。

表 6-5　模型汇总

模型	R	R 方	调整 R 方	标准估计的误差
1	0.999	0.998	0.996	0.009 89

注：预测变量：第三产业比例、第一产业比例、第二产业比例。

表 6-6　方差分析表

模型		平方和	df	均方	F	Sig.
1	回归	0.134	3	0.045	456.699	0.000
	残差	0.000	3	0.000		
	总计	0.134	6			

注：①预测变量：第三产业比例，第一产业比例，第二产业比例。

②因变量：制造比例。

表 6-7　回归系数

模型		非标准化系数		标准系数	t	Sig.
		B	标准误差	试用版		
1	第一产业比例	-0.985	0.724	-0.610	-1.361	0.267
	第二产业比例	0.556	0.205	1.464	2.713	0.073
	第三产业比例	0.042	0.140	0.143	0.298	0.785

注：因变量：制造比例。

由上述分析结果可以得到以下回归方程：

$$Y_1 = -0.985X_1 + 0.556X_2 + 0.042X_3 + \varepsilon$$

其中，Y_1 为装备制造大类专业毕业生比例，X_1 为第一产业比例，X_2 为第二产业比例，X_3 为第三产业比例。由表 6-5 可知，模型调整的拟合优度 R 方为 0.996，说明所构建的多元线性回归方程对原始数据的拟合效果很好。由表 6-6 可知，F 检验统计量为 456.699，对应的 P 值小于显著性水平 0.05，这表明所构建的多元线性回归方程整体显著。由表 6-7 可知，第二产业比例回归系数的 t 检验统计量为 2.713，对应的 P 值为 0.073，小于显著性水平 0.1，因此拒绝原假设，即该回归系数显著。

笔者采用同样的分析方法，构建第二产业对应的轻工比例以及第三产业对应的电子比例、财经比例、旅游比例、文化比例、公共比例的回归方程如下：

$$轻工比例：Y_2 = 0.167X_1 - 0.052X_2 + 0.012X_3 + \varepsilon$$

$$电子比例：Y_3 = 1.172X_1 - 0.527X_2 + 0.414X_3 + \varepsilon$$

$$财经比例：Y_4 = 1.013X_1 - 0.293X_2 + 0.384X_3 + \varepsilon$$

$$旅游比例：Y_5 = 0.204X_1 + 0.009X_2 + 0.007X_3 + \varepsilon$$

$$文化比例：Y_6 = 0.307X_1 + 0.060X_2 - 0.001X_3 + \varepsilon$$

$$公共比例：Y_7 = 0.127X_1 + 0.030X_2 - 0.020X_3 + \varepsilon$$

从上述构建的回归方程可知，在轻工比例回归方程中，第二产业比例的回归系数为-0.052，这说明在其他条件保持不变的情况下，第二产业比例每增加一个百分点，高职院校轻工比例平均下降5.2个百分点。这可能是由于我国轻工纺织领域逐步向智能化产业升级，导致对中低层次专业人才需求在减少。

在电子比例、财经比例、旅游比例回归方程中，第三产业比例的回归系数分别为0.414、0.384和0.007，这说明在其他条件保持不变的情况下，第三产业比例每增加一个百分点，高职院校电子比例、财经比例和旅游比例分别平均增加41.4个、38.4个和0.7个百分点。

在文化比例、公共比例回归方程中，第三产业比例的回归系数分别为-0.001和-0.020，这说明在其他条件保持不变的情况下，第三产业比例每增加一个百分点，高职院校文化比例和公共比例分别平均减少0.1个和2个百分点。

第三节 湖南省三次产业产值 预测与高职院校毕业生比例的调整

一、基于自适应过滤法对时间序列的建模

笔者通过以上分析发现，部分专业大类毕业生比例和产业比例存在显著的相关性。因此，预测三次产业比例的变化趋势可以为高职院校专业大类招生比例调整提供理论依据。笔者分别对湖南省三次产业产值利用时间序列建

模并且对后几年产值进行预测。

为了精确地预测出最近一年或几年的湖南省三次产业产值情况，考虑到时间序列具有长期趋势变动或季节性变动，笔者运用自适应过滤法对2021—2026年湖南省三次产业的产值展开预测。

自适应过滤法与移动平均法、指数平滑法一样，需要收集过去已发生的数据，然后对收集的实际值进行加权平均的预测技术。采用这种方法常常可以取得优于指数平滑法和移动平均法的预测结果。笔者以湖南省2002—2021年的三次产业的产值数据为基础，通过权数调整的具体步骤，来具体说明自适应过滤法的应用过程。预测湖南省三次产业2021—2026年的产值时，首先必须确定加权平均的权数个数和初始权数。这里定义 P 为加权平均的权数个数，φ_1 和 φ_2 为两个初始权数，按照以往经济学家通常的做法，取

$$\varphi_1 - \varphi_2 - \frac{1}{P} - \frac{1}{2} - 0.5$$

笔者运用已获得的前 P 个实际数据求出下一期的预测值：

$$\hat{x}_{p+1} = \varphi_1 x_p + \varphi_2 x_{p-1}$$

在求出预测值之后，笔者根据预测误差计算公式 $e_{p+1} = x_{p+1} - \hat{x}_{p+1}$ 求出误差，并通过预测误差进一步调整权数，即

$$\varphi_i' = \varphi_i + 2ke_{p+1}x_{p-i+1}$$

其中，k 为学习常数，可以影响权数收敛的速度。本书按照维德罗（Widrow）提出的权数收敛的重要条件来确定学习常数 k，即

$$k \leqslant \frac{1}{\left[\sum_{i=1}^{p} \hat{x}_i^2\right]_{\max}}$$

在得到新的权数之后，笔者返回计算第 $P+2$ 期预测值，并通过第 $P+2$ 期的实际值与预测值的差异对权数进行再一次的调整，不断反复迭代，直到预测误差调整至较低水平或预测值变化不大时停止迭代。

二、2021—2026年湖南省三次产业预测值

笔者用模型估计出2021年的第一产业、第二产业、第三产业增加值分别为4 713.186亿元、17 095.524亿元、23 445.732亿元，与实际值差距分别为9.028%、6.028%、0.718%，因此有一定理论意义。笔者利用模型可以估计

2021—2026 年湖南省三次产业产值如表 6-8 所示。

表 6-8　2021—2026 年湖南省三次产业产值　　　单位：亿元

项目	年份	第一产业 GDP	第二产业 GDP	第二产业 GDP
实际值	2021	4 322.900	18 126.100	23 614.100
预测值	2021	4 713.186	17 095.524	23 445.732
	2022	4 801.000	19 314.899	25 108.852
	2023	5 116.834	21 222.078	27 051.999
	2024	5 561.253	22 980.879	28 962.526
	2025	5 987.977	25 057.117	31 101.404
	2026	6 476.270	27 232.120	33 350.245

因此，2022—2026 年湖南省三次产业 GDP 比例预测值如表 6-9 所示。

表 6-9　2022—2026 年湖南省三次产业比例预测值　　　单位：%

年份	第一产业占 GDP 比例	第二产业占 GDP 比例	第三产业占 GDP 比例
2022	9.75	39.24	51.01
2023	9.58	39.75	50.67
2024	9.67	39.96	50.37
2025	9.64	40.32	50.05
2026	9.66	40.61	49.73
平均值	9.66	39.98	50.36

三、2022—2026 年湖南省高职毕业生比例预测值

笔者将 2022—2026 年湖南省三次产业比例预测平均值分别代入高职院校专业大类比例的回归方程，可以得出 2022—2026 年湖南省高职院校毕业生比例预测值（见表 6-10）。

表 6-10　2022—2026 年湖南省高职毕业生比例预测值

高职毕业比例	线性回归方程	预测值
制造比例	$Y_1 = -0.985X_1 + 0.556X_2 + 0.042X_3 + \varepsilon$	0.148 3
轻工比例	$Y_2 = 0.167X_1 - 0.052X_2 + 0.012X_3 + \varepsilon$	0.001 4
电子比例	$Y_3 = 1.172X_1 - 0.527X_2 + 0.414X_3 + \varepsilon$	0.111 0
财经比例	$Y_4 = 1.013X_1 - 0.293X_2 + 0.384X_3 + \varepsilon$	0.174 1
旅游比例	$Y_5 = 0.204X_1 + 0.009X_2 + 0.007X_3 + \varepsilon$	0.026 8
文化比例	$Y_6 = 0.307X_1 + 0.060X_2 - 0.001X_3 + \varepsilon$	0.053 1
公共比例	$Y_7 = 0.127X_1 + 0.030X_2 - 0.020X_3 + \varepsilon$	0.014 2

由表 6-10 可知，2022—2026 年，湖南省高职院校毕业生人数比例的变化情况。其中，轻工纺织大类毕业生比例为 0.14%，基本与 2021 年的数据持平，这意味着该大类的招生情况基本符合目前湖南省的经济发展水平及对人才的需求结构；装备制造大类的毕业生比例为 14.83%，2021 年该大类的毕业生比例为 14.07%，即相比于 2021 年提高了 0.76 个百分点，意味着该大类的人才需求在提高。这符合"十四五"期间湖南省提出的重点实施先进装备制造业倍增、战略性新兴产业培育、智能制造赋能、食品医药创优等工程，打造国家重要先进制造业高地的"三高四新"战略对土木建筑大类、装备制造大类专业人才的需求。

电子信息大类毕业生比例为 11.10%，旅游大类毕业生比例为 2.68%，文化艺术大类毕业生比例为 5.31%、公共管理与服务大类毕业生比例为 1.42%，相比于 2021 年分别降低了 1.89 个、0.23 个、0.34 个和 0.53 个百分点。这意味着，湖南省电子信息行业、旅游行业、文化艺术行业、公共管理与服务行业对高职毕业生的需求显现下降趋势。

此外，财经商贸大类毕业生比例为 17.41%，相比于 2021 年提高了 0.34 个百分点。这意味着，湖南省对财经商贸大类的人才需求在提高，符合《湖南省"十四五"服务业发展规划》中提出顺应新时代产业发展新趋势，大力推动服务业融合化、数字化、协同化发展的目标。

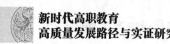
第四节　武陵山片区教育支出对居民收入差距的影响

一、教育支出对居民收入分配差距模型的构建

为了考察教育投资对城乡收入差距的边际递增影响，本节将城镇人均居民可支配收入与农村人均纯收入的比值作为被解释变量，将地区人均公路里程、人均农林水利事务支出、人均固定资产投资以及人均社会保障就业支出等变量作为控制变量后，在模型中添加了人均教育支出的一次项和二次项两个自变量。模型形式如下：

$$\mathrm{In}gap_{it} = \beta_0 + \beta_1 \mathrm{In}edu_{it} + \beta_2 (\mathrm{In}edu_{it})^2 + \beta_3 \mathrm{In}lighway_{it} + \beta_4 \mathrm{In}invest_{it} +$$
$$\beta_5 \mathrm{In}emprate_{it} + \beta_6 \mathrm{In}secur_{it} + \beta_7 \mathrm{In}agri_{it} + u_{it}$$

其中，gap_{it} 表示第 i 个地区第 t 年的城乡人均可支配收入差距，edu_{it} 表示第 i 个地区第 t 年的人均教育经费支出，$lighway_{it}$ 表示第 i 个地区第 t 年的人均公路里程，$invest_{it}$ 表示第 i 个地区第 t 年的人均固定资产投资额，$emprate_{it}$ 表示第 i 个地区第 t 年的就业率，$secur_{it}$ 表示第 i 个地区第 t 年的人均社会保障与就业支出，$agri_{it}$ 表示第 i 个地区第 t 年的人均农林水利事务支出。

二、数据的描述性分析

笔者对湖南省湘西州、怀化市、张家界市，重庆市黔江区，贵州省铜仁市，湖北省恩施州六个主要区域 2010—2016 年的数据进行描述性统计。各变量的描述性统计分析如表 6-11 所示。

表 6-11　各变量的描述性统计分析

变量	样本	均值	标准差	最小值	最大值
Ingap	总体	1.127 3	0.099 2	0.927 5	1.339 8
	组间		0.041 3	1.063 3	1.180 7
	组内		0.091 5	0.891 4	1.286 4

表 6-11（续）

变量	样本	均值	标准差	最小值	最大值
ln*edu*	总体	-0.322 8	0.391 8	-1.125 9	0.296 2
	组间		0.136 7	-0.469 9	-0.067 5
	组内		0.370 9	-1.059 3	0.186 6
ln*edu*2	总体	0.254 1	0.370 0	0.000 0	1.267 7
	组间		0.087 3	0.116 7	0.343 8
	组内		0.361 1	-0.086 5	1.177 9
ln*highway*	总体	-5.245 1	0.203 4	-5.479 3	-4.805 3
	组间		0.202 1	-5.470 1	-4.898 4
	组内		0.080 6	-5.409 1	-4.963 1
ln*invest*	总体	9.624 3	0.594 5	8.351 8	10.923 5
	组间		0.453 8	9.135 1	10.462 6
	组内		0.421 5	8.276 0	10.201 7
ln*emprate*	总体	-2.915 1	0.132 3	-3.239 7	-2.554 5
	组间		0.103 2	-3.031 4	-2.739 4
	组内		0.091 7	-3.156 2	-2.730 2
ln*secur*	总体	6.657 7	0.335 1	5.658 1	7.200 5
	组间		0.173 1	6.369 4	6.862 4
	组内		0.294 5	5.946 5	7.340 1
ln*agri*	总体	6.855 7	0.403 3	5.943 0	7.440 8
	组间		0.263 4	6.480 2	7.215 0
	组内		0.321 6	6.285 8	7.427 6
id	总体	3.5	1.728 5	1	6
	组间		1.870 8	1	6
	组内		0	3.5	3.5
year	总体	2013	2.024 2	2010	2016
	组间		0	2013	2013
	组内		2.024 2	2010	2016

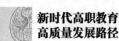
从表 6-11 可以看出,城乡收入差距的组间标准差为 0.041 3,组内标准差为 0.091 5,意味着地区内部不同年份之间城乡人均可支配收入差距较大;人均教育经费投入的组间标准差与组内标准差分别为 0.136 7、0.370 9,这意味着同一时间内地区与地区之间的教育投入差异较小,但是同一个地区不同年份之间的差异较大。

表 6-11 显示,id 的组内标准差为 0,这是由于分在同一组的数据同属于一个地区。$year$ 的组间标准差为 0,这是由于不同区域的取值是相同的。

三、 教育支出对居民收入分配差距的实证分析

(一) 变量的单位根检验

考虑到样本为面板数据,每个地区均包含了七个时期的观测值,各地区的时间序列容易存在单位根,即非平稳序列。若运用存在单位根的非平稳序列进行回归,会导致传统 T 检验无效以及相互独立的两个变量之间出现伪回归。

为避免变量之间出现伪回归问题,笔者应进行面板数据是否平稳的单位根检验。为此,笔者运用 PP-Fisher 对武陵山片区的城乡人均可支配收入差距、人均教育经费投入、人均公路里程等数据进行单位根检验。各变量的 PP-Fisher 检验结果如表 6-12 所示。

表 6-12　各变量的 PP-Fisher 检验结果

变量	卡方值	P 值	结果
lngap	82.784 4	0.000 0	平稳
lnedu	33.695 1	0.000 8	平稳
ln$highway$	84.401 7	0.000 0	平稳
ln$invest$	62.723 9	0.000 0	平稳
ln$emprate$	26.286 7	0.009 8	平稳
ln$secur$	59.482 1	0.000 0	平稳
ln$agri$	41.759 8	0.000 0	平稳

由表 6-12 可知,城乡人均可支配收入差距的 PP-Fisher 检验值为 82.784 4,对应的 P 值均小于 0.01,表明在 1% 的显著性水平下可以拒绝 "存在单位根"

的原假设，即认为两个序列是平稳的。人均教育经费投入的 PP-Fisher 检验值为 33.695 1，对应的 P 值为 0.000 8，表明应强烈拒绝"存在单位根"的原假设，即认为该序列是平稳的。同理，笔者判断出人均公路里程、人均固定资产投资等所有控制变量序列也不存在单位根。

（二）城乡收入差距影响因素的回归结果

为了探讨人均教育支出对城乡人均可支配收入差距的影响，笔者将城镇人均居民可支配收入与农村人均纯收入的比值作为因变量，将人均教育经费投入的水平项及其平方项作为解释变量，用反映地区交通基础设施投入的人均公路里程、人均固定资产投资、年末在岗职工人数与地区年末总人口之比（表示地区就业率）、人均社会保障就业以及人均农林水利事务支出作为控制变量，构建了固定效应模型（FE）与广义最小二乘法（FGLS）模型。城乡收入差距影响因素的回归结果如表 6-13 所示。

表 6-13　城乡收入差距影响因素的回归结果

解释变量	因变量：城乡收入差距对数值	
	FE	FGLS
人均教育经费投入	0.001 9	−0.018 6
	（0.991）	（0.560）
人均教育经费投入平方	−0.048 1	−0.050 6
	（0.681）	（0.125）
人均公路里程	−0.072 8	−0.102 7[*]
	（0.770）	（0.069）
人均固定资产投资额	0.149 8[**]	0.107 5[***]
	（0.036）	（0.006）
就业率	−0.154 3	−0.042 9
	（0.438）	（0.383）
人均社会保障就业支出	0.071 3	0.110 9[**]
	（0.586）	（0.030）
人均农林水利事务支出	−0.453 9[***]	−0.384 9[***]
	（0.006）	（0.000）
怀化市		−0.255 5[***]
		（0.000）

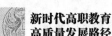

表6-13(续)

解释变量	因变量：城乡收入差距对数值	
	FE	FGLS
张家界市		-0.111 5***
		(0.000)
铜仁市		0.076 1
		(0.186)
黔江区		-0.084 4
		(0.174)
恩施州		-0.082 9*
		(0.080)
常数项	1.503 1	1.412 2***
	(0.351)	(0.001)
样本量	42	42

对广义最小二乘法模型，表6-13显示大部分地区虚拟变量都显著，说明存在个体效应。在保持其他变量不变时，人均教育经费支出的水平项与二次项同为负，表明 $lnedu$ 对 $lngap$ 的边际效应不是一个常数，而是取决于 $lnedu$ 的水平。当人均教育经费支出每增加 1% 时，会使地区城乡收入差距缩小 0.018 6+0.050 6lnedu，即

$$\%\Delta gap \approx (-0.018\ 6 - 2 \times 0.050\ 6lnedu)\ \%\Delta edu$$

例如，edu 从 1% 增加到 2% 将使得城乡收入差距缩小约 0.018 6+0.050 6×1=0.069 2%；edu 从 2% 增加到 3% 将使得城乡收入差距缩小约 0.018 6+0.050 6×2=0.119 8%。这意味着，人均教育经费支出对缩小城乡收入差距存在正向的递增影响。

此外，人均公路里程、就业率与人均农林水利事务支出的系数均与城乡收入差距负相关。这表明，在控制其他变量之后，增加地区的交通基础设施投入、就业人数、农林水利事务投入能缩小地区城乡收入差距。

第五节　教育投入对居民收入递增效应的实证研究

一、 教育投入对居民收入递增效应模型的构建

本节选择武陵山片区具有地区代表性的湖南省湘西州、怀化市、张家界市，重庆市黔江区，贵州省铜仁市，湖北省恩施州在内的六个主要区域 2010—2016 年的数据进行研究。该区域的数据对武陵山片区具有较好的代表意义。2011 年出台的《武陵山片区区域发展与扶贫攻坚规划（2011—2020）》明确提出，构建以这六个区域为中心城市的"六中心四轴线"空间结构。部分学者也运用该区域数据来类比武陵山片区数据，比如陈霞（2015）运用这六个区域的数据比较分析武陵山片区和发达地区的教育投资存量。本节所有数据均来自湖南省、贵州省、重庆市以及湖北省 2011—2017 年的统计年鉴。

本节重点探讨教育投资对人均可支配收入是否存在递减或递增的边际效应，因此选择地区人均可支配收入作为被解释变量，人均教育经费投入的水平项及其平方项作为解释变量。同时，为了进一步考察教育投资对城乡人均可支配收入差距的影响，本节还将城镇人均居民可支配收入与农村人均纯收入的比值作为被解释变量。

基于学者以往的研究与经验分析，本节选取了以下五个控制变量：反映地区交通基础设施投入的人均公路里程、人均固定资产投资、年末在岗职工人数与地区年末总人口之比（表示地区就业率）、人均社会保障就业以及人均农林水利事务支出。此外，为剔除时间序列的异方差与缩小变量的取值范围，本节对所有变量均取自然对数。

首先，我们考虑如下模型：

$$\text{In}inc_{it} = \beta_0 + \beta_1 \text{In}edu_{it} + \beta_2 (\text{In}edu_{it})^2 + \beta_3 \text{In}lighway_{it} + \beta_4 \text{In}invest_{it} + \beta_5 \text{In}emprate_{it} + \beta_6 \text{In}secur_{it} + \beta_7 \text{In}agri_{it} + u_{it}$$

其中，inc_{it} 表示第 i 个地区第 t 年的人均可支配收入，edu_{it} 表示第 i 个地区第 t 年的人均教育经费支出，$lighway_{it}$ 表示第 i 个地区第 t 年的人均公路里程，$invest_{it}$ 表示第 i 个地区第 t 年的人均固定资产投资额，$emprate_{it}$ 表示第 i 个地区

第 t 年的就业率，$secur_{it}$ 表示第 i 个地区第 t 年的人均社会保障与就业支出，$agri_{it}$ 表示第 i 个地区第 t 年的人均农林水利事务支出。

为了进一步考察教育投资对城乡收入差距的影响，本节还构建了以城镇人均居民可支配收入与农村人均纯收入的比值作为被解释变量的如下模型：

$$\ln gap_{it} = \beta_0 + \beta_1 \ln edu_{it} + \beta_2 (\ln edu_{it})^2 + \beta_3 \ln lighway_{it} + \beta_4 \ln invest_{it} +$$
$$\beta_5 \ln emprate_{it} + \beta_6 \ln secur_{it} + \beta_7 \ln agri_{it} + u_{it}$$

其中，gap_{it} 表示第 i 个地区第 t 年的城乡人均可支配收入差距。

二、数据的描述性分析

首先，笔者对上述六个主要区域 2010—2016 年的数据进行描述性统计（见表6-14）。

表6-14　各变量的描述性统计分析

变量	样本	均值	标准差	最小值	最大值
ln*inc*	总体	9.403 1	0.285 4	8.899 8	10.112 6
	组间		0.203 3	9.244 7	9.781 7
	组内		0.214 9	9.017 4	9.733 9
ln*gap*	总体	1.127 3	0.099 2	0.927 5	1.339 8
	组间		0.041 3	1.063 3	1.180 7
	组内		0.091 5	0.891 4	1.286 4
ln*edu*	总体	-0.322 8	0.391 8	-1.125 9	0.296 2
	组间		0.136 7	-0.469 9	-0.067 5
	组内		0.370 9	-1.059 3	0.186 6
ln*edu*2	总体	0.254 1	0.370 0	0.000 0	1.267 7
	组间		0.087 3	0.116 7	0.343 8
	组内		0.361 1	-0.086 5	1.177 9
ln*highway*	总体	-5.245 1	0.203 4	-5.479 3	-4.805 3
	组间		0.202 1	-5.470 1	-4.898 4
	组内		0.080 6	-5.409 1	-4.963 1
ln*invest*	总体	9.624 3	0.594 5	8.351 8	10.923 5
	组间		0.453 8	9.135 1	10.462 6
	组内		0.421 5	8.276 0	10.201 7

表6-14(续)

变量	样本	均值	标准差	最小值	最大值
Inemprate	总体	-2.915 1	0.132 3	-3.239 7	-2.554 5
	组间		0.103 2	-3.031 4	-2.739 4
	组内		0.091 7	-3.156 2	-2.730 2
Insecur	总体	6.657 7	0.335 1	5.658 1	7.200 5
	组间		0.173 1	6.369 4	6.862 4
	组内		0.294 5	5.946 5	7.340 1
Inagri	总体	6.855 7	0.403 3	5.943 0	7.440 8
	组间		0.263 4	6.480 2	7.215 0
	组内		0.321 6	6.285 8	7.427 6
id	总体	3.5	1.728 5	1	6
	组间		1.870 8	1	6
	组内		0	3.5	3.5
year	总体	2 013	2.024 2	2 010	2 016
	组间		0	2 013	2 013
	组内		2.024 2	2 010	2 016

从表6-14可以看出,无论是从整个样本人均可支配收入还是从组间和组内的人均可支配收入来看,人均可支配收入的标准差都相差不大。但是,从城乡收入差距来看,组间标准差为0.041 3,组内标准差为0.091 5,意味着地区内部不同年份之间城乡人均可支配收入差距较大。人均教育经费投入的组间标准差与组内标准差分别为0.136 7、0.370 9,意味着同一时间内地区与地区之间的教育投入差异较小,但是同一个地区不同年份之间的差异较大。

表6-14显示,id的组内标准差为0,这是由于分在同一组的数据是同属于一个地区的,year的组间标准差为0,这是由于不同区域的取值是相同的。

三、教育投入对居民收入递增效应的实证分析

(一) 变量的单位根检验

考虑到样本为面板数据，每个地区均包含了七个时期的观测值，各地区的时间序列容易存在单位根，即非平稳序列。若运用存在单位根的非平稳序列进行回归，会导致传统 T 检验无效以及相互独立的两个变量之间出现伪回归。

为避免变量之间出现伪回归问题，笔者进行面板数据是否平稳的单位根检验。笔者运用 PP-Fisher 对武陵山片区的人均可支配收入、人均教育经费投入、人均公路里程等数据进行单位根检验。各变量的 PP-Fisher 检验结果如表6-15 所示。

表6-15   各变量的 PP-Fisher 检验结果

变量	卡方值	P 值	结果
Ininc	126. 124 3	0. 000 0	平稳
Ingap	82. 784 4	0. 000 0	平稳
Inedu	33. 695 1	0. 000 8	平稳
In$highway$	84. 401 7	0. 000 0	平稳
In$invest$	62. 723 9	0. 000 0	平稳
In$emprate$	26. 286 7	0. 009 8	平稳
In$secur$	59. 482 1	0. 000 0	平稳
In$agri$	41. 759 8	0. 000 0	平稳

表6-15 显示，人均可支配收入与城乡人均可支配收入差距的 PP-Fisher 检验值分别为 126. 124 3、82. 784 4，并且对应的 P 值均小于 0. 01，表明在 1% 的显著性水平下可以拒绝"存在单位根"的原假设，即认为两个序列是平稳的。人均教育经费投入的 PP-Fisher 检验值为 33. 695 1，对应的 P 值为 0. 000 8，表明应强烈拒绝"存在单位根"的原假设，即认为该序列是平稳的。同理，笔者判断出人均公路里程、人均固定资产投资等所有控制变量序列也不存在单位根。

（二）模型选择

为选择出最佳模型形式，笔者需要对混合效应、固定效应以及随机效应模型两两进行比较，分别运用 Wald 检验与 LR 检验比较混合效应与固定效应模型，运用 LM 检验比较混合效应与随机效应模型检验，运用豪斯曼（Hausman）检验比较随机效应与固定效应模型。模型检验结果如表 6-16 所示。

表 6-16　模型检验结果

变量	统计量	统计量值	P 值
混合效应与固定效应	Wald 检验	77.38	0.000 0
	LR 检验	69.34	0.000 0
混合效应与随机效应	LM 检验（单尾）	9.27	0.000 0
	LM 检验（双尾）	85.86	0.000 0
	LM 检验（联合）	88.67	0.000 0
随机效应与固定效应	Hausman 检验	31.63	0.000 0

由表 6-16 可知，在对混合效应与固定效应模型进行比较时，Wald 检验的统计量 F 值为 77.38，对应的 P 值为 0.000 0，LR 检验的 LR 值为 69.34，对应的 P 值为 0.000 0。这表明，F 检验和 LR 检验均强烈拒绝"不存在个体效应"的原假设，应建立固定效应模型。

在对混合效应与随机效应模型进行比较时，经检验，单尾、双尾以及联合 LM 检验统计量值分别为 9.27、85.86、88.67。这表明不管是单尾、双尾还是联合 LM 检验均显示应拒绝"不存在个体随机效应"的原假设，应该建立随机效应模型。

在对随机效应与固定效应模型进行比较时，经豪斯曼检验，拒绝随机效应，应选择固定效应模型。因此，可以认为固定效应模型为最优模型形式。

（三）面板数据检验

由于笔者基于的数据是 2010—2016 年六个主要区域的面板数据，因此在选择固定效应模型之后还需要进一步确定是否存在组间异方差、组内序列相关以及组间截面相关等。面板数据检验结果如表 6-17 所示。

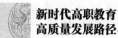
表 6-17　面板数据检验结果

检验类型	统计量	统计量值	P 值
组间异方差检验	LR 检验	79.44	0.000 0
组内自相关检验	Wooldridge 检验	21.885	0.005 4
截面相关检验	Pesaran 检验	2.447	0.014 4
	Friedman 检验	12	0.034 8

由表 6-17 可知，在检验面板数据是否存在组间异方差时，LR 检验的 LR 值为 79.44，对应的 P 值为 0.000 0。这表明，LR 检验强烈拒绝"组内同方差"的原假设，存在组间异方差。

在检验面板数据是否存在组内自相关时，Wooldridge 检验的 F 值为 21.885，对应的 P 值为 0.005 4。这表明，在 1% 的显著性水平下应拒绝"不存在组内自相关"的原假设，存在组内序列相关。

在检验面板数据是否存在组间截面相关时，Pesaran 检验值为 2.447，对应的 P 值为 0.014 4；Friedman 检验值为 12.000，对应的 P 值为 0.034 8，这两种检验的 P 值均小于 0.05，因此拒绝"不存在截面相关"的原假设，即存在组间截面相关。

（四）模型修正（FGLS）

1. 人均可支配收入影响因素的回归结果

前文已判断出固定效应模型为最优模型形式，但是经检验面板数据存在组间异方差、组内序列相关以及组间截面相关。因此，笔者运用广义最小二乘法（FGLS）处理组间异方差、组内序列相关以及组间截面相关等问题，进一步修正固定效应模型。人均可支配收入影响因素的回归结果如表 6-18 所示。

表 6-18　人均可支配收入影响因素的回归结果

解释变量	因变量：人均可支配收入对数值	
	FE	FGLS
人均教育经费投入	0.317 6***	0.310 1***
	(0.001)	(0.000)

表6-18（续）

解释变量	因变量：人均可支配收入对数值	
	FE	FGLS
人均教育经费投入的平方	0.160 5 **	0.177 6 ***
	(0.013)	(0.000)
人均公路里程	0.091 2	0.098 6 ***
	(0.487)	(0.000)
人均固定资产投资额	0.157 2 ***	0.178 8 ***
	(0.000)	(0.000)
就业率	−0.096 3	−0.119 5 ***
	(0.357)	(0.000)
人均社会保障就业支出	0.204 3 ***	0.178 8 ***
	(0.005)	(0.000)
人均农林水利事务支出	0.096 3	0.119 3 ***
	(0.236)	(0.000)
怀化市		0.077 0 ***
		(0.000)
张家界市		−0.006 2
		(0.560)
铜仁市		0.379 8 ***
		(0.000)
黔江区		−0.066 0
		(0.000)
恩施州		0.100 6 ***
		(0.000)
常数项	9.129 3 ***	5.817 1 ***
	(0.000)	(0.000)
样本量	42	42

由表6-18可知，对于固定效应模型而言，在保持其他变量不变时，人均教育经费支出的水平项与二次项具有相同的符号，且都为正，表明 $lnedu$ 对 $lninc$ 的边际效应不是一个常数，而是取决于 $lnedu$ 的水平，当人均教育经费支出每增加1%时，当期地区人均可支配收入增加 0.317 6+0.321$lnedu$ ，即

$$\%\Delta inc \approx (0.317\ 6 + 2 \times 0.160\ 5Inedu)\ \%\Delta edu$$

例如，edu 从 1% 增加到 2% 将使得人均可支配收入提高约 0.317 6+0.321×1=0.638 6%；edu 从 2% 增加到 3% 将使得人均可支配收入提高约 0.317 6+0.321×2=0.959 6%。这意味着，人均教育经费支出对人均可支配收入存在较强递增影响。

从控制变量来看，人均固定资产投资与人均社会保障就业支出的系数分别为 0.157 2、0.204 3，且对应的 P 值均小于 0.01。这表明，在控制其他变量之后，增加地区的人均固定资产投资与人均社会保障就业支出能显著提高当地人均可支配收入。

对于广义最小二乘法模型而言，表 6-18 显示大部分地区的虚拟变量都显著，说明存在个体效应。人均教育经费支出的水平项与二次项的影响方向同样都为正，其大小与固定效应模型中的影响大小基本一致。就业率与人均可支配收入负相关，与预期相反，这可能是由于本节用年末在岗职工人数代替就业人数，且不包括私营单位的从业人员有关。此外，其他控制变量比如人均公路里程、人均固定资产投资与人均社会保障就业支出等都能显著提高当地人均可支配收入。

2. 城乡收入差距影响因素的回归结果

为进一步考察人均教育支出对城乡人均可支配收入差距的影响，笔者将城镇人均居民可支配收入与农村人均纯收入的比值作为因变量，解释变量与控制变量保持不变，重新构建固定效应模型（FE）与广义最小二乘法（FGLS）模型。城乡收入差距影响因素的回归结果如表 6-19 所示。

表 6-19　城乡收入差距影响因素的回归结果

解释变量	因变量：城乡收入差距对数值	
	FE	FGLS
人均教育经费投入	0.001 9	−0.018 6
	(0.991)	(0.560)
人均教育经费投入的平方	−0.048 1	−0.050 6
	(0.681)	(0.125)
人均公路里程	−0.072 8	−0.102 7[*]
	(0.770)	(0.069)

表6-1(续)

解释变量	因变量：城乡收入差距对数值	
	FE	FGLS
人均固定资产投资额	0.149 8**	0.107 5***
	(0.036)	(0.006)
就业率	−0.154 3	−0.042 9
	(0.438)	(0.383)
人均社会保障就业支出	0.071 3	0.110 9**
	(0.586)	(0.030)
人均农林水利事务支出	−0.453 9***	−0.384 9***
	(0.006)	(0.000)
怀化市		−0.255 5***
		(0.000)
张家界市		−0.111 5***
		(0.000)
铜仁市		0.076 1
		(0.186)
黔江区		−0.084 4
		(0.174)
恩施州		−0.082 9*
		(0.080)
常数项	1.503 1	1.412 2***
	(0.351)	(0.001)
样本量	42	42

对于广义最小二乘法模型而言，由表6-19可知，大部分地区的虚拟变量都显著，说明存在个体效应。在保持其他变量不变时，人均教育经费支出的水平项与二次项同为负，表明 $\ln edu$ 对 $\ln gap$ 的边际效应不是一个常数，而是取决于 $\ln edu$ 的水平。当人均教育经费支出每增加1%时，地区城乡收入差距缩小 $0.018\,6+0.050\,6\ln edu$，即

$$\%\Delta gap \approx (-0.018\,6 - 2 \times 0.050\,6\ln edu)\,\%\Delta edu$$

例如，edu 从1%增加到2%将导致城乡收入差距缩小约 $0.018\,6+0.050\,6\times 1=0.069\,2\%$；edu 从2%增加到3%将导致城乡收入差距缩小约 $0.018\,6+0.050$

6×2=0.119 8%。这意味着，人均教育经费支出对缩小城乡收入差距存在正向的递增影响。

从控制变量来看，人均公路里程、就业率与人均农林水利事务支出的系数均与城乡收入差距负相关。这表明，在控制其他变量之后，增加地区的交通基础设施投入、就业人数与农林水利事务投入能缩小地区城乡收入差距。

第六节　教育巩固脱贫攻坚成果的实证研究

一、模型的设定

（一）贫困的识别

本节定义 inc_i 为第 i 个家庭的人均收入，z 为贫困线。对于所有家庭而言，判断其是否贫困可以表示为

$$H = \begin{cases} 1, & \forall z > inc_i \\ 0, & z > inc_i \end{cases}$$

若家庭人均年收入处于贫困线以下，则记为 1，表示该家庭为贫困家庭；若该家庭人均年收入大于或等于贫困线，则记为 0，表示该家庭为非贫困家庭。但是，用一定的、预先确定好的贫困线 z 以下的人口（H）作为考察个体是否贫困的标准，忽视了贫困程度。另外，即使是社会最贫困阶层的收入有了显著的提高，只要他们的收入还没有越过贫困线，就不会影响贫困发生率 H 值。为了弥补这些不足，本节采用了弗斯特、格里尔和托尔贝克（Foster、Greer & Thorbecke，1984）提出的能反映上述情况的 FGT 贫困指标，即个体贫困缺口率和贫困平方距指数。

对于第 i 个贫困者而言，贫困缺口比率（有时称之为相对贫困缺口或贫困缺口）可以表示为

$$PG_i = \begin{cases} \dfrac{z - inc_i}{z}, & \forall z > inc_i \\ 0, & z \leqslant inc_i \end{cases}$$

对于第 i 个贫困者而言，贫困平方距指数（有时称之为贫困强度）可以表示为

$$PG_i^2 = \begin{cases} \left(\dfrac{z - inc_i}{z}\right)^2, & \forall z > inc_i \\ 0, & z \leqslant inc_i \end{cases}$$

从上述三个公式我们可以看出，贫困的识别都是基于家庭的人均收入是否低于贫困线 z 以下。国家统计局只公布了我国农村居民的绝对贫困线，而城镇贫困线标准缺失。鉴于世界银行于 2015 年 10 月 4 日将国际贫困线标准上调至每人每天 1.9 美元，因此本节分别采用每人每天 1.25 美元与每人每天 1.9 美元的国际贫困线作为整体社会贫困线进行研究。

（二）变量的选取

基于学者以往的研究与经验分析，本节选择最能代表家庭教育程度的家庭人均受教育年限指标、自评健康水平、对未来生活信心程度、是否使用电脑上网、家庭人均教育支出及其平方项作为解释家庭是否贫困、家庭贫困深度以及贫困强度的主要变量。此外，模型中还包括户主性别、婚姻状况、工作年限及其平方、户口类型、被抚养人口、城乡以及地区等控制变量。

笔者参考戴利红（2015）的方法，首先按照房产证上第一位的名字来确定户主，若房产证上第一位的名字不符合条件，则按买房子的主事人来确定户主。被抚养人口是指 0~14 岁的少年儿童人口和 65 岁及以上的老年人口。

样本中的每一个人可以根据自评健康水平被分为五类（不健康、一般、比较健康、很健康、非常健康）。本节将比较健康、很健康和非常健康的人合并成一类，即分为三类进行回归，分别为低于一般水平、一般水平和高于一般水平。其中，一般水平的那一组为基组。

类似地，本节将样本中的所有个体根据自评对未来生活信心程度分为三类进行回归，即低于一般水平、一般水平和高于一般水平。其中，一般水平的那一组为基组。

（三）模型的构建

由于本节探讨的被解释变量分别为贫困广度、贫困深度和贫困强度，而家庭是否贫困只有 0 和 1 两种取值，因此笔者对贫困广度构建对数单位模型（Logit Model）。在研究贫困人口的贫困缺口率和贫困平方距指数时，样本中

有相当大一部分个体的收入高于贫困线，即总体中有相当大一部分个体的贫困缺口率和贫困平方距指数取值为 0，且根据公式可知贫困缺口率和贫困平方距指数最大取值为 1，因此笔者对限值因变量贫困深度和贫困强度构建托宾模型（Tobit Model）。

首先，我们考虑形如

$$p(y = 1 \mid x) = G(\beta_0 + \beta_1 x_1 + \cdots + \beta_k x_k)$$

的二值响应模型。为了保证对任意实数 z，都有 $0 \leq G \leq 1$，本节构建对数单位模型如下：

$$G(z) = \frac{\exp(z)}{1 + \exp(z)}$$

$$z_i = \beta_0 + \beta_1 edu_i + \beta_2 abhealth_i + \beta_3 behealth_i + \beta_4 abfaith_i +$$
$$\beta_5 befaith_i + \beta_6 eduinvest_i + \beta_7 eduinvest^2{}_i + \beta_8 female_i +$$
$$\beta_9 marr_i + \beta_{10} exper_i + \beta_{11} exper^2{}_i + \cdots + u_i$$

托宾模型的基本结构如下：

$$y_i{}^* = \beta_0 + x_i \beta_i + u_i$$
$$y_i = \max(0, y_i{}^*)$$

其中，β_i 是各解释变量对应的回归系数，$u_i \sim N(0, \sigma^2)$。当 $y_i{}^* \geq 0$ 时，第 i 个个体的变量 y 等于 y^*；当 $y_i{}^* < 0$ 时，第 i 个个体的变量 y 等于 0。

由于贫困深度和贫困强度的取值介于 [0，1]，如果再使用 OLS 对所有样本进行回归将导致不一致的估计，因此本节采用托宾（Tobit，1958）提出的 MLE 进行参数估计。

对于二值响应的 Logit 模型和角点解响应的 Tobit 模型而言，其系数大小不能直接比较，笔者计算模型中每个变量的边际效应来进行分析。

笔者需要找出一个转折点（在家庭人均教育支出较少时，增加教育支出会显著降低个体陷入贫困的可能性，但过该点之后，继续加大教育投入对脱贫的正向贡献将减弱）从而最大程度地发挥教育资金脱贫的价值。

二、 数据的描述性分析

笔者对贫困发生率、贫困缺口率、贫困平方距指数三个因变量以及家庭人均教育年限、自评健康水平、自评对未来信心程度等主要解释变量数据做一个描述性统计。主要变量的描述性统计分析如表 6-20 所示。

表 6-20 主要变量的描述性统计分析

主要变量	样本量	均值	标准差
贫困发生率	8 121	0.137	0.344
贫困缺口率	8 121	0.073	0.211
贫困平方距指数	8 121	0.050	0.165
家庭人均受教育年限	8 121	6.695	3.661
健康（参照组：一般水平）	8 116	0.157	0.364
健康（高于一般水平）	8 116	0.677	0.468
健康（低于一般水平）	8 116	0.166	0.372
信心（参照组：一般水平）	7 250	0.211	0.408
信心（高于 般水平）	7 250	0.705	0.456
信心（低于一般水平）	7 250	0.084	0.277
家庭人均教育支出	8 073	845.761	2 053.823
工作年限	8 121	6.934	6.778
家庭抚养人数	8 121	1.048	1.028
西部（参照组）	8 121	0.253	0.435
中部	8 121	0.284	0.451
东部	8 121	0.463	0.499

从表 6-20 可以看出，家庭人均受教育年限的平均值为 6.695，说明平均而言样本中家庭人均受教育年限为 7 年，家庭人均受教育年限比较短。家庭人均教育支出的平均值为 845.761，说明平均而言样本中家庭人均教育支出为 845.761 元，家庭人均教育支出较低。但是，家庭人均教育支出的标准差为 2 053.823元，说明样本中各家庭之间的教育支出不均衡。此外，除家庭人均教育支出变量外，贫困发生率、贫困缺口率、贫困平方距指数三个因变量和其他主要解释变量的标准差都较小，意味着这些数据的离散程度较小。

三、 实证研究

（一）数据来源

本节选择中国家庭追踪调查数据库（CFPS）2014 年、2016 年的数据进行研究。该调查数据库是由北京中国社会科学调查中心建立的，该数据库样本覆盖了中国东部、中部和西部的 29 个省份（除青海省、西藏自治区以及香港特别行政区、澳门特别行政区、台湾省外）。同时，该调查数据库的调查采用多阶段随机抽样的方法，在抽样的同时兼顾不同大小和收入水平的城市或县城，样本中包含城镇居民和农村居民。该调查数据库被各国学者广泛采用，是目前不可多得的研究中国问题的微观数据之一。

（二）实证结果分析

笔者利用统计软件 Stata12.0，分别构建 Logit 模型和 Tobit 模型。其中，模型 1 是解释贫困广度的 Logit 模型。为了进一步研究各解释变量对缩短贫困人口与贫困线之间的贫困缺口的贡献度以及贫困人口之间的收入不平等程度，本节还建立了一个用于描述贫困缺口率数据、贫困距平方指数的 Tobit 模型，分别对应表 6-21 中的模型 2、模型 3 回归模型的边际效应如表 6-21 所示。

表 6-21　回归模型的边际效应

解释变量	模型 1	模型 2	模型 3
	贫困广度	贫困深度	贫困强度
家庭人均受教育年限	−0.010 ***	−0.004 ***	−0.005 ***
	(0.000)	(0.000)	(0.000)
健康（高于一般水平）	−0.005	−0.001	−0.001
	(0.601)	(0.775)	(0.825)
健康（低于一般水平）	0.024 **	0.010 **	0.010 *
	(0.047)	(0.042)	(0.054)
信心（高于一般水平）	−0.016 *	−0.008 **	−0.009 **
	(0.054)	(0.022)	(0.020)
信心（低于一般水平）	0.018	0.007	0.006
	(0.162)	(0.226)	(0.277)
家庭人均教育支出	−0.000 **	−0.000 **	−0.000 **
	(0.014)	(0.013)	(0.016)

表6-21(续)

解释变量	模型 1	模型 2	模型 3
	贫困广度	贫困深度	贫困强度
家庭人均教育支出平方	0.000 *	0.000 *	0.000 *
	(0.054)	(0.054)	(0.056)
性别	0.014 **	0.007 **	0.007 **
	(0.039)	(0.029)	(0.027)
婚姻	0.015 ***	0.007 ***	0.007 ***
	(0.000)	(0.000)	(0.000)
工作年限	0.002 *	0.001 **	0.001 **
	(0.060)	(0.032)	(0.022)
工作年限平方	−0.000	0.000 *	0.000 **
	(0.132)	(0.059)	(0.036)
农业户口	0.095 ***	0.046 ***	0.049 ***
	(0.000)	(0.000)	(0.000)
电脑上网	−0.053 ***	−0.027 ***	−0.028 ***
	(0.000)	(0.000)	(0.000)
家庭抚养人数	0.008 **	0.004 ***	0.005 ***
	(0.011)	(0.005)	(0.002)
城乡	−0.023 ***	−0.010 ***	−0.011 ***
	(0.002)	(0.002)	(0.002)
中部	−0.019 **	−0.009 **	−0.010 **
	(0.012)	(0.013)	(0.013)
东部	−0.053 ***	−0.025 ***	−0.027 ***
	(0.000)	(0.000)	(0.000)
样本量	7 101	7 101	7 101

注：采用稳健的标准误；*、**、*** 分别代表在 10%、5%、1%水平上显著。

从模型1中可以得知，家庭人均受教育年限的边际效应为−0.010，表明在控制其他变量之后，家庭人均受教育年限每增加一年，该家庭陷入贫困的概率会降低 0.01。

那些自评健康状况高于一般水平的户主，在保持其他因素不变的情况下，陷入贫困的概率预计比健康状况处于一般水平的户主低 0.5%。类似地，健康状况低于一般水平的户主陷入贫困的概率预计比健康状况处于一般水平的户主要高 2.4%，并且对应的 P 值为 0.047，说明这种差异在统计上显著。

一个对未来生活信心程度高于一般水平的户主，预计比一个其他方面相同但对未来生活信心程度处于一般水平的户主陷入贫困的概率要低 1.6%，并且对应的 P 值为 0.054，说明这种影响在统计上显著。类似地，一个对未来生活信心程度低于一般水平的户主，预计比一个其他方面相同但对未来生活信心程度处于一般水平的户主陷入贫困的概率要高 1.8%，尽管该差异在统计上并不显著。

从本节关心的一个重要解释变量——家庭人均教育支出来看，其一次项边际效应为负，二次项边际效应为正，表明家庭人均教育投资对家庭摆脱贫困存在递减的边际效应，即存在一个正的转折点 33 550 元。当家庭人均教育投资小于 33 550 元时，增加家庭教育投资对降低贫困发生率有正向贡献。在该转折点之后，继续增加家庭教育投资对降低贫困发生率有负向贡献。

在保持其他因素不变的情况下，使用电脑上网的人与完全不使用电脑上网的人相比，其陷入贫困的概率低约 5.3%，并且对应的 P 值为 0.000，说明这种差异在统计上显著。

此外，户主的性别、婚姻状况、工作年限及其平方、户口类型以及家庭抚养人数等对贫困发生率存在显著影响。

表 6-21 中第 3 列给出了运用 Tobit 模型估计教育、健康、个体对未来生活信心程度等解释变量对家庭贫困缺口率影响的回归结果。从表 6-21 中可以得知，家庭人均受教育年限对贫困缺口率的边际效应为−0.004，表明增加家庭人均教育年限不仅降低家庭陷入贫困的概率，还将大大缩短贫困人口收入距离贫困线之间的距离，降低贫困深度。

那些自评健康状况高于一般水平的户主，在保持其他因素不变的情况下，其收入距离贫困线的贫困缺口预计比健康状况处于一般水平的户主低 0.001。类似地，自评健康状况低于一般水平的户主，其收入距离贫困线的贫困缺口预计比健康状况处于一般水平的户主高 0.01，并且对应的 P 值为 0.042，说明这种差异在统计上显著。

一个对未来生活信心程度高于一般水平的户主，相比于一个其他方面相同但对未来生活信心程度处于一般水平的户主而言，其收入距离贫困线的贫困缺口预计要低 0.008，并且对应的 P 值为 0.022，说明这种影响在统计上显著。类似地，就对未来生活信心程度低于一般水平的户主而言，其收入距离贫困线的贫困缺口预计要高 0.007，尽管该差异在统计上并不显著。

表 6-21 中第 4 列给出了运用 Tobit 模型估计教育、健康、个体对未来生活信心程度等解释变量对家庭贫困强度影响的回归结果。从表 6-21 中可以得知，各解释变量对贫困强度的影响方向与对贫困深度的影响方向基本保持一致。贫困平方距指数反映贫困人口与贫困人口之间的收入不平等程度。以是否使用电脑上网这一变量为例，其边际效应为-0.028，这意味着在保持其他因素不变的情况下，一个使用电脑上网的人，预计其收入不平等程度比完全不使用电脑上网的人低约 0.028，并且对应的 P 值为 0.000，说明这种差异在统计上显著。

（三）模型的稳健性检验

鉴于世界银行于 2015 年 10 月 4 日将国际贫困线标准上调至每人每天 1.9 美元，本节运用中国家庭追踪调查数据库（CFPS）公布的 2016 年的数据重新构建贫困广度的 Logit 模型、贫困深度与贫困强度的 Tobit 模型。回归模型的边际效应如表 6-22 所示。

表 6-22　回归模型的边际效应

主要解释变量	模型 1 贫困广度	模型 2 贫困深度	模型 3 贫困强度
家庭人均受教育年限	-0.013 ***	-0.005 ***	-0.005 ***
	(0.000)	(0.000)	(0.000)
健康（高于一般水平）	-0.007	-0.002	-0.003
	(0.521)	(0.520)	(0.492)
健康（低于一般水平）	0.049 ***	0.017 ***	0.017 ***
	(0.001)	(0.000)	(0.000)
信心（高于一般水平）	-0.021 **	-0.009 ***	-0.010 ***
	(0.031)	(0.005)	(0.004)
信心（低于一般水平）	0.047 ***	0.013 **	0.012 **
	(0.005)	(0.012)	(0.023)
家庭人均教育支出	-0.000 ***	-0.000 ***	-0.000 ***
	(0.000)	(0.000)	(0.000)
家庭人均教育支出平方	0.000 **	0.000 ***	0.000 ***
	(0.048)	(0.006)	(0.004)
电脑上网	-0.074 ***	-0.027 ***	-0.025 ***
	(0.000)	(0.000)	(0.000)

表6-22(续)

主要解释变量	模型 1	模型 2	模型 3
	贫困广度	贫困深度	贫困强度
中部	−0.039***	−0.015***	−0.016***
	(0.000)	(0.000)	(0.000)
东部	−0.080***	−0.030***	−0.030***
	(0.000)	(0.000)	(0.000)
样本量	7 590	7 590	7 590

注：采用稳健的标准误；*、**、***分别代表在10%、5%、1%水平上显著。

从表6-22中可以得知，在上调贫困线至每人每天1.9美元之后，教育、健康、个体对未来生活信心程度等解释变量对家庭贫困发生率、贫困深度以及贫困强度的影响与上调贫困线之前的影响方向基本保持一致，但大部分解释变量对贫困的边际效应提高了。

以自评健康水平变量为例，那些自评健康水平高于一般水平的户主，在保持其他因素不变的情况下，陷入贫困的概率预计比健康状况处于一般水平的户主低0.007，收入距离贫困线的贫困缺口预计低0.002，收入不平等程度预计低0.003。类似地，健康状况低于一般水平的户主陷入贫困的概率预计比健康状况处于一般水平的户主高0.049，收入距离贫困线的贫困缺口以及收入不平等程度均预计低0.017，并且对应的 P 值均小于0.1，说明这种影响在1%的显著性水平下显著。

第一节　基于 SPSS 软件的湖南商务职业技术学院等多所高职院校岗位实习效果影响因素模型设计

一、调查背景及学院简介

（一）调查背景

岗位实习一直是高职院校的核心教学活动之一，在高职院校专业人才培养中占有极其重要的地位。但是，高职院校反映岗位实习工作压力越来越大，实习单位反映实习学生越来越难以管理，学生对岗位实习的抱怨也越来越多。众所周知，实习满意度受多方面因素影响，因此高职院校应重视如何提高学生的岗位实习满意度。本次调查以湖南省 12 所高职院校的 305 名大学生为研究样本，探究岗位实习效果的现状，并运用相关分析、回归分析等统计方法探讨就业认知、就业实习能力、学校支持、单位和国家支持、任务掌握、综合素质提升、专业技能提升以及职业探索对岗位实习满意度的影响，为促进学生岗位实习效果的提升，帮助学生更好地参与岗位实习提供建议。

（二）学院简介

笔者在湖南省一共调查了 12 所高职院校。湖南省共有 13 个地级市，本次调查涉及了 11 个地级市，其中长沙市的高职院校有 3 所，分别是湖南生物机电职业技术学院、湖南商务技术学院和湖南大众传媒职业技术学院；湘潭市、永州市、张家界市、岳阳市、衡阳市、邵阳市、株洲市、益阳市以及娄底市各选取了一所学校。被调查的 12 所高职院校里有 5 所是全日制公办高等学校，分别是湖南国防工业职业技术学院、永州师范高等专科学校、湖南民族职业学院、湖南环境生物职业技术学院以及湘中幼儿师范高等专科学校。湖南铁道职业技术学院为国有公办全日制普通高等专科学校，湖南商务职业技术学院为商科类学校，湖南生物机电职业技术学院为省级示范性高职院校，湖南大众传媒职业技术学院为传媒类学校，张家界航空工业职业技术学院为航空制造类学校。调查学校次数分布如表 7-1 所示。

表 7-1　调查学校次数分布

选项	小计/次	比例/%
湖南生物机电职业技术学院（长沙）	13	4.26
湖南商务职业技术学院（长沙）	232	76.07
湖南大众传媒职业技术学院（长沙）	15	4.92
湖南国防工业职业技术学院（湘潭）	3	0.98
永州师范高等专科学校（永州）	6	1.97
张家界航空工业职业技术学院（张家界）	7	2.3
湖南民族职业学院（岳阳）	6	1.97
湖南环境生物职业技术学院（衡阳）	5	1.64
湘中幼儿师范高等专科学校（邵阳）	4	1.31
湖南铁道职业技术学院（株洲）	6	1.97
益阳医学高等专科学校（益阳）	4	1.31
娄底幼儿师范高等专科学校（娄底）	4	1.31
本题有效填写人次	305	

二、　统计调查方案的设计

（一）调查目的

高职院校通过岗位实习，让学生理论与实际相结合，进一步培养学生的技能水平、团队协作精神、为人处世能力等，尤其是观察、分析和解决实际问题的工作能力，因此岗位实习非常重要。但是，高职院校反映岗位实习工作压力越来越大，实习单位反映管理实习学生越来越难，学生对岗位实习的满意度不高。为了深入了解学生岗位实习效果，探究影响岗位实习效果的重要因素，以便有针对性地提出提升学生岗位实习效果的对策，为高职院校岗位实习管理提供有借鉴性的建议，笔者以湖南省高职院校应届毕业生为分析对象，进行岗位实习效果影响因素的模型设计。

（二）调查对象和调查单位

调查对象：湖南省 2023 届 12 所高职院校（专科）的应届毕业生。

调查单位：湖南省 2023 届 12 所高职院校。

（三）调查方法

1. 文献研究法

笔者在中国知网搜索岗位实习和岗位实习效果影响因素的相关文献资料，进行综述研究，整理、归纳岗位实习效果影响因素的相关内容。

2. 问卷调查

笔者采用问卷调查法，通过在问卷星平台自编问卷大学生就业实习效果及影响因素调查，对湖南省 12 所高职院校的 305 名有过岗位实习经历的学生进行调查，收集岗位实习效果和实习效果影响因素两个方面的数据，再运用统计分析软件 SPSS 对数据进行统计分析。

三、岗位实习效果及其影响因素设计

本次调查的难点是确定岗位实习效果及其影响因素。笔者通过前期文献研究确定了岗位实习效果问卷的四个维度，即任务掌握、综合素质提升、专业技能提升和职业探索。笔者确定岗位实习影响因素的四个维度，即岗位实习认知、岗位实习能力、学校支持、单位和国家支持。在初步确定问卷后，笔者听取指导教师的意见对量表题目进行了反复修改，之后在确保问卷具有较好的信度和效度的基础上进行大规模分发。

（一）岗位实习效果衡量指标

关于学生岗位实习效果方面的研究越来越受到学术界广泛关注。对学生岗位实习效果问卷的编制，笔者主要参考了已有大学生岗位实习效果方面的研究。已有研究对实习效果的测量主要集中表现在实习满意度、职业探索两个方面。

从个人发展来看，岗位实习有利于学生专业技能的提高、职业发展、综合素质的提高，因此笔者最终确定岗位实习效果的四个衡量指标分别是任务的掌握程度、综合素质的提高程度、专业技能的提高程度和职业探索程度。

围绕以上四个衡量指标，笔者初步确定了任务掌握、综合素质提升、专业技能提升、职业探索四个维度共 20 个小题（见表 7-2）。问卷设置了五个等级，即将所选项目分为五个等级，并对每个等级进行赋值：非常符合为 5 分，比较符合 4 分，一般符合为 3 分，比较不符合为 2 分，非常不符合为 1 分（见表 7-3）。

表 7-2　岗位实习效果衡量指标

项目	维度
1. 我圆满完成了实习工作	任务掌握
2. 我明白了实习岗位对应要完成的任务	
3. 我和实习单位的同事关系融洽	
4. 我很满意实习的工作	
5. 我的创新能力得到了增强	综合素质提升
6. 我的适应能力得到了增强	
7. 我的应变能力得到了增强	
8. 我的判断能力得到了增强	
9. 我的抗压能力得到了增强	
10. 我的沟通能力得到了增强	
11. 我的学习能力得到了增强	
12. 通过实习，我的专业知识与技能得到提升	专业技能提升
13. 通过实习，我的管理能力得到提升	
14. 通过实习，我的分析解决问题能力得到提升	
15. 通过实习，我的时间管理能力得到提升	
16. 通过实习，我的实际操作能力得到提升	
17. 通过实习，我更加清楚自己适合什么工作	职业探索
18. 通过实习，我改变了自己的职业选择	
19. 通过实习，我找到了适合自己的工作岗位	
20. 通过实习，我确定了毕业后的工作单位	

表 7-3　岗位实习效果衡量指标的五级量表

岗位实习效果调查	非常符合	比较符合	一般符合	比较不符合	非常不符合
1. 我圆满完成了实习工作	5	4	3	2	1
2. 我明白了实习岗位对应要完成的任务	5	4	3	2	1
3. 我和实习单位的同事关系融洽	5	4	3	2	1

表7-3（续）

岗位实习效果调查	非常符合	比较符合	一般符合	比较不符合	非常不符合
4. 我很满意实习的工作	5	4	3	2	1
5. 我的创新能力得到了增强	5	4	3	2	1
6. 我的适应能力得到了增强	5	4	3	2	1
7. 我的应变能力得到了增强	5	4	3	2	1
8. 我的判断能力得到了增强	5	4	3	2	1
9. 我的抗压能力得到了增强	5	4	3	2	1
10. 我的沟通能力得到了增强	5	4	3	2	1
11. 我的学习能力得到了增强	5	4	3	2	1
12. 通过实习，我的专业知识与技能得到提升	5	4	3	2	1
13. 通过实习，我的管理能力得到提升	5	4	3	2	1
14. 通过实习，我的分析解决问题能力得到提升	5	4	3	2	1
15. 通过实习，我的时间管理能力得到提升	5	4	3	2	1
16. 通过实习，我的实际操作能力得到提升	5	4	3	2	1
17. 通过实习，我更加清楚自己适合什么工作	5	4	3	2	1
18. 通过实习，我改变了自己的职业选择	5	4	3	2	1
19. 通过实习，我找到了适合自己的工作岗位	5	4	3	2	1
20. 通过实习，我确定了毕业后的工作单位	5	4	3	2	1

（二）岗位实习效果影响因素

与理论教学效果一样，学生岗位实习效果的影响因素也是多方面的，既有客观方面的因素，比如学校、社会提供给学生的环境、条件以及政策等，也有主观方面的因素，比如学生对岗位实习的认知。

对岗位实习效果影响因素,笔者主要围绕学生岗位实习认知、岗位实习能力、学校支持、单位和国家支持等方面设计题项,共拟了 30 个题项。其中,岗位实习认知和岗位实习能力各 10 个小题,学校支持、单位和国家支持各 5 个小题(见表 7-4)。笔者在问卷星平台设置李克特五级量表,将选项划分为五个等级并且对每个等级进行赋值:非常符合为 5 分,比较符合为 4 分,一般符合为 3 分,比较不符合为 2 分,非常不符合为 1 分(见表 7-5)。

表 7-4 岗位实习效果影响因素衡量指标

内容	维度
1. 我知道自己为什么要实习	岗位 实习认知
2. 我清楚自己实习要达到什么样的目标	
3. 在就业实习前,我对自己有整体的实习规划	
4. 我清楚自己要在什么时间参与就业实习	
5. 我对自己参与什么实习岗位很明确	
6. 我对自己的兴趣、能力、价值观等有清晰的认知	
7. 我对与自己兴趣、能力、价值观相符合的工作有清晰的认知	
8. 我对与所学专业相符合的岗位有清晰的认知	
9. 我对实习岗位业务需求很清楚	
10. 我明白了自己最适合什么样的岗位	
11. 在校期间,我参加社团积累了一些学生工作经验	岗位实习 能力
12. 在校期间,我努力学习专业知识打好基础	
13. 在校期间,我认真设计了自己的求职简历	
14. 我提前收集了很多关于实习的知识	
15. 我对找到实习工作充满了信心	
16. 我能够很快适应实习工作环境	
17. 我能够很快熟悉实习工作岗位内容	
18. 我能够很快团结同事	
19. 我能够很快分析和解决问题	
20. 我对时间概念掌控有了一个很好的度	

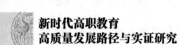
表7-4（续）

内容	维度
21. 学校多次安排校园招聘会	学校支持
22. 学校就业处老师一直为实习生提供疑难问题解答	
23. 学校开设了就业实习指导讲座	
24. 学校开设了就业指导课程	
25. 校企合作单位经常发招聘信息给大家	
26. 实习单位有专人负责管理实习生的工作	单位和国家支持
27. 实习过程中会有培训	
28. 实习单位提供与专业相关的岗位	
29. 政府有实习补助金	
30. 国家有专门的大学生就业服务平台信息共享网站	

表 7-5　岗位实习效果影响因素衡量指标的五级量表

岗位实习效果影响因素调查	非常符合	比较符合	一般符合	比较不符合	非常不符合
1. 我知道自己为什么要实习	5	4	3	2	1
2. 我清楚自己实习要达到什么样的目标	5	4	3	2	1
3. 在就业实习前，我对自己有整体的实习规划	5	4	3	2	1
4. 我清楚自己要在什么时间参与就业实习	5	4	3	2	1
5. 我对自己参与什么实习岗位很明确	5	4	3	2	1
6. 我对自己的兴趣、能力、价值观等有清晰的认知	5	4	3	2	1
7. 我对与自己兴趣、能力、价值观相符合的工作有清晰的认知	5	4	3	2	1
8. 我对与所学专业相符合的岗位有清晰的认知	5	4	3	2	1
9. 我对实习岗位业务需求很清楚	5	4	3	2	1
10. 我明白了自己最适合什么样的岗位	5	4	3	2	1

表7-5(续)

岗位实习效果影响因素调查	非常符合	比较符合	一般符合	比较不符合	非常不符合
11. 在校期间，我参加社团积累了一些学生工作经验	5	4	3	2	1
12. 在校期间，我努力学习专业知识打好基础	5	4	3	2	1
13. 在校期间，我认真设计了自己的求职简历	5	4	3	2	1
14. 我提前收集了很多关于实习的知识	5	4	3	2	1
15. 我对找到实习工作充满了信心	5	4	3	2	1
16. 我能够很快适应实习工作环境	5	4	3	2	1
17. 我能够很快熟悉实习工作岗位内容	5	4	3	2	1
18. 我能够很快团结同事	5	4	3	2	1
19. 我能够很快分析解决问题	5	4	3	2	1
20. 我对时间概念掌控有了一个很好的度	5	4	3	2	1
21. 学校多次安排校园招聘会	5	4	3	2	1
22. 学校就业处老师一直为实习生提供疑难问题解答	5	4	3	2	1
23. 学校开设了就业实习指导讲座	5	4	3	2	1
24. 学校开设了就业指导课程	5	4	3	2	1
25. 校企合作单位经常发招聘信息给大家	5	4	3	2	1
26. 实习单位有专人负责管理实习生的工作	5	4	3	2	1
27. 实习过程中会有培训	5	4	3	2	1
28. 实习单位提供与专业相关的岗位	5	4	3	2	1
29. 政府有实习补助金	5	4	3	2	1
30. 国家有专门的大学生就业服务平台信息共享网站	5	4	3	2	1

四、 基于 SPSS 软件的岗位实习效果影响因素模型设计

（一）效度检验和信度检验

1. 效度检验

效度检验用于分析题项是否合理、有意义。效度检验使用因子分析方法进行研究，分别通过适应性分析 KMO 值、公因子提取、因子载荷等指标进行综合分析，以验证数据的效度水平。笔者使用 KMO 和 Bartlett 检验进行效度验证。从表 7-6 可以看出，由巴特利特球形检验可知，岗位实习效果 P 值为 0.000，拒绝各变量独立的假设及变量间具有较强的相关性，同时可以看出岗位实习效果 KMO 统计量为 0.960，说明各变量之间的重叠信息尚可，应当得出较为满意的因子模型。从表 7-7 可以看出，由巴特利特 P 检验可知，岗位实习效果影响因素 P 值为 0.000，拒绝各变量独立的假设及变量间具有较强的相关性，同时可以看出岗位实习效果影响因素 KMO 统计量为 0.961，说明各变量之间的重叠信息尚可，应当得出较为满意的因子模型。为确保湖南省高职院校岗位实习效果及影响因素问卷的有效性，笔者对其进行适应性因子分析，可知 KMO 均大于 0.8，调查数据非常适合提取信息，巴特利特球形检验达到显著性水平，因此可以进行因子分析。

表 7-6 岗位实习效果效度检验输出表

KMO 取样适切性量数		0.960
巴特利特球形检验	近似卡方	5 958.510
	自由度	190
	显著性	0.000

表 7-7 岗位实习效果影响因素效度检验输出表

KMO 取样适切性量数		0.961
巴特利特球形检验	近似卡方	8 575.730
	自由度	435
	显著性	0.000

根据聚合因子分析理论，笔者在 30 个因子分类过程中采用最大方差旋转法，以实现各因子负荷向两极转化，将因子负荷值超过 0.5 的进行聚合性归类。因子分析如表 7-8 所示。

表 7-8　因子分析

因子	1	2	3	4
1	0.708			
2	0.822			
3	0.838			
4	0.827			
5	0.77			
6	0.755			
7	0.764			
8	0.769			
9	0.686			
10	0.722			
11	0.553			
12	0.682			
13	0.53			
14	0.579			
15				0.756
16				0.585
17	0.628			
18	0.643			
19	0.666			
20	0.661			
21			0.788	
22				0.725
23			0.757	
24			0.859	
25		0.698		
26		0.721		

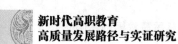
表7-8(续)

因子	1	2	3	4
27		0.771		
28		0.767		
29		0.771		
30		0.777		

注：提取方法为主成分分析法，旋转在第6次迭代后已收敛。

为了对这四个因子更好地解释，笔者需要对其重新命名。因子命名如表7-9所示。

表7-9　因子命名

因子命名	就业认知	单位和国家支持	学校支持	就业实习能力
1. 我知道自己为什么要实习	0.708			
2. 我清楚自己实习要达到什么样的目标	0.822			
3. 在就业实习前，我对自己有整体的实习规划	0.838			
4. 我清楚自己要在什么时间参与就业实习	0.827			
5. 我对自己参与什么实习岗位很明确	0.77			
6. 我对自己的兴趣、能力、价值观等有清晰的认知	0.755			
7. 我对与自己兴趣、能力、价值观相符合的工作有清晰的认知	0.764			
8. 我对与所学专业相符合的岗位有清晰的认知	0.769			
9. 我对实习岗位业务需求很清楚	0.686			
10. 我明白了自己最适合什么样的岗位	0.722			
11. 在校期间，我参加社团积累了一些学生工作经验	0.553			
12. 在校期间，我努力学习专业知识打好基础	0.682			

表7-9(续)

因子命名	就业认知	单位和国家支持	学校支持	就业实习能力
13. 在校期间，我认真设计了自己的求职简历	0.53			
14. 我提前收集了很多关于实习的知识	0.579			
15. 我对找到实习工作充满了信心				0.756
16. 我能够很快适应实习工作环境				0.585
17. 我能够很快熟悉实习工作岗位内容	0.628			
18. 我能够很快团结同事	0.643			
19. 我能够很快分析解决问题	0.666			
20. 我对时间概念掌控有了一个很好的度	0.661			
21. 学校多次安排校园招聘会			0.788	
22. 学校就业处老师一直为实习生提供疑难问题解答				0.725
23. 学校开设了就业实习指导讲座			0.757	
24. 学校开设了就业指导课程			0.859	
25. 校企合作单位经常发招聘信息给大家		0.698		
26. 实习单位有专人负责管理实习生的工作		0.721		
27. 实习过程中会有培训		0.771		
28. 实习单位提供与专业相关的岗位		0.767		
29. 政府有实习补助金		0.771		
30. 国家有专门的大学生就业服务平台信息共享网站		0.777		

"我知道自己为什么要实习""我清楚自己实习要达什么样的目标""我对自己的兴趣、能力、价值观等有清晰的认知""在就业实习前，我对自己有整体的实习规划""我清楚自己要在什么时间参与就业实习""我对自己参与什么实习岗位很明确"等18个题目涉及岗位实习认知层面的因子最多，因此将因子1命名为"就业认知"。

"实习单位有专人负责管理实习生的工作""实习过程中会有培训""实

习单位提供与专业相关的岗位""政府有实习补助金""国家有专门的大学生就业服务平台信息共享网站""校企合作单位经常发招聘信息给大家"六个题目主要涉及单位和国家支持层面，因此将因子2命名为"单位和国家支持"。

"学校多次安排校园招聘会""学校开设了就业实习指导讲座""学校开设了就业指导课程"三个题目全部涉及学校层面，因此将因子3命名为"学校支持"。

"我对找到实习工作充满了信心""我能够很快适应实习工作环境""学校就业处老师一直为实习生提供疑难问题解答"三个题目主要涉及就业实习能力层面，因此将因子4命名为"就业实习能力"。

2. 信度检验

信度检验是用于在对湖南省高职岗位实习效果及其影响因素问卷进行效度分析后，根据测验工具（量表）测量结果的一致性或稳定性，反映被测者特征的真实程度，确定问卷内部的一致性。一般情况下，当α系数在0.3以下时，表示问卷不可信；当α系数为0.3以上且小于0.5时，表示问卷稍可信；当α系数高于0.5且小于0.7时，表示问卷具有可信度；当α系数大于0.7且小于0.9时，表示该问卷具有较高的可信度；当α系数高于0.9时，表示问卷的可信度很高。

由表7-10和表7-11可知，岗位实习效果部分问卷的总信度系数为0.957，表明该问卷的内部一致性水平较高，其中任务掌握维度系数为0.893，综合素质提升维度系数为0.954，专业技能提升维度系数为0.939，职业探索维度系数为0.846。综上所述，岗位实习效果部分问卷α系数均大于0.8，具有较好的信效度，说明每个维度具有一定的稳定性和可靠性。

表7-10 岗位实习效果信度检验结果

可靠性统计		
克隆巴赫 Alpha	基于标准化项的克隆巴赫 Alpha	项数
0.957	0.962	20

表 7-11　岗位实习效果各维度信度系数

维度	任务掌握	综合素质提升	专业技能提升	职业探索
信度系数	0.893	0.954	0.939	0.846

由表 7-12 和表 7-13 可知，岗位实习效果影响因素部分问卷的总信度系数为 0.968，表明该问卷的内部一致性水平较高，其中就业认知维度系数为 0.960，就业实习能力维度系数为 0.929，学校支持维度系数为 0.725，单位和国家维度系数为 0.901。综上所述，岗位实习效果影响因素部分问卷 α 系数均高于 0.7，具有较好的信效度，说明该每个影响因素维度具有一定的稳定性和可靠性。

表 7-12　岗位实习效果影响因素信度检验输出结果

可靠性统计	
克隆巴赫 Alpha	项数
0.968	30

表 7-13　岗位实习效果影响因素各维度信度系数

维度	就业认知	就业实习能力	学校支持	单位和国家支持
信度系数	0.960	0.929	0.725	0.901

（二）数据描述

笔者运用 SPSS 软件对岗位实习效果及其影响因素进行描述性统计分析，得到岗位实习效果和影响因素的整体水平。描述统计如表 7-14 所示。

表 7-14　描述统计

变量	N	均值	标准差	偏度		峰度	
	统计	统计	统计	统计	标准错误	统计	标准错误
任务掌握	305	3.792 6	0.756 98	-0.58	0.14	1.351	0.278
综合素质提升	305	3.783 1	0.777 3	-0.251	0.14	0.133	0.278
专业技能提升	305	3.788 9	0.773 92	-0.071	0.14	-0.445	0.278

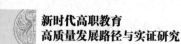
表7-14(续)

变量	N	均值	标准差	偏度		峰度	
	统计	统计	统计	统计	标准错误	统计	标准错误
职业探索	305	3.241 8	0.959 25	−0.061	0.14	−0.325	0.278
就业认知	305	3.832 1	0.752 59	−0.062	0.14	−0.634	0.278
就业实习能力	305	3.773 8	0.729 75	−0.094	0.14	−0.368	0.278
学校支持	305	4.152 8	0.600 33	−1.027	0.14	2.636	0.278
单位和国家支持	305	3.539 7	0.865 74	0.1	0.14	−0.696	0.278

由表 7-14 可知，就业认知、就业实习能力、学校支持、单位和国家支持等自变量均有 305 个个案。除了学校支持变量外，其余变量的均值都分布在 3～4，表明在一般符合和比较符合两者之间，比如任务掌握、综合素质提升的均值分别为 3.792 6、3.783 1，即学生岗位实习后，在任务掌握、综合素质提升方面处于一般符合水平，没有达到比较符合水平。学校支持变量的均值为 4.152 8，表明学生反馈学校比较支持学生岗位实习，但没有达到非常符合水平。均值最小的是职业探索变量，为 3.241 8，即表明岗位实习后在加强学生职业探索方面的作用较小。标准差最大的是职业探索，说明职业探索调查数据离散程度较大。对于偏度系数而言，单位和国家支持变量大于 0，呈右偏分布，其余变量均小于 0，呈左偏分布；对于峰度系数而言，任务掌握、综合素质提升、学校支持大于 0，呈尖峰分布，其余变量均小于 0，呈扁平分布。

（三）计算相关系数

学生岗位实习效果受多方面因素的影响，笔者将就业认知、就业实习能力、学校支持、单位和国家支持四个自变量分别与任务掌握、综合素质提升、专业技能提升、职业探索进行相关分析，得到就业实习效果与影响因素的相关系数（见表 7-15）。

表 7-15　就业实习效果与影响因素的相关系数

变量	任务掌握	综合素质提升	专业技能提升	职业探索
就业认知	0.655	0.753	0.786	0.493
就业实习能力	0.632	0.751	0.755	0.532

表7-15(续)

变量	任务掌握	综合素质提升	专业技能提升	职业探索
学校支持	0.603	0.598	0.568	0.310
单位和国家支持	0.454	0.606	0.646	0.535

由表7-15可知，就业认知、就业实习能力、学校支持、单位和国家支持与任务掌握、综合素质提升、专业技能提升、职业探索都呈现显著正相关。这说明，就业认知、就业实习能力、学校支持、单位和国家支持对就业实习效果均存在正向影响，但影响程度如何需要我们进一步进行回归分析。

（四）构建回归模型

1. 任务掌握层面回归分析

笔者将任务掌握作为因变量，将就业认知、就业实习能力、学校支持以及单位和国家支持作为自变量，采用SPSS软件分析工具建立多元线性回归方程模型（见表7-16）

表7-16　任务掌握层面回归输出结果

ANOVA[①]						
模型		平方和	自由度	均方	F	显著性
1	回归	89.185	4	22.296	78.682	0.000[②]
	残差	85.011	300	0.283		
	总计	174.196	304			

注：①因变量：任务掌握。
②预测变量：单位和国家支持、学校支持、就业认知、就业实习能力。

在任务掌握层面上，显著性水平 $P<0.05$，说明回归模型的整体解释变异量达到显著性水平，也说明在所预测的就业认知、就业实习能力、学校支持以及单位和国家支持中至少有一个对任务掌握有影响。回归方程的各预测变量系数情况如表7-17所示。

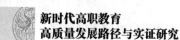
表 7-17　回归方程的各预测变量系数情况

系数①					
模型	未标准化系数		标准化系数	t	显著性
	B	标准误差	Beta		
1 （常量）	0.306	0.217		1.409	0.160
就业认知	0.488	0.084	0.485	5.835	0.000
就业实习能力	0.071	0.094	0.069	0.761	0.447
学校支持	0.395	0.069	0.313	5.720	0.000
单位和国家支持	-0.082	0.052	-0.094	-1.568	0.118

注：①因变量：任务掌握。

　　如表 7-17 所示，就业认知、就业实习能力、学校支持与任务掌握呈正相关，单位和国家支持与任务掌握呈负相关。观察回归系数大小可知，就业认知对任务掌握有较高的解释力。

　　2. 综合素质提升层面回归分析

　　笔者将综合素质提升作为因变量，将就业认知、就业实习能力、学校支持以及单位和国家支持作为自变量，采用 SPSS 软件分析工具建立多元线性回归方程模型（见表 7-18）。

表 7-18　综合素质提升层面回归输出结果

ANOVA①					
模型	平方和	自由度	均方	F	显著性
1 回归	111.721	4	27.930	116.449	0.000②
残差	71.955	300	0.240		
总计	183.677	304			

注：①因变量：综合素质提升。
②预测变量：单位和国家支持、学校支持、就业认知、就业实习能力。

　　在综合素质提升层面上，显著性水平 $P<0.05$，说明回归模型的整体解释变异量达到显著性水平，也说明在所预测的就业认知、就业实习能力、学校支持以及单位和国家支持中至少有一个对综合素质提升有影响。回归方程的

各预测变量系数情况如表 7-19 所示。

表 7-19 回归方程的各预测变量系数情况

系数①						
模型		未标准化系数		标准化系数	t	显著性
		B	标准误差	Beta		
1	（常量）	0.122	0.200		0.610	0.542
	就业认知	0.501	0.077	0.485	6.520	0.000
	就业实习能力	0.099	0.086	0.093	1.146	0.253
	学校支持	0.254	0.063	0.196	4.007	0.000
	单位和国家支持	0.088	0.048	0.098	1.822	0.069

注：①因变量：综合素质提升。

如表 7-19 所示，就业认知、就业实习能力、学校支持、单位和国家支持与综合素质提升均呈正相关。观察回归系数大小可知，就业认知和学校支持对综合素质提升有较高的解释力。

3. 专业技能提升层面回归分析

笔者将专业技能提升作为因变量，将就业认知、就业实习能力、学校支持以及单位和国家支持作为自变量，采用 SPSS 软件分析工具建立多元线性回归方程模型（见表 7-20）。

表 7-20 专业技能提升层面回归输出结果

ANOVA①					
模型	平方和	自由度	均方	F	显著性
1 回归	118.800	4	29.700	140.798	0.000②
残差	63.282	300	0.211		
总计	182.082	304			

注：①因变量：专业技能提升。
②预测变量：单位和国家支持、学校支持、就业认知、就业实习能力。

在专业技能提升层面上，显著性水平 $P<0.05$，说明回归模型的整体解释变异量达到显著性水平，也说明在所预测的就业认知、就业实习能力、学校支持以及单位和国家支持中至少有一个对专业技能提升有影响。回归方程的

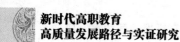
各预测变量系数情况如表 7-21 所示。

表 7-21　回归方程的各预测变量系数情况

系数[①]						
模型		未标准化系数		标准化系数	t	显著性
		B	标准误差	Beta		
1	（常量）	0.254	0.187		1.359	0.175
	就业认知	0.493	0.072	0.479	6.833	0.000
	就业实习能力	0.200	0.081	0.189	2.475	0.014
	学校支持	0.120	0.060	0.093	2.007	0.046
	单位和国家支持	0.111	0.045	0.125	2.468	0.014

注：①因变量：专业技能提升。

如表 7-21 所示，就业认知、就业实习能力、学校支持、单位和国家支持与专业技能提升均呈正相关。观察回归系数大小可知，就业认知对专业技能提升有较高的解释力。

4. 职业探索层面回归分析

笔者将职业探索作为因变量，将就业认知、就业实习能力、学校支持以及单位和国家支持作为自变量，采用 SPSS 软件分析工具建立多元线性回归方程模型（见表 7-22）。

表 7-22　职业探索层面回归输出结果

ANOVA[①]						
模型		平方和	自由度	均方	F	显著性
1	回归	94.153	4	23.538	38.051	0.000[②]
	残差	185.577	300	0.619		
	总计	279.730	304			

注：①因变量：职业探索。

②预测变量：单位和国家支持、学校支持、就业认知、就业实习能力。

在专业技能提升层面上，显著性水平 $P<0.05$，说明回归模型的整体解释变异量达到显著性水平，也说明在所预测的就业认知、就业实习能力、学校

支持以及单位和国家支持中至少有一个对专业技能提升有影响。回归方程的各预测变量系数情况如表7-23所示。

表7-23　回归方程的各预测变量系数情况

系数①					
模型	未标准化系数		标准化系数	t	显著性
	B	标准误差	Beta		
1	（常量）	0.788	0.320		2.460	0.014
	就业认知	0.030	0.123	0.024	0.246	0.805
	就业实习能力	0.461	0.138	0.351	3.331	0.001
	学校支持	−0.153	0.102	−0.096	−1.501	0.134
	单位和国家支持	0.348	0.077	0.314	4.500	0.000

注：①因变量：职业探索。

如表7-23所示，就业认知、就业实习能力、单位和国家支持与职业探索呈正相关，学校支持与职业探索呈负相关。观察回归系数大小可知，就业实习能力、单位和国家支持对职业探索有较高的解释力。

（五）共线性诊断

笔者对因变量为任务掌握，自变量为就业认知、就业实习能力、学校支持以及单位和国家支持的多元线性回归模型进行检验（见表7-24和表7-25）。

表7-24　共线性诊断输出结果

系数①			
模型		共线性统计	
		容差	VIF
1	就业认知	0.236	4.245
	就业实习能力	0.199	5.018
	学校支持	0.543	1.841
	单位和国家支持	0.454	2.202

注：①因变量：任务掌握。

表 7-25　共线性诊断

维度	特征值	条件指标	方差比例				
			（常量）	就业认知	就业实习能力	学校支持	单位和国家支持
1	4.939	1	0	0	0	0	0
2	0.033	12.268	0.25	0.01	0.01	0.04	0.31
3	0.015	18.04	0.22	0.13	0.1	0.01	0.65
4	0.009	23.997	0.45	0.2	0	0.77	0.03
5	0.005	33.052	0.07	0.66	0.9	0.18	0

四个自变量的 VIF 均小于 10，容差均大于 0.1。这说明，自变量之间不存在多重共线性，所构建的多元线性回归模型是稳定可靠的。

为分析影响学生岗位实习效果的重要因素，笔者采用文献研究法和问卷调查法，围绕就业认知、就业实习能力、学校支持以及单位和国家支持四个维度，采用相关分析和回归分析等统计分析方法确定了各个自变量岗位实习效果的影响程度。笔者通过对湖南省 12 所高职院校的调查发现：

（1）通过岗位实习，学生较好地完成了实习工作任务，达到了能力增强的目的，但在职业探索中发挥的作用较低。

（2）就业认知对掌握任务、提高综合素质、提高专业技能有明显作用，但对职业探索作用不大。

（3）就业实习能力对职业技能提升、职业探索等方面的影响十分明显。其中，对职业探索影响最大的是就业实习能力。

（4）学校支持对任务掌握、综合素质提升、专业技能提升等方面的作用比较明显，但对职业探索的作用则不明显。

（5）单位和国家支持对综合素质提升、专业技能提升、职业探索有明显影响，但对就业认知作用较小。

笔者的分析还存在以下不足：

（1）所调查的样本有待扩大。本次调查的样本来自湖南省 12 所高职院校，共收集了 305 个样本，对全国大学生岗位实习情况的代表性还不够。

（2）调查方法比较单一。本次调查主要采用文献研究法和问卷调查法，方法比较单一，问卷结果会受到被调查者态度或情绪等多方面因素的影响，所收集到的数据可能并不能反映被调查者的真实态度。因此，今后的研究应加入访谈法以便获得更加真实的信息。

第二节　基于 SPSS 软件的长沙民政职业技术学院岗位实习效果影响因素模型设计

一、学校简介

长沙民政职业技术学院位于湖南省长沙市，是中华人民共和国民政部和湖南省人民政府共同建设的一所高等学校。长沙民政职业技术学院入选了国家示范性高职院校、国家优质专科高职院校、中国特色高水平高职学校和专业建设计划（学徒制试点）、国家现代学徒制试点单位、湖南省卓越高职技术学院建设单位、中国—东盟高职院校特色合作项目院校。长沙民政职业技术学院荣获了全国深化创新创业教育改革示范高校称号，是第一所以民政、社会业务专业为主的高职院校。

二、统计调查方案设计

（一）调查目的

"读万卷书不如行万里路"，这强调了实践的重要性。学生在学校学习专业知识时，也需要去对应工作岗位历练实践。实习实训是高校人才培养的重要环节，实习质量决定了学生的就业和未来职业发展。众所周知，高职院校毕业生是国家重要的人力资源，是社会发展的重要动力。据了解，由于受多种因素影响，很多学生在实习实训时容易产生难以适应企业工作岗位的情况，影响实习效果。

因此，为了进一步了解学生实习中的实际情况，分析实习过程中影响实习效果的原因，帮助学生适应社会，顺利完成实习，本节以长沙民政职业技术学院 2023 届全体应届毕业生为调查对象，进行关于学生岗位实习效果及其影响因素的调查与分析，从而可以为高职院校就业实习管理以及提升学生岗位实习效果提供有借鉴性的建议。

（二）调查对象和调查单位

调查对象：长沙民政职业技术学院 2023 届的应届毕业生。

调查单位：长沙民政职业技术学院。

（三）调查内容

调查内容主要包括两个方面，一是调查学生的性别、专业、生源地以及政治面貌等基本信息，二是调查学生岗位实习效果及其影响因素方面的内容。具体调查内容如下：

（1）调查被调查者在实习期间的感受体验和能力提升情况。

（2）调查被调查者在岗位实习之前是否有相关兼职经历。

（3）调查学校是否有专门的实习指导课程。

（4）调查被调查者选择实习岗位时看重的因素及其他可能对实习效果产生重要影响的个人因素。

（5）调查被调查者对学校、实习单位关于提升实习效果和学生职业能力的一些建议等。

（四）调查方法

1. 文献研究法

笔者通过登录中国知网学术期刊网络出版总库搜索与阅读相关资料，收集关于就业实习以及就业实习效果影响因素方面的相关资料，进行整理归纳，初步了解就业实习及其影响因素的相关内容。

2. 问卷调查法

笔者在问卷星平台以电子问卷的方式进行调查。笔者首先在问卷星上输入调查问卷，之后生成填写调查问卷的二维码或链接，然后通过方便抽样的方式与 100 名调查者面对面扫码，或者由被调查者点击链接进行调查。在问卷填写过程中，若被调查者对问卷有不清楚的地方，笔者会及时进行解答，提高问卷的完整性、准确性、有效性。最后，笔者在问卷星后台直接将调查数据导出，再采用 SPSS 软件对数据进行统计分析。

三、 岗位实习效果及影响因素设计

通过对相关资料的整理，笔者首先确定关于岗位实习效果部分的三个方

面，即专业技能提升、职业素质提升和对未来职业发展规划的帮助；其次确定岗位实习效果影响因素部分的四个方面，即实习前的就业指导、实习氛围、薪资待遇和国家对大学生实习的政策支持。

（一）岗位实习效果衡量标准

实习效果主要集中表现在实习前后的效果对比、职业探索方面，因此笔者以长沙民政职业技术学院2023届参加岗位实习的毕业生为例，对他们在实习后专业技能、职业素质是否提高以及对未来职业发展规划是否有帮助三个方面进行调查，以分析学生整体实习效果。

围绕上述三个衡量指标，笔者初步确定了8个题项，其中职业素质提升和专业技能提升共设有6个题项，职业发展规划设有2个题项、笔者在问卷中设置李克特五级量表，将选项划分为五个等级并且对每个级别赋值：非常符合为5分，比较符合为4分，一般符合为3分，比较不符合为2分，非常不符合为1分（见表7-26和表7-27）。

表 7-26　岗位实习效果衡量指标

衡量标准	维度
1. 您的工作环境和经济报酬令人满意	职业素质提升
2. 通过实习，您的人际交往能力得到了提升	
3. 您圆满完成了实习工作	
4. 您和实习单位的同事及领导的关系非常融洽	
5. 通过实习，您的专业技术能力得到了提升	专业技能提升
6. 通过实习，您的实际操作能力得到了提升	
7. 通过实习，您更加清楚自己适合什么工作	职业发展规划
8. 通过实习，您确定了毕业后的工作单位	

表 7 27　岗位实习效果衡量指标的五级量表

岗位实习效果	非常符合	比较符合	一般符合	比较不符合	非常不符合
1. 您的工作环境和经济报酬令人满意	5	4	3	2	1
2. 通过实习，您的人际交往能力得到了提升	5	4	3	2	1

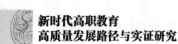
表7-27(续)

岗位实习效果	非常符合	比较符合	一般符合	比较不符合	非常不符合
3. 您圆满完成了实习工作	5	4	3	2	1
4. 您和实习单位的同事及领导的关系非常融洽	5	4	3	2	1
5. 通过实习，您的专业技术能力得到了提升	5	4	3	2	1
6. 通过实习，您的实践操作能力得到了提升	5	4	3	2	1
7. 通过实习，您更加清楚自己适合什么工作	5	4	3	2	1
8. 通过实习，您确定了毕业后的工作单位	5	4	3	2	1

（二）岗位实习效果影响因素

岗位实习效果影响因素是多方面的，有学校、社会条件、实习政策等客观因素，也有学生个人能力认知等方面的主观因素。通过前面的分析，笔者认为个人职业素养、专业技能、学校支持、公司支持、国家支持、亲人支持等几大要素是影响岗位实习效果的主要因素。

在岗位实习效果影响因素方面，笔者主要围绕学生岗位个人主观因素和学校支持、公司支持、国家支持等方面设计题项，共设计了 20 个题项。其中，个人职业素养和就业实习能力各 6 个题项，学校支持、公司支持、国家支持、亲人支持共 8 个题项。笔者在问卷中设置李克特五级量表，将选项划分为五个等级并且对每个级别赋值：非常满意为 5 分，比较满意为 4 分，一般满意为 3 分，比较不满意为 2 分，非常不满意为 1 分（见表 7-28、表 7-29和表 7-30）。

表 7-28 实习效果的客观因素

客观因素	维度
1. 学校学习管理制度	学校支持
2. 学校的法律援助	

表7-28（续）

客观因素	维度
3. 公司的培养制度	公司支持
4. 公司上司的关注与支持	
5. 有良好的实习氛围，公司环境令你满意	
6. 公司福利和薪资待遇方面令你满意	
7. 国家的政策支持	国家支持
8. 亲人的支持	亲人支持

表 7-29　实习效果的主观因素

主观因素	维度
1. 有良好的沟通表达能力和对新事物的学习能力	个人职业素养
2. 对本专业的兴趣和热爱	
3. 吃苦耐劳的工作精神	
4. 外向开朗的性格和优秀的人际沟通能力	
5. 有良好的抗压能力和积极向上的工作态度	
6. 能够和同事及领导和谐相处	
7. 个人能力的提升	就业实习能力
8. 能够熟练运用基础办公软件	
9. 优秀的专业课成绩	
10. 实习前做好充分的准备（包括心理、材料、技能等）	
11. 个人积累了丰富的校内活动工作经验	
12. 参加过相关的职业培训	

表 7-30　岗位实习效果影响因素衡量指标的五级量表

岗位实习效果影响因素	非常满意	比较满意	一般满意	比较不满意	非常不满意
1. 学校学习管理制度	5	4	3	2	1
2. 学校的法律援助	5	4	3	2	1
3. 公司的培养制度	5	4	3	2	1

表7-30（续）

岗位实习效果影响因素	非常满意	比较满意	一般满意	比较不满意	非常不满意
4. 公司上司的关注与支持	5	4	3	2	1
5. 有良好的实习氛围，公司环境令你满意	5	4	3	2	1
6. 公司福利和薪资待遇方面令你满意	5	4	3	2	1
7. 国家的政策支持	5	4	3	2	1
8. 亲人的支持	5	4	3	2	1
9. 有良好的沟通表达能力和对新事物的学习能力	5	4	3	2	1
10. 对本专业的兴趣和热爱	5	4	3	2	1
11. 吃苦耐劳的工作精神	5	4	3	2	1
12. 外向开朗的性格和优秀的人际沟通能力	5	4	3	2	1
13. 有良好的抗压能力和积极向上的工作态度	5	4	3	2	1
14. 能够和同事及领导和谐相处	5	4	3	2	1
15. 个人能力的提升	5	4	3	2	1
16. 能够熟练运用基础办公软件	5	4	3	2	1
17. 优秀的专业课成绩	5	4	3	2	1
18. 实习前做好充分的准备（包括心理、材料、技能等）	5	4	3	2	1
19. 个人积累了丰富的校内活动工作经验	5	4	3	2	1
20. 参加过相关的职业培训	5	4	3	2	1

四、基于 SPSS 软件的岗位实习效果影响因素模型设计

（一）信度检验和效度检验

1. 信度检验

信度分析可以用来检验问卷结果数据是否可靠、有效。克隆巴赫信度系

数（Cronbach α 系数）如果在 0.8 以上，则该测验或量表的信度非常好；信度系数若低于 0.8，但在 0.7 以上可以接受；信度系数若低于 0.7，但在 0.6 以上，则该量表应进行修订，但仍不失其价值；信度系数若低于 0.6，则该量表需要重新设计题项。

从表 7-31 可以看出，信度系数为 0.839，大于 0.8，这意味着研究数据的信赖度高。由被删除问题的系数可知，即使删除任何问题，信赖系数也不会大幅上升，因此表明不应再删除有关问题。综上所述，研究数据的可靠性系数超过 0.8，综合说明数据的可靠性高，可用于后续分析。

表 7-31　岗位实习效果信度检验

Cronbach 信度分析			
名称	校正项总计相关性（CITC）	已删除的 α 系数	Cronbach α 系数
1 您的工作环境和经济报酬令人满意	0.327	0.849	0.839
2 您圆满完成了实习工作	0.458	0.833	
5 通过实习，您的人际交往能力能够得到提升	0.743	0.796	
3 您和实习单位的同事及领导的关系非常融洽	0.607	0.815	
4 通过实习，您的专业技术能力得到了提升	0.678	0.807	
6 通过实习，您的实际操作能力得到了提升	0.629	0.812	
8 通过实习，您确定了毕业后的工作单位	0.465	0.834	
7 通过实习，您更加清楚自己适合什么工作	0.657	0.808	
标准化 Cronbach α 系数：0.837			

针对"项已删除的 α 系数"，任意题项被删除后，信度系数并不会有明显的上升，因此说明题项不应该被删除处理。针对"CITC"，学校实习管理制度、公司的培养制度、有良好的沟通表达能力和对新事物的学习能力、国家的政策支持对应的 CITC 值均介于 0.2~0.3，说明这四项与其余分析项之间的相关关系较弱。

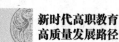
由于学校的政策支持、公司上司的关注与支持、亲人的支持、个人能力的提升对应的 CITC 值均小于 0.2，说明这四项与其余分析项的关系较弱，可以考虑进行删除处理。若为预测试分析，设计者可以针对此项进行修正后再收集正式数据。总体来说，信度系数值为 0.879，大于 0.8，因此说明研究数据信度质量较高，可用于后续分析。

表 7-32　岗位实习效果影响因素的信度检验

Cronbach 信度分析			
名称	校正项 总计相关性 （CITC）	已删除的 α 系数	Cronbach α 系数
学校实习管理制度	0.297	0.880	
学校的政策支持	−0.288	0.883	
公司的培养制度	0.240	0.880	
公司上司的关注与支持	−0.171	0.882	
有良好的实习氛围，公司环境令你满意	0.737	0.863	
公司福利和薪酬待遇方面令你满意	0.848	0.857	
国家的政策支持	0.232	0.881	
亲人的支持	−0.056	0.882	
有良好的沟通表达能力和对新事物的学习能力	0.294	0.879	
对本专业的兴趣和热爱	0.540	0.871	
吃苦耐劳的工作精神	0.510	0.872	0.879
外向开朗的性格和优秀的人际沟通能力	0.687	0.865	
优秀的专业课成绩	0.414	0.876	
参加过相关的职业培训	0.850	0.857	
实习前要做好的充分的准备（包括心理、材料、技能等）	0.411	0.876	
良好的抗压能力和积极向上的工作态度	0.574	0.870	
能够熟练运用基础办公软件	0.450	0.874	
个人能力的提升	0.146	0.881	
能够和同事及领导和谐相处	0.821	0.858	
个人积累了丰富的校内活动工作经验	0.691	0.865	
标准化 Cronbach α 系数：0.809			

2. 效度检验

效度用于测量题项（定量数据）设计是否合理，通过因子分析（探索性因子分析）方法进行验证。

笔者使用 KMO 和 Bartlett 检验进行效度验证，从表 7-33 可以看出，KMO 值为 0.738，介于 0.7~0.8，研究数据适合提取信息（从侧面反映出效度较好）。

表 7-33　岗位实习效果效度系数

KMO 和 Bartlett 的检验		
KMO 值	0.738	
Bartlett 球形检验	近似卡方	369.987
	df	28
	P 值	0.000

笔者使用 KMO 和 Bartlett 检验进行效度验证。从表 7-34 可以看出，KMO 值为 0.818，KMO 值大于 0.8，研究数据非常适合提取信息（从侧面反映出效度很好）。

表 7-34　岗位实习效果影响因素效度系数

KMO 和 Bartlett 的检验		
KMO 值	0.818	
Bartlett 球形检验	近似卡方	989.918
	df	190
	P 值	0.000

（二）高职学生岗位实习效果的内部差异

差异分析的目的在于比较两组数据或多组数据之间的差异。差异关系和相关关系不同，区别在于差异关系中的差异是指不同样本组的某个指标的差异，如男生和女生的学科类别涉及了变量的分组；相关分析是两个变量之间的关系，和样本分组无关，如智力和学习成绩是否相关。

笔者利用卡方检验（交叉分析）去研究公司的培养制度对实际操作能力

得到了提升和专业技术能力得到了提升共 2 项的差异关系。从表 7-35 可以看出，不同公司的培养制度样本对技术能力得到了提升不会表现出显著性（P>0.05），意味着不同公司的培养制度样本对专业技术能力得到了提升表现出一致性，并没有差异性。另外，公司的培养制度样本对实际操作能力得到了提升呈现出显著性（P<0.05），意味着不同公司的培养制度样本对实际操作能力得到了提升呈现出差异性，具体建议可以结合括号内百分比进行差异对比。公司的培养制度对实际操作能力得到了提升呈现出 0.05 水平显著性（chi =13.095，P = 0.011<0.05）。通过百分比对比差异可知，未选中选择一般符号的比例为 30.00%，明显高于选中选择一般符合的比例（8.57%）。选中选择符合的比例为 80.00%，明显高于未选中选择符合的比例（46.67%）。综上所述，不同公司的培养制度样本对专业技术能力得到了提升不会表现出显著性差异，公司的培养制度样本对实际操作能力得到了提升呈现出显著性差异。

表 7-35　岗位实习效果卡方检验

交叉（卡方）分析结果						
题目	名称	公司的培养制度/%		总计	X2	P
		未选中	选中			
通过实习，您的实际操作能力得到了提升	非常不符合	1（3.33）	3（4.29）	4（4.00）	13.095	0.011*
	不符合	3（10.00）	2（2.86）	5（5.00）		
	一般符合	9（30.00）	6（8.57）	15（15.00）		
	符合	14（46.67）	56（80.00）	70（70.00）		
	非常符合	3（10.00）	3（4.29）	6（6.00）		
总计		30	70	100		
通过实习，您的专业技术能力得到了提升	非常不符合	2（6.67）	2（2.86）	4（4.00）	9.353	0.053
	不符合	2（6.67）	0（0.00）	2（2.00）		
	一般符合	6（20.00）	7（10.00）	13（13.00）		
	符合	20（66.67）	57（81.43）	77（77.00）		
	非常符合	0（0.00）	4（5.71）	4（4.00）		
总计		30	70	100		

注：* 表示 P<0.05，** 表示 P<0.01。

（三）高职学生岗位实习效果的影响因素

在回归分析中，多元回归是指有两个或两个以上的自变量。实际上，一种现象常常是与多个因素相联系的，由多个自变量的最优组合共同预测或估计因变量，比只用一个自变量进行预测或估计更有效，也更符合实际。

笔者将专业技能提升作为因变量，亲人支持、学校支持、国家支持、就业实习能力、公司支持以及个人职业素养作为自变量，采用 SPSS 软件分析工具建立多元线性回归方程模型（见表7-36）。

表7-36　线性回归分析

线性回归分析结果（$n=100$）					
项目	非标准化系数		标准化系数	t	P	VIF
	B	标准误	Beta			
常数	0.173	0.104	—	36.288	0.000	—
亲人支持	0.023	0.185	-0.101	-1.205	0.23	1.173
学校支持	0.285	0.199	-0.205	-2.438	0.016	1.183
国家支持	0.183	0.121	0.137	1.517	0.04	1.353
就业实习能力	0.019	0.046	0.049	0.405	0.01	2.496
公司支持	0.067	0.037	0.213	1.796	0.05	2.343
个人职业素养	0.01	0.034	-0.037	-0.301	0.30	2.45
R^2	0.76					
F	$F_{(6, 148)} = 3.137$，$P = 0.006$					
D-W 值	1.903					

注：因变量为专业技能提升。

从表7-36可知，将亲人支持、学校支持、国家支持、就业实习能力、公司支持以及个人职业素养作为自变量，将专业技能提升作为因变量进行多元线性回归分析，回归方程可以写为：专业技能提升=0.173+0.023×亲人支持+0.285×学校支持+0.183×国家支持+0.019×就业实习能力+0.067×公司支持+0.01×个人职业素养。模型 R^2 值为0.76，表明回归模型的拟合优度较好。笔者在对模型进行 F 检验时发现模型通过 F 检验（$F=3.137$，$P=0.006<0.05$），表明亲人支持、学校支持、国家支持、就业实习能力、公司支持以及个人职业素养中至少一项会对专业技能提升产生显著的影响。另外，笔者针对模型的多重共线性进行检验，模型中 VIF 值全部小于10，说明模型不存在多重共线性问题。

第三节 湖南商务职业技术学院 学生岗位实习满意度的统计分析

一、调查背景及学院简介

（一）调查背景

在高职院校的人才培养中，岗位实习是重要的实践教学环节。岗位实习作为高职院校教学改革的重要组成部分，在培养高素质应用型人才方面发挥着不可替代的作用。岗位实习作为一种实践性教学环节，是在高校课堂理论教学与生产实际相结合的过程中形成的教学方式。但是，就目前高职院校岗位实习的情况来看，学生在实习期间对岗位实践和岗位实习的满意度较低，并存在着诸如实习时间短、学生工作能力低、缺乏指导教师等问题，这些都与高职院校岗位实习教育的目标相违背。因此，从影响学生对高职院校岗位实习满意度的因素进行调查分析显得尤为必要。

笔者以湖南商务职业技术学院为例，采用问卷调查法、统计分析法等方法对学生岗位实习满意度进行分析，并通过构建影响学生对岗位实习满意度相关因素的统计模型，对影响学生岗位实习满意度的因素进行实证分析，以期为相关部门提高高职院校学生工作能力、职业素质以及人才培养质量提供一些建议。

（二）学校简介

湖南商务职业技术学院创建于1950年，是由湖南省人民政府举办，湖南省供销合作总社主管的一所公办全日制普通高等学校。70多年来，湖南商务职业技术学院秉承"强商惠农、强能泽生、强文润校"的办学理念，坚持"服务湖南现代服务业转型升级，拓展农村商贸服务，培养高素质技术技能型湘商人才"的办学定位，已成为一所商科优势突出、行业特色鲜明、内部质量保证体系先进的湖南省卓越高职院校。

二、 概念界定

（一）岗位实习

岗位实习是指学生在基本完成教学实习和大部分基础技术课后，到专业对口的现场直接参与生产过程，综合运用本专业所学的知识和技能，完成一定的生产任务并进一步获得感性认识，掌握操作技能，学习企业管理，养成正确劳动态度的一种实践性教学形式。

不同于普通的实习实训，岗位实习需要完全履行其岗位的全部职责。岗位实习一般安排在学生在校学习的最后一年，这是符合教育规律的。学生在校经过理论知识准备的阶段之后进行岗位实习，能够充分发挥岗位实习的重要作用。

（二）满意度

满意是指一种心理状态，是个体需求被满足后的愉悦感，是个体对需求对象或服务的前期期望与实际使用对象或服务后的实际感受的相对关系。人们通常可用具体数字来衡量这种心理状态，该数据被称为满意度。

（三）岗位实习满意度

岗位实习满意度从本质上来说就是学生对岗位实习的预期和其在岗位实习过程中感知到的差距程度，即学生对岗位实习的主观感受。

三、高职院校岗位实习学生满意度的统计调查方案设计

（一）调查目的

为全面了解高职院校学生对实习单位和学校的总体评价，了解学生对岗位实习重要性的认知，学生对专业知识的掌握程度、专业技能及岗位工作实际情况的满意度等，笔者以湖南商务职业技术学院全体大三学生为调查对象，进行高职院校岗位实习学生满意度的统计调查方案设计，试图分析影响学生岗位实习满意度的重要因素，从而为今后高职院校与相关实习单位建立合作关系，进一步提高高职学生岗位实习效果提供建议。

（二）调查对象

调查对象：湖南商务职业技术学院全体大三学生。

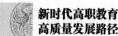
调查单位：湖南商务职业技术学院。

（三）调查内容

调查内容主要有以下五个方面：

第一方面是对基本内容的调查。笔者主要调查学生家庭所在地、每月开销、家人支持度、是否会继续从事所学专业、对岗位实习的了解度以及对岗位实习的整体满意度等。

第二方面是对学校满意度的调查。笔者主要调查学生对学校岗位实习管理制度的满意度，对学校实习指导教师的指导满意度，对学校课程与实习内容衔接性的满意度，对专业课程设置的满意度等。

第三方面是对企业满意度的调查。笔者主要调查学生对实习单位工资待遇的满意度，对实习单位规模的满意度，对实习单位考核方式的满意度，对实习单位给实习生的晋升空间的满意度以及对企业对待实习生态度的满意度等。

第四方面是对于实习成果满意度的调查。笔者主要调查对提升专业知识和技能程度的满意度，对提高人际交往能力的满意度，对就业信心增加程度的满意度，对个人价值体现的满意度以及对实习工作成就感的满意度等。

第五方面是调查学生对岗位实习的建议与疑问，以便及时了解学生的诉求，更好地发现问题，提出解决方案，提高学生对岗位实习的满意度。

（四）调查方法

本次调查采用问卷调查方法，通过在问卷星平台制作电子问卷，之后生成问卷二维码、填写链接等，通过微信、QQ等社交软件发放给湖南商务职业技术学院大三学生，并不断扩大样本容量。

（五）调查时间

调查时间为 2023 年 1 月 1 日至 2023 年 1 月 21 日。调查计划进度如表 7-37所示。

表 7-37　调查计划进度

时间	工作大纲	具体内容
2023 年 1 月 1 日至 2023 年 1 月 5 日	设计方案	调查方案设计和调查问卷设计

表7-37(续)

时间	工作大纲	具体内容
2023 年 1 月 6 日至 2023 年 1 月 10 日	发放问卷	发放、收集问卷，整理有效问卷
2023 年 1 月 11 日至 2023 年 1 月 21 日	整理问卷	对有效的问卷通过 SPSS 统计软件进行分析，得出相关结论

（六）调查问卷的设计

1. 调查维度的设计

由于影响岗位实习满意度的因素有很多，笔者主要从四个维度去进行调查问卷的设计，即基本信息、学校满意度、企业满意度、实习成果满意度。影响岗位实习满意度的维度汇总如表 7-38 所示。

表 7-38　影响岗位实习满意度的维度汇总

序号	指标
1	个人信息
2	家人对岗位实习的态度
3	对岗位实习的了解
4	对岗位实习的态度
5	对专业知识的熟练程度
6	学校的管理制度
7	指导教师的指导
8	课程与实习内容的衔接性
9	学校岗位实习内容的安排
10	工资待遇
11	单位的规模
12	单位的考核方式
13	单位的晋升空间
14	单位对待实习生的态度
15	个人价值的体现

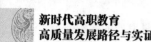

表7-38(续)

序号	指标
16	人际交往能力
17	就业信心
18	工作的成就感

2. 选项比重的确定

为了方便统计分析，笔者将调查问卷中的一些问题的选项以 1~5 分进行赋值，非常满意或非常支持等计 5 分，满意或支持等计 4 分，一般计 3 分，不满意或不支持等计 2 分，非常不满意或不在意等计 1 分。

四、调查结果的统计分析

笔者通过问卷星平台进行线上问卷发放，发放问卷 145 份，收回问卷 145 份，有效问卷 145 份，回收率为 100%。

（一）信度检验和效度检验

1. 信度检验

由表 7-39 可知，克隆巴赫系数（Cronbach α 系数）均大于 0.8，说明调查数据的信度很高，此调查问卷非常可信。

表 7-39　信度分析结果

维度	Cronbach's Alphd（α）系数	项数
学校满意度	0.916	5
企业满意度	0.933	5
实习成果满意度	0.937	5
总体	0.972	15

2. 效度检验

由表 7-40 可知，数据的 KMO 值为 0.954，大于 0.6，说明能通过效度检验，适合做因子分析。在 Bartlett 球形检验中，$P = 0 < 0.05$，表明选取的指标适合进行因子分析。

表 7-40　KMO 和 Bartlett 的检验结果

取样足够的 Kaiser-Meyet-Olkin 度量		0.954
Bartlett 球形检验	近似卡方	3 315.134
	df	300
	Sig.	0.000

（二）因子分析

笔者主要采用主成分分析法进行因子分析，提取到三个公因子。三个公因子可以解释全部方差的 80.998%。这说明提取的三个公因子能代表原来 15 个指标的 80.998%。这表明，数据信息损失较少，可以较好地解释初始数据。

从旋转成分矩阵（见表 7-41）可以看出，三个公因子所对应的题目与问卷中的三个维度所对应的题目有相同部分，也有不同部分。

表 7-41　旋转成分矩阵

项目	成分			项目	成分		
	1	2	3		1	2	3
个人价值的体现	0.773	0.254	0.431	学校实习的管理制度	0.322	0.690	0.502
实习的成就感	0.750	0.219	0.455	专业知识和技能的提升	0.562	0.649	0.292
就业的信心	0.748	0.368	0.311	实习单位的工资待遇	0.467	0.549	0.481
实习单位的晋升空间	0.720	0.478	0.288	本专业课程的设置	0.338	0.230	0.843
公司对待实习生的态度	0.706	0.505	0.255	学校指导教师的指导	0.370	0.287	0.761
提高人际交往能力的程度	0.625	0.535	0.358	学校岗位实习安排的内容	0.293	0.502	0.667
单位的考核方式	0.555	0.451	0.453	学校安排的实习单位的规模	0.427	0.517	0.605
学校课程与实习内容的衔接性	0.345	0.806	0.275				

第一个公因子由七个项目组成，分别为个人价值的体现、实习的成就感、就业的信心、实习单位的晋升空间、公司对待实习生的态度、提高人际交往能力的程度、单位的考核方式。七个项目的因素负荷量在 0.555~0.773。第一个公因子由问卷中实习成果满意度维度和企业满意度维度中的题目构成，笔者将该公因子命名为"个人收获与实习单位"。

第二个公因子由四个项目组成，分别为学校课程与实习内容的衔接性、学校实习的管理制度、专业知识和技能的提升、实习单位的工资待遇。四个项目的因素负荷量在 0.549~0.806。第二个公因子由问卷中实习成果满意度维度、企业满意度维度和学校满意度维度中的题目构成，笔者将该公因子命名为"实习内容与工资待遇"。

第三个公因子由四个项目组成，分别为本专业课程的设置、学校指导教师的指导、学校岗位实习安排的内容、学校安排的实习单位的规模。四个项目的因素负荷量在 0.605~0.843。第三个公因子与问卷中学校满意度的题目大体一致，将该公因子命名为"学校安排"。

表 7-42 为成分得分系数矩阵。笔者通过表 7-42 中的系数可以计算三个公因子的得分如下：

第一个公因子"个人收获与实习单位"：

$$Y_1 = 0.418X_1 + 0.408X_2 + 0.370X_3 + \cdots - 0.111X_{13} - 0.278X_{14} - 0.136X_{15}$$

第二个公因子"实习内容与工资待遇"：

$$Y_2 = -0.351X_1 - 0.391X_2 - 0.142X_3 + \cdots - 0.215X_{13} + 0.136X_{14} + 0.101X_{15}$$

第三个公因子"学校安排"：

$$Y_3 = 0.020X_1 + 0.068X_2 - 0.141X_3 + \cdots + 0.485X_{13} + 0.324X_{14} + 0.205X_{15}$$

笔者将原始数据带入表达式中，求出 Y_1，Y_2，Y_3。为了准确分析 145 位学生对岗位实习的满意度情况，笔者需要进行加权运算，从而得到综合得分模型如下：

$$W = \frac{31.391}{80.998}Y_1 + \frac{24.833}{80.998}Y_2 + \frac{24.775}{80.998}Y_3$$

表 7-42　成分得分系数矩阵

项目	成分			项目	成分		
	1	2	3		1	2	3
个人价值的体现	0.418	-0.351	0.020	学校实习的管理制度	-0.301	0.423	0.065
实习的成就感	0.408	-0.391	0.068	专业知识和技能的提升	0.031	0.323	-0.216
就业的信心	0.370	-0.142	-0.141	实习单位的工资待遇	-0.070	0.172	0.052
实习单位的晋升空间	0.286	0.020	-0.203	本专业课程的设置	-0.138	-0.303	0.605
公司对待实习生的态度	0.269	0.076	-0.242	学校指导教师的指导	-0.111	-0.215	0.485
提高人际交往能力的程度	0.134	0.116	-0.123	学校岗位实习安排的内容	-0.278	0.136	0.324
单位的考核方式	0.083	0.012	0.036	学校安排的实习单位的规模	-0.136	0.101	0.205
学校课程与实习内容的衔接性	-0.264	0.654	-0.222				

　　笔者统计综合得分中满意人数和不满意人数，整体满意度题目中满意人数和不满意人数，对比两者是否存在差异。

　　由于综合得分的总体均值为 0，岗位实习满意度总体均值为 3.59，则综合得分均值>0，表示满意；综合得分均值<0，表示不满意。岗位实习满意度均值>3，表示满意；岗位实习满意度均值<3，表示不满意。

　　如表 7-43 所示，综合得分满意的人数为 83 人，岗位实习满意度满意的人数为 90 人，综合得分不满意的人数为 62 人，岗位实习满意度不满意的人数为 55 人。由此可以看出，学生在问卷中填写的满意度会带有一定的主观因素，但是整体来说两者没有显著性差异。

表 7-43　满意度对比

名称		人数/人	占比/%
综合得分	满意	83	57.24
	不满意	62	42.76
岗位实习满意度	满意	90	62.07
	不满意	55	37.93

（三）学生对岗位实习满意度的描述统计分析

1. 整体满意度分析

由表 7-44 和表 7-45 可知，岗位实习满意度总体均值为 3.59，其中"满意"和"很满意"的人数占比为 62%，超过了"一般"的人数占比，表明整体满意度较高。但是，"非常不满意"的人数有 10 人，"不满意"的人数有 21 人，说明虽然整体满意度在 3.5 分以上，但是学生岗位实习满意度还有很大的提升空间。

表 7-44　描述统计分析结果

岗位实习整体满意度的统计量	数值
有效	145
缺失	0
均值	3.59
众数	4
标准差	1.205
和	520

表 7-45　描述统计分析结果

项目	频率	百分比/%	有效百分比/%	累计百分比/%
很不满意	10	6.9	6.9	6.9
不满意	21	14.5	14.5	21.4
一般	24	16.6	16.6	37.9
满意	54	37.2	37.2	75.2

表7-45(续)

项目	频率	百分比/%	有效百分比/%	累计百分比/%
很满意	36	24.8	24.8	100
合计	145	100	100	—

2. 学校安排满意度分析

由表7-46可知，四个维度的均值及众数均大于3，说明整体的满意度水平较高。其中，课程结构设置的均值（3.70）最高，之后依次是实习内容的安排（3.68）、实习单位规模（3.60）、指导教师的指导（3.56）。综上所述，学生普遍对校内的课程设置比较满意，从而也就对学校安排的内容比较满意，均值都在3.5以上。

表7-46　学校安排满意度概况

维度	均值	均值的标准误	标准差	方差	众数
课程结构设置	3.70	0.093	1.125	1.266	4
指导教师的指导	3.56	0.104	1.247	1.554	5
实习内容的安排	3.68	0.107	1.289	1.663	5
实习单位规模	3.60	0.111	1.341	1.797	5

虽然学生对学校的满意度整体较高，但是还存在一些问题。很多学生反映，学校课程的设置比较复杂，有些课程中对实习帮助不大的内容占比较高，这就导致在实习的时候，有很多知识在课程中未涉及，学生实习的时候较吃力。此外，学生在进入单位实习后，学校教师的指导较少，并没有及时帮助学生处理好实习中所遇到的问题。要显著提高学校安排满意度，学校可以从以下两个方面入手：一是合理安排学习课程，根据岗位实际需求对课程内容进行调整；二是教师要及时对学生在实习过程中遇到的问题进行解答，提高实习效率。

3. 实习内容与工资待遇满意度分析

在实习内容与工资待遇满意度中（见表7-47），四个维度的均值均在3~4，说明学生对企业整体满意度比较接近"一般"到"满意"之间。其中，专业知识和技能提升的均值最高（3.57），均值在3.50分以上的还有学校课

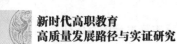
程与实习内容的衔接性（3.56）。学校管理制度的均值最低（3.44）。

表 7-47　实习内容与工资待遇满意度概况

维度	均值	均值的标准误	标准差	方差	众数
学校课程与实习内容的衔接性	3.56	0.108	1.296	1.679	4
工资待遇	3.49	0.108	1.297	1.682	5
专业知识和技能的提升	3.57	0.106	1.274	1.622	4
学校的管理制度	3.44	0.108	1.296	1.679	4

与学校满意度相比，学校满意度均值最高的为 3.70，实习内容与工资待遇满意度均值最高的为 3.57；学校满意度均值最低的为 3.56，实习内容与工资待遇满意度均值最低的为 3.44。这说明学生，对学校、实习内容与工资待遇的满意度都处于中等水平，都具有提升空间。总体而言，学生对学校满意度高于实习内容与工资待遇满意度。

4. 个人收获与实习单位满意度分析

由表 7-48 可知，七个方面的满意度均在 3~4，满意度均值最高的为 3.65，体现在工作的成就感的满意度方面；满意度最低是岗位晋升空间（3.43），但是也在 3 分以上。整体来看，相比于学生对企业满意度和学校满意度而言，个人收获与实习单位满意度高于实习内容与工资待遇满意度，但低于学校满意度。

表 7-48　个人收获与实习单位满意度概况

维度	均值	均值的标准误	标准差	方差	众数
工作的成就感	3.65	0.111	1.331	1.771	5
个人价值的体现	3.54	0.102	1.225	1.500	3
就业信心的增加	3.55	0.108	1.301	1.693	5
人际交往能力的提高	3.59	0.104	1.250	1.562	4
岗位晋升空间	3.43	0.110	1.327	1.761	5
公司对待实习生的态度	3.52	0.111	1.334	1.779	5
公司考核方式	3.48	0.107	1.292	1.668	5

（四）学生对岗位实习满意度的相关分析

为了了解影响岗位实习满意度的各个因素与学生对岗位实习满意度是否存在相关关系，笔者对三个公因子与岗位实习整体满意度进行相关分析。

第一种，岗位实习整体满意度与"学校安排"公因子之间的相关关系分析（显著性水平＝0.01，见表7-49）。

表7-49　相关性分析结果

变量	统计量	岗位实习整体满意度	学校安排
岗位实习整体满意度	Pearson 相关性	1	0.504**
	显著性（双侧）		000
学校安排	Pearson 相关性	0.504**	1
	显著性（双侧）	0.000	

注：** 表示在 0.01 水平（双侧）上显著相关。

如表7-49所示，学生对岗位实习整体满意度与"学校安排"公因子之间的相关系数为0.504，且 $P = 0 < 0.01$，在1%的显著性水平下，岗位实习整体满意度与"学校安排"公因子之间呈现显著正相关关系。这说明，学校安排得越好，学生对岗位实习的整体满意度就越高。

第二种，岗位实习整体满意度与"实习内容与工资待遇"公因子的相关关系分析（显著性水平＝0.01，见表7-50）。

表7-50　相关性分析结果

变量	统计量	岗位实习整体满意度	实习内容与工资待遇
岗位实习整体满意度	Pearson 相关性	1	0.425**
	显著性（双侧）		000
实习内容与工资待遇	Pearson 相关性	0.425**	1
	显著性（双侧）	0.000	

注：** 表示在 0.01 水平（双侧）上显著相关。

如表7-50所示，学生对岗位实习整体满意度与"实习内容与工资待遇"

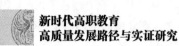
公因子的相关系数为 0.425，且 P = 0<0.01，在 1% 的显著性水平下，岗位实习整体满意度与"实习内容与工资待遇"公因子呈现低度正相关关系。这说明，实习内容与工资待遇越好，学生对岗位实习整体满意度越高。

第三种，岗位实习整体满意度与"个人收获与实习单位"公因子的相关关系分析（显著性水平 = 0.01，见表 7-51）。

表 7-51　相关性分析结果

变量	统计量	岗位实习 整体满意度	个人收获 与实习单位
岗位实习 整体满意度	Pearson 相关性	1	0.537**
	显著性（双侧）		000
个人收获 与实习单位	Pearson 相关性	0.537**	1
	显著性（双侧）	0.000	

注：** 表示在 0.01 水平（双侧）上显著相关。

如表 7-51 所示，学生对岗位实习整体满意度与"个人收获与实习单位"公因子的相关系数为 0.537，且 P = 0<0.01，在 1% 的显著性水平下，学生对岗位实习整体满意度与"个人收获与实习单位"公因子呈现显著正相关关系。这三个公因子中，"个人收获与实习单位"公因子与岗位实习整体满意度的相关系数最大。

（五）学生对岗位实习满意度的回归分析

根据相关分析结果，笔者将三个因子作为自变量，将岗位实习整体满意度作为因变量进行回归分析（见表 7-52）。

表 7-52　模型汇总

模型汇总				
模型	R	R^2	调整 R^2	标准估计的误差
1	0.851[①]	0.723	0.718	0.640 54

注：①预测变量：学校安排、实习内容与工资待遇、个人收获与实习单位。

表 7-52 反映了模型的检验统计量，R^2 = 0.723，说明在岗位实习整体满意度的变动中，有 72.3% 的变动是由学校安排、实习内容与工资待遇、个人

收获与实习单位三个自变量共同变动引起的。

表 7-53 为方差分析结果，P = 0.00<0.05，拒绝原假设，说明回归模型显著。

表 7-53　方差分析结果

ANOVA[①]					
模型		平方和	自由度	均方	F	显著性
1	回归	151.321	3	50.440	122.936	0.000[②]
	残差	57.852	141	0.410		
	总计	209.172	144			

注：①因变量：岗位实习整体满意度。

②预测变量：学校安排、实习内容与工资待遇、个人收获与实习单位。

学校安排、个人收获与实习单位、实习内容与工资待遇自变量的系数对应的 P 值均<0.05，这说明系数非常显著。

因此，回归方程可以写为 $y = 3.586 + 0.647x_1 + 0.513x_2 + 0.608x_3$，其中 x_1 为个人收获与实习单位，x_2 为实习内容与工资待遇，x_3 为学校安排，y 为岗位实习整体满意度。

笔者通过在问卷星平台发放、收集问卷，借助 SPSS 统计软件对数据进行分析，了解学生岗位实习满意度及其影响因素。岗位实习总体满意度均值为 3.59。在学校满意度分析中，学校课程结构设置的均值最高，指导教师的指导的均值最低，在实习内容与工资待遇满意度分析中，专业知识和技能的提升的均值最高，学校的管理制度的均值最低。在个人收获与实习单位满意度分析中，工作的成就感的均值最高，岗位晋升空间的均值最低。

笔者通过相关分析和回归分析得知，岗位实习整体满意度与学校安排、实习内容与工资待遇、个人收获与实习单位均存在正相关关系，并且个人收获与实习单位与岗位实习整体满意度的相关系数最大。在多元回归模型中，自变量学校安排、实习内容与工资待遇、个人收获与实习单位对因变量岗位实习整体满意度的影响显著。回归方程为 $y = 3.586 + 0.647x_1 + 0.513x_2 + 0.608x_3$，其中 x_1 为个人收获与实习单位，x_2 为实习内容与工资待遇，x_3 为学校安排，y 为岗位实习整体满意度。

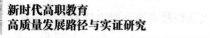

第四节　湖南大众传媒职业技术学院学生岗位实习满意度的统计分析

一、调查背景

在科技迅速发展的背景下，各行各业对统计人员和会计人员的需求量不断增加，很多企业越来越青睐招聘统计与会计核算专业的实习生。笔者通过对湖南大众传媒职业技术学院学生的岗位实习满意度进行调查分析，试图分析湖南大众传媒职业技术学院学生在实习过程中对学校、实习单位等的满意度，并分析出学校因素、薪资待遇、企业环境、人际交往、自身因素以及家庭因素这六项因素对学生岗位实习满意度的影响方向和影响程度。

二、学院简介

湖南大众传媒职业技术学院位于湖南省长沙市，创建于 2000 年 7 月。湖南大众传媒职业技术学院开设的专业众多，设有 34 个专业，6 个二级学院，分别是新闻与传播学院、影视艺术学院、视觉艺术学院、新媒体技术学院、国际传播学院；2 个教学部，分别是思想政治课教学部、体育课教学部。湖南大众传媒职业技术学院环境优美、师资力量雄厚，现有在校学生 1 万余人。

三、岗位实习满意度及影响因素设计

对岗位实习满意度的影响因素，笔者主要围绕学校因素、薪资待遇、企业环境、人际交往、自身因素以及家庭因素这六个方面进行调查分析。

（一）岗位实习满意度衡量指标

对岗位实习满意度，笔者设置题目"您对岗位实习整体满意吗"，将题目选项设置为李克特五级量表，将选项划分为五个等级并且对每个级别赋值：非常满意为 5 分，比较满意为 4 分，一般满意为 3 分，比较不满意为 2 分，非常不满意为 1 分。

（二）岗位实习满意度影响因素

1. 学校因素

如图 7-2 所示，认为学校技能实操对岗位实习影响较大的学生占比为 95%；认为学校专业知识对岗位实习影响较大的学生占比为 90%；认为学校基础理论和专业讲座对岗位实习影响较大的学生分别占比为 76.43%、66.43%；认为社团活动对岗位实习影响较大的学生占比仅为 10.71%。由此可见，大部分学生认为技能实操和专业知识对岗位实习满意度影响最大，紧随其后的是基础理论和专业讲座。因此，学校应加大对学生技能实操和专业知识的培训力度，让学生更好地掌握专业技能，提高职业能力，适应工作岗位。

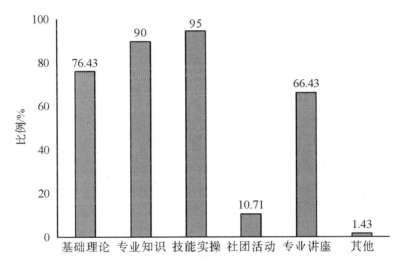

图 7-2　学校因素

2. 薪资待遇

企业给予实习生的实习工资对学生岗位实习满意度有一定的影响。由图 7-3 可知，实习工资在 2 001~3 000 元的占比为 76.43%；实习工资在 1 001~2 000 元的占比为 17.14%；实习工资在 1 000 元及以下和 3 000 元以上的分别占比为 0.71% 和 5.71%。调查得知，"工资低" 关键词出现的次数最多，并且学生对薪资待遇持很满意的状态占比仅为 49.29%，与其他数据相比较低。这说明，很多实习生对实习薪资待遇不太满意。通常来说，企业提供给学生的薪资待遇越高，越能激发学生工作的积极性，提高学生对岗位实习的整体满意度。

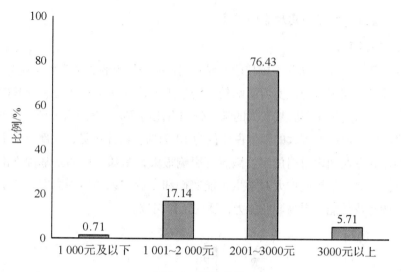

图 7-3　薪资待遇

3. 企业环境

在学生实习过程中，良好的工作环境、考核方式、发展前景以及管理机制可以提高学生对岗位实习的满意度。64.29%的实习生表示对企业实习环境持很满意态度；60.71%的实习生对单位管理机制持很满意态度；对单位考核方式、单位发展前景、单位人际关系持很满意态度的学生占比分别为60%、57.86%和57.86%。

4. 人际交往

学生在实习过程中，与同事之间有良好的人际关系也是极其重要的。良好的人际关系可以提高学生岗位实习的满意度。笔者调查得知，57.86%的实习生对单位人际关系氛围持很满意态度，32.86%的实习生对单位人际关系氛围持满意态度，这说明大学生对企业人际关系满意度较高。

5. 自身因素

通常来说，学生对专业知识掌握得越熟练，对岗位实习目的及意义的了解越多，越能激发学生工作的积极性，促使学生准确及时地完成实习任务，实现自我价值，提高学生对岗位实习的满意度。笔者调查得知，85.71%的实习生表示熟知专业知识，89.29%的实习生表示了解岗位实习目的及意义，这说明学生对自身专业知识熟练程度、岗位实习目的及意义的了解程度的满意度较高。

6. 家庭因素

学生在实习过程中获得家人的支持是非常重要的，如果家人不支持，可能会降低学生岗位实习的热情和工作完成度。笔者调查得知，57.14%的实习生表示家人对岗位实习持支持的态度，37.86%的实习生表示家人对岗位实习持非常支持的态度。

四、基于 SPSS 软件分析的岗位实习满意度影响因素模型设计

SPSS 软件分析包括对调查数据的信度、效度检验，相关系数的计算，回归模型的建立笔者使用 SPSS 软件从学校因素、薪资待遇、企业环境、人际交往、自身因素以及家庭因素六个方面来进行调查分析。

（一）信度检验和效度检验

笔者通过克朗巴哈系数（Cronbach α 系数）对统计与会计核算专业实习岗位满意度调查问卷进行信度检验，由此得出该问卷的可靠性；效度检验用于研究定量数据（尤其是态度量表题项）的设计合理性。

1. 信度检验

信度检验用于研究定量数据（尤其是态度量表题项）的回答可靠性和准确性。信度检验一般用 Cronbach α 系数进行判断，如果此值高于 0.8，则说明信度高；如果此值介于 0.7~0.8，说明信度较好；如果此值介于 0.6~0.7，说明信度可接受；如果此值小于 0.6，说明信度不佳。表 7-54 中最终 Cronbach α 系数为 0.677，介于 0.6~0 7，可知该问卷信度可接受。

表 7-54　信度分析

名称	Cronbach α 系数
家庭因素	0.677
人际交往	
自身因素	
薪资待遇	
企业环境	
学校因素	

2. 效度检验

效度检验一般用 KMO 值进行判断，如果此值高于 0.8，说明非常适合信息提取（效度好）；如果此值介于 0.7~0.8，说明比较适合信息提取（效度较好）；如果此值介于 0.6~0.7，说明可以进行信息提取（效度一般）；如果此值小于 0.6，说明信息较难提取（效度差）。笔者使用 KMO 和 Bartlett 检验进行效度验证，从表 7-55 可以看出，KMO 值为 0.758，KMO 值大于 0.6，说明研究数据效度较好。

表 7-55　效度分析

KMO 值	0.758
Bartlett 球形值	251.826
df	15
P 值	0.000

（二）数据描述

笔者利用 SPSS 软件计算学生岗位实习满意度与学校因素、薪资待遇、企业环境、人际交往、自身因素、家庭因素的描述统计量。描述统计量的输出结果如表 7-56 所示。

表 7-56　描述统计量的输出结果

项目	总和	平均值	标准差	方差	众数
学校开展的专业知识	582	4.16	4.16	4.16	4
学校开展的技能实操	600	4.29	4.29	4.29	4
实习单位的工资待遇	597	4.26	4.26	4.26	5
实习单位的工作环境	641	4.58	4.58	4.58	5
实习单位的考核方式	630	4.50	4.50	4.50	5
实习单位的发展前景	625	4.46	4.46	4.46	5
实习单位的管理机制	632	4.51	4.51	4.51	5
实习单位的人际关系	625	4.46	4.46	4.46	5
对本次实习，您提高人际交往能力的程度	629	4.49	4.49	4.49	5

表7-56(续)

项目	总和	平均值	标准差	方差	众数
您目前对所学专业知识技能掌握情况如何	591	4.22	4.22	4.22	4
您觉得自己了解岗位实习的目的和意义吗	586	4.19	4.19	4.19	4
在实习期间对自身实践能力的提升	589	4.21	4.21	4.21	4
对本次实习,您对就业信心增加的程度	633	4.52	4.52	4.52	5
对本次实习,您对您个人价值的体现	623	4.45	4.45	4.45	5
对本次实习,您对实习工作的成就感	636	4.54	4.54	4.54	5
家人对岗位实习的态度	605	4.32	4.32	4.32	4
岗位实习满意度	604	4.31	4.31	4.31	4

(三)计算相关系数

笔者利用 SPSS 软件计算学生岗位实习满意度与薪资待遇、学校因素、企业环境、人际交往、自身因素、家庭因素的 Pearson 相关系数(见表7-57)。

表 7-57 相关分析

变量	统计量	岗位实习满意度	薪资待遇	学校因素	企业环境	人际交往	自身因素	家庭因素
岗位实习满意度	相关系数	1						
	P 值							
薪资待遇	相关系数	0.564**	1					
	P 值	0.000						
学校因素	相关系数	-0.105	0.030	1				
	P 值	0.300	0.764					
企业环境	相关系数	0.830**	0.644**	-0.067	1			
	P 值	0.000	0.000	0.506				

表7-57（续）

变量	统计量	岗位实习满意度	薪资待遇	学校因素	企业环境	人际交往	自身因素	家庭因素
人际交往	相关系数	0.801**	0.610**	-0.078	0.866**	1		
	P 值	0.000	0.000	0.440	0.000			
自身因素	相关系数	0.248*	0.238*	-0.119	0.223*	0.307**	1	
	P 值	0.013	0.017	0.238	0.026	0.002		
家庭因素	相关系数	0.027	-0.068	-0.037	-0.054	-0.083	-0.030	1
	P 值	0.791	0.504	0.717	0.596	0.414	0.768	

注：* P<0.05，** P<0.01。

由表 7-57 可知，学生岗位实习满意度与薪资待遇、企业环境、人际交往、自身因素的相关性均呈现出显著性，相关系数分别为 0.564、0.830、0.801、0.248，均大于 0，这意味着学生岗位实习满意度与薪资待遇、企业环境、人际交往、自身因素存在显著的正相关关系。此外，学校因素、薪资待遇、企业环境、人际交往、自身因素、家庭因素等各个变量的相关系数均小于 0.8，这说明在多元线性回归时，将这些变量全部添加入模型中不会出现多重共线性问题。

（四）建立回归模型

回归分析用于研究一个或多个 X（自变量）对 Y（因变量）的影响方向及影响程度。笔者将家庭因素、人际交往、学校因素、自身因素、企业环境因素、薪资待遇作为自变量，将岗位满意度作为因变量进行多元线性回归分析（见表 7-58）。

表 7-58 多元线性回归分析

变量	非标准化系数		标准化系数	t	P	VIF
	B	标准误	Beta			
常数	0.546	0.281	—	1.945	0.055	—
家庭因素	0.381	0.068	0.449	5.597	0.000**	1.5

表7-58(续)

变量	非标准化系数		标准化系数	t	P	VIF
	B	标准误	Beta			
人际交往	0.022	0.071	0.049	0.305	0.761	6.063
学校因素	0.018	0.052	0.024	0.355	0.724	1.027
自身因素	0.195	0.07	0.204	2.777	0.007**	1.254
企业环境	0.256	0.092	0.432	2.788	0.006**	5.609
薪资待遇	0.006	0.034	0.012	0.165	0.869	1.194
R^2	0.601					
调整 R^2	0.575					
F	F (6, 93) = 23.346, P = 0.000					
D-W 值	2.086					

注：因变量为岗位满意度，* P<0.05，** P<0.01。

笔者设家庭因素为 X_1，人际交往为 X_2，学校因素为 X_3，自身因素为 X_4，企业环境为 X_5，薪资待遇为 X_6，岗位满意度为 Y。

从表 7-58 可以看出，多元线性回归模型可以写为 $Y = 0.546 + 0.381X_1 + 0.022X_2 + 0.018X_3 + 0.195X_4 + 0.256X_5 + 0.006X_6$。

由表 7-58 可知，回归模型 R^2 值为 0.601，说明回归模型拟合效果较好，F 统计量为 23.346，对应的概率 P 值小于 0.5，说明回归模型显著。

本次调查是对湖南大众传媒职业技术学院的学生实习岗位满意度进行调查分析，通过调查问卷的方式了解实习生对实习岗位的看法及建议。笔者通过问卷星平台向湖南大众传媒职业技术学院实习生发放了 140 份有效问卷。笔者选择统计与会计核算专业的学生进行调查分析。在调查过程中，笔者主要研究学校因素、薪资待遇、企业环境、人际交往、自身因素和家庭因素六个方面对学生实习岗位满意度的影响，目的是更好地了解学生对岗位实习的满意程度，并且根据最终问卷的数据反映实习生的感受。笔者主要运用 SPSS 软件对调查结果进行信度检验和效度检验，计算相关系数并且根据调查结果进行回归分析，以学校因素、薪资待遇、企业环境、人际交往、自身因素和家庭因素作为 X（自变量），以实习岗位满意度作为 Y（因变量）建立回归模型，最终得到多元线性回归方程 $Y = 0.546 + 0.381X_1 + 0.022X_2 + 0.018X_3 + 0.195X_4 + 0.256X_5 + 0.006X_6$。

第五节　湖南信息职业技术学院
学生岗位实习满意度的统计分析

一、调查背景

岗位实习是大学生走出校园走入社会的重要环节，大学生在岗位实习中可以不断积累实践经验，提高综合素质与能力。岗位实习是提高就业竞争力和创业能力的重要途径。随着高等教育大众化的发展，大学生在社会工作中所需要掌握的知识、技能和素养要求越来越高，在就业压力日益加剧的背景下，提高学生的实际操作能力和专业实践技能成为学生就业的核心竞争力。当前大学生在企业实习中存在的主要问题是缺乏对岗位实习质量及效果的评价与反馈。因此，笔者基于学生岗位实习满意度这一调查背景，探讨高职院校学生岗位实习满意度。调查对象为湖南信息职业技术学院所有大三的学生。湖南信息职业技术学院为湖南省人民政府主办的全日制普通专科院校，有两个校区，设有七个二级学院，开设 31 个高职专科专业，有在校学生 1 万余人，教职员工 500 余人。

二、学生岗位实习满意度衡量指标及影响因素

（一）学生岗位实习满意度衡量指标

学生岗位实习满意度衡量指标是指学生在实习过程中对某一企业或组织对自己的工作表现、劳动价值和劳动成果等方面所作出的总体评价。笔者通过调查与资料整理发现学生岗位实习满意度衡量指标主要有以下三个指标，分别为学生对学校实习管理的满意度（简称"学校实习管理"）、学生对实习单位特征的满意度（简称"实习单位特征"）、学生在实习期间取得的收获的满意度（简称"学生实习收获"，见表 7-59）。

表 7-59　学生岗位实习满意度指标体系

一级指标	二级指标	三级指标
湖南信息职业技术学院学生岗位实习满意度	学校实习管理	A1 实习前动员与准备情况
		A2 对学生的引导管理
		A3 校园招聘时的实习岗位
		A4 学校监督与检查方式
	实习单位特征	B1 薪资待遇
		B2 考核制度
		B3 工作氛围
		B4 工作量
		B5 工作条件
		B6 工作流程
		B7 专业对口
		B8 个人能力的发挥和认可
	学生实习收获	C1 专业知识与技能
		C2 沟通协调能力
		C3 文化素养和职业道德
		C4 就业信心

（二）影响学生岗位实习满意度的因素

满意度是指一个人的期望与其感知之间的差距程度。学生岗位实习满意度从本质上来说就是学生在岗位实习前的预期和他在实习过程中的感受之间的差距程度，即学生对岗位实习的主观感受。笔者通过分析文献并结合学生岗位实习实践，将高职院校学生岗位实习满意度影响因素划分为三类：学校实习管理、实习单位特征和学生实习收获。

（1）学校实习管理。在学生岗位实习过程中，学校对学生的引导管理是否到位、学校对学生是否进行岗前培训、学生岗前培训的形式及内容等都是影响实习满意度的重要因素。

（2）实习单位特征。实习单位的特征包括学生岗位实习单位的地点、实习岗位与专业的对口程度、实习岗位对技能培养的帮助程度、岗位实习的待遇报酬、实习单位的工作氛围等。笔者调查发现，管理规范、文化融洽、待遇良好的实习单位深受岗位实习学生的欢迎，学生岗位实习满意度较高。实习岗位技能要求不高、工作单调枯燥、轮岗机会较少、实习待遇偏低、实习指导人员能力素质不高等导致学生对岗位实习有一定的抵触情绪，导致学生岗位实习满意度不高。

（3）学生实习收获。学生实习收获包括学生实习过程中专业技能提升的程度、沟通协调能力的水平、提高文化素养和职业道德的程度、岗位实习对以后就业信心的影响、岗位实习时个人能力的发挥和认可等。岗位实习是专业技能的提升和工作经验积累的过程。在岗位实习过程中，学生能够学习提升得越多，学生岗位实习满意度就会越高。在岗位实习过程中，工作重复枯燥，能够学习到的技能与知识较少，学习岗位实习满意度低。

三、统计调查方案设计

（一）调查目的

学生岗位实习满意度调查是一项系统的调查活动，是对高职院校毕业生实习状况和学生对岗位实习满意度的调查，旨在了解高职院校毕业生在企业工作时满意度的情况，为企业了解应届毕业生的工作能力、职业素养以及就业情况提供依据；同时，让企业了解应届毕业生对自身工作岗位所持有的态度及其对自身工作岗位的看法。因此，本次调查可以使企业更好地了解学生在实习中是否满意自身所面临的状况及工作能力水平状况，从而更有针对性地改进或调整企业的人才培养方案，制定更为合理有效的人才管理策略。另外，本次调查还可以为政府相关部门和高校提供全面客观地了解企业情况及企业人才需求状况、合理解决人才供需矛盾以及解决大学生就业问题提供依据。同时，本次调查可以使政府和高校更加了解学生的意愿和想法，为制定促进学生就业与创业等政策提供参考。

（二）调查对象和调查单位

调查对象：湖南信息职业技术学院所有的大三学生。

调查单位：湖南信息职业技术学院。

（三）调查内容

本次调查的调查内容分为五个部分：第一部分是调查对象的个人基本资料与参与岗位实习的基本资料，包含性别、所在二级学院等、选择专业的理由、实习单位选择途径、实习收入情况；第二部分是学校实习管理问题，即在学生岗位实习期间学校指导学生和管理到位与否等问题；第三部分是实习单位特点，包括学生岗位实习单位位置、实习岗位和专业对口程度等、实习岗位对技能培养的帮助程度、岗位实习的待遇报酬、实习单位的工作氛围等；第四部分是学生实习收获，包括提升专业技能、沟通协调能力、文化素养和职业道德等；第五部分是学生实习总体满意度调查。

（四）调查方法

本次调查采用问卷形式开展。笔者通过问卷星平台制作电子问卷，采用网络自填方式让受访者通过 QQ、微信等方式扫码填写问卷。使用此调查方法可以快速、低成本地收集到较为真实的数据资料。

（五）问卷设计

问卷结构包括标题、问卷说明、问题及选项、编码。在问卷设计中，我们采用封闭式问卷类型，即问卷题目由是否式、选择式题目组成。这样设计的目的是让调查对象尽可能回答问卷，避免受访者给出不准确的答案。问卷设计了五个部分、24 题。第一部分基本信息 7 题，第二部分学校实习管理 4 题，第三部分实习单位特征 8 题，第四部分学生实习收获 4 题，第五部分学生实习总体满意度 1 题。其中，第二、三、四、五部分采用李克特五级量表，满意度划分为非常不满意、不满意、一般、满意和非常满意五个等级，分别代表 1 分、2 分、3 分、4 分、5 分。本次调查共发放 105 份问卷，其中有效问卷为 100 份，无效问卷为 5 份。（无效问卷判别标准为是否认真填写，如题目未填写完毕或全程选一个答案则为无效问卷）。

四、基于 Excel 的数据整理

（一）简单随机抽样

笔者运用 Excel 的数据分析库中的抽样分析工具从 100 个总样本中产生随机数抽取样本。笔者抽取样本 25 个，简单随机抽样如表 7-60 所示。

表 7-60　简单随机抽样

总体单位	100	
样本个数	25	
抽样分析工具产生的随机数	随机数	
	33	37
	83	5
	94	85
	92	74
	32	43
	93	79
	56	41
	47	40
	89	52
	73	23
	28	25
	67	30
	98	

（二）等距抽样

为了提高样本的代表性、降低整理与分析的工作量，笔者运用等距抽样方法抽取样本，排除简单随机抽样抽取的 25 份数据，从余下的 75 份数据中重新抽取 25 份。笔者仍然使用 Excel 的数据分析库中的抽样分析工具。等距抽样如表 7-61 所示。

表 7-61　等距抽样

总体单位	75	
样本个数	25	
抽样分析工具产生的随机数	随机数	
	3	55
	7	59
	10	62
	13	65
	16	69
	19	72
	22	77
	27	81
	34	86
	38	90
	44	96
	48	100
	51	

（三）数据编码

笔者将用简单随机抽样方法和等距抽样方法抽取的 50 组数据提取出来，用 Excel 重新进行数据编码。笔者运用 Excel 的查找和替换功能将数据中的五种评价分别替换为分值，如将"非常满意"替换为"5"。

五、　基于 Excel 和 SPSS 的数据分析

（一）描述性统计分析

1. 学校实习管理分析

本次分析观测数为 50，学校动员与准备情况满意度、引导管理满意度、校园招聘岗位满意度、监督与检查方式满意度均值分别为 3.28、3.3、3.18、3.14（可以看出，湖南信息职业技术学院学生对学校引导管理满意度最高），

中位数与众数都为 3；峰度分别为 - 0.502 42、- 0.691 22、- 0.150 11、- 0.033 47，均小于 0，呈扁平分布；偏度分别为 - 0.016 12、0.203 693、- 0.251 26、- 0.128 11，其中只有引导管理满意度大于 0，呈右偏分布，其余小于 0，呈左偏分布。

2. 实习单位特征分析

本次分析观测数为 50，薪资待遇、考核制度、工作氛围、工作量、工作条件、工作流程、专业对口、个人能力的发挥和认可满意度均值分别为 3.42、3.64、3.52、3.12、3.26、3.14、3.42、3.36（可以看出湖南信息职业技术学院学生对考核制度满意度最高），峰度只有工作条件满意度大于 0，呈尖峰分布，其余均小于 0，呈扁平分布；偏度有工作量满意度和专业对口满意度大于 0，呈右偏分布，其余小于 0，呈左偏分布。

3. 学生实习收获分析

本次分析观测数为 50，专业知识与技能、沟通协调能力、文化素养和职业道德、就业信心满意度均值分别为 3.48、3.28、3.08、3.34（可以看出，湖南信息职业技术学院学生对提升专业技能程度满意度最高），峰度只有就业信心满意度大于 0，呈尖峰分布，其余均小于 0，呈扁平分布；偏度只有专业知识与技能满意度大于 0，呈右偏分布，其余小于 0，呈左偏分布。

4. 平均满意度分析

由表 7-62 可知，湖南信息职业技术学院学生在学校实习管理、实习单位特征以及学生实习收获的平均满意为 3.293 分，三个维度的满意度均在 3~4 分，从高到低分别为实习单位特征、学生实习收获、学校实习管理。得分最高的实习单位特征与得分最低的学校实习管理相差仅 0.135 分。因此，学生岗位实习满意度均处于"一般"到"满意"之间。

表 7-62　学生岗位实习满意度得分总体情况

维度	得分	平均得分
学校实习管理	3.225	
实习单位特征	3.36	3.293
学生实习收获	3.295	

调查得知，71%的学生都认为实习很重要，在满意度调查中工作氛围满意度最高，满意率为57%，一般率为30%，抱怨率为13%；抱怨率最高的为工作流程，抱怨率为23%。因此，实习单位应完善工作流程，提高工作效率。

（二）假设检验分析

1. 各维度满意度与3分之间的差异分析

本次检验的样本容量为50，检验学生岗位实习三个维度的满意度与3分是否存在显著差异，即检验单个变量的均值与实际检验值是否存在差异。因此，本次检验使用SPSS软件中单样本T检验功能进行检验。首先，笔者提出原假设和备择假设。

（1）学校实习管理维度。原假设·湖南信息职业技术学院学生对学校实习管理满意度等于3分（显著性水平α＝5%）。备择假设：湖南信息职业技术学院学生对学校实习管理满意度不等于3分（显著性水平α＝5%）。

（2）实习单位特征维度。原假设：湖南信息职业技术学院学生对单位特征满意度等于3分（显著性水平α＝5%）。备择假设：湖南信息职业技术学院学生对单位特征满意度不等于3分（显著性水平α＝5%）。

（3）学生实习收获维度。原假设：湖南信息职业技术学院学生对学生实习收获满意度等于3分（显著性水平α＝5%）。备择假设：湖南信息职业技术学院学生对学生实习收获满意度不等于3分（显著性水平α＝5%）。

笔者用SPSS软件进行单样本T检验分析得知，学校实习管理满意度均值为3.38，与实习单位特征满意度均值一致，学生实习收获满意度均值为3.44；学校实习管理满意度、实习单位特征满意度、学生实习收获满意度的T值分别为4.735、5.48、6.206，自由度均为49，P值均小于α＝0.05，因此拒绝原假设。学生对上述三个维度的满意度与3分均有显著性差异。

2. 岗位实习满意度的性别差异分析

为了进一步检验学生岗位实习满意度是否存在性别差异，笔者通过SPSS软件对男生和女生的岗位实习满意度进行独立样本T检验，样本容量为50。首先，笔者提出原假设和备择假设。

原假设：湖南信息职业技术学院学生岗位实习满意度不存在性别差异。

备择假设：湖南信息职业技术学院学生岗位实习满意度存在性别差异。

笔者由单样本T检验分析得知，男生对学校实习管理满意度略低于女生；

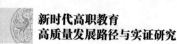
女生对实习单位特征满意度和学生实习收获满意度略低于男生。P 值均大于 $\alpha = 0.05$，不拒绝原假设，因此实习生对学校实习管理、实习单位特征、学生实习收获的满意度不存在显著的性别差异。

（三）相关分析

为了了解各个维度两两之间存在的相关关系，笔者使用 Excel 的数据分析工具中的相关系数工具计算相关系数矩阵。由表 7-63 可知，学生实习收获与学校实习管理的相关系数为 0.262 959，大于 0，两者之间存在正相关关系；学校实习管理与实习单位特征之间的相关系数为 -0.002 51，小于 0，两者存在负相关关系；学生实习收获与实习单位特征之间的相关系数为 -0.157 88，小于 0，两者存在负相关关系。

表 7-63　相关分析结果输出

项目	学校实习管理	实习单位特征	学生实习收获
学校实习管理	1		
实习单位特征	-0.002 51	1	
学生实习收获	0.262 959	-0.157 88	1

（四）回归模型的构建

本次回归模型构建以学校实习管理满意度、实习单位特征满意度和学生实习收获为自变量 X，其中 X_1 为学校实习管理，X_2 为实习单位特征，X_3 为学生实习收获；以岗位实习总体满意度为因变量 Y 构建多元线性回归模型。由表 7-64 中的模型可知，R^2 为 0.865，说明回归模型拟合效果较好；说明岗位实习总体满意度 86% 的变动是由于学校实习管理、实习单位特征以及学生实习收获三个变量引起的。

表 7-64　回归分析模型汇总

模型	R	R^2	调整 R^2	标准估计的误差
1	0.930[①]	0.865	0.857	0.090 50

注：①预测变量：学校实习管理、实习单位特征、学生实习收获。

表 7-65 显示，P 值小于 $\alpha = 0.05$，拒绝原假设，回归模型显著。

表 7-65　回归分析 ANOVA

ANOVA[1]					
模型	平方和	自由度	均方	F	显著性
	回归	2.421	3	0.807	98.531	0.000[2]
1	残差	0.377	46	0.008		
	总计	2.798	49			

注：①因变量：岗位实习整体满意度。

②预测变量：学校实习管理、实习单位特征、学生实习收获。

由表 7-66 可知，学校实习管理变量、实习单位特征变量和学生实习收获变量的 P 值均小于 $\alpha = 0.05$，拒绝原假设，因此学校实习管理、实习单位特征变量和学生实习收获对岗位实习总体满意度有显著影响。因此，多元线性回归方程表示为 $Y = -0.039 + 0.281X_1 + 0.478X_2 + 0.247X_3$。

表 7-66　回归分析系数

系数[1]						
模型		未标准化系数		标准化系数	t	显著性
		B	标准误差	Beta		
	（常量）	-0.039	0.211		-0.185	0.854
1	学校管理	0.281	0.028	0.559	9.956	0.000
	实习单位特征	0.478	0.041	0.642	11.712	0.000
	实习收获	0.247	0.042	0.337	5.937	0.000

注：①因变量：岗位实习整体满意度。

笔者运用了问卷调查法，从学校实习管理、实习单位特征、学生实习收获三个维度了解湖南信息职业技术学院学生岗位实习满意度情况，共收集到 105 份问卷，其中有效问卷为 100 份。湖南信息职业技术学院学生岗位实习满意度的整体得分为 3.293 分，三个维度得分均在 3~4 分，说明学生岗位实习满意度在"一般"到"满意"之间。学校实习管理满意度最低，实习单位特征满意度最高。之后，笔者通过 Excel 进行简单随机抽样和等距抽样抽取 50 份样本进行统计分析，得出的多元线性回归方程为 $Y = -0.039 + 0.281X_1 +$

$0.478X_2+0.247X_3$，其中 X_1 表示学校实习管理满意度，X_2 表示实习单位特征满意度，X_3 表示个人实习收获满意度，Y 表示岗位实习总体满意度。R^2 为 0.865，说明回归模型拟合效果较好。

第八章
新时代高职教育高质量发展的对策建议

第一节　加强党建引领助推高职院校高质量发展

一、建立健全实践育人体系

一是开展全方位的实践活动。大学生尚未进入社会，实践经历和社会经验欠缺，实践活动可以让大学生亲身感知、体验社会、扩展视野，从而获取成功的经验，并体验失败的教训。高职院校基层党组织在实践育人中要以实践活动为基石，构建全面的实践活动体系，让学生在参与实践活动，在实践活动中成长。

二是以全体学生为实践主体。实践育人要面向全体学生，达到全员育人的效果。高职院校基层党组织要以学生现有的能力水平为起点，打造丰富多样的实践活动平台，引导每个学生积极参与实践，在实践中提升自我。

三是拓展实践活动空间，一方面，高职院校基层党组织要丰富实践活动的类型，从技能学习、职业生涯教育到社会实践等各个方面；另一方面，高职院校基层党组织要通过各种渠道搭建校内外实习实践基地，创造各种机会和条件，形成一个开放、多元、立体的实践活动空间。

四是建立完善的实践育人方案。高职院校基层党组织要依据各专业学生的需求和特点，结合学校实际情况，遵循学生的成长成才规律，精心设计实践育人的方案，合理分解实践育人各个阶段的任务、实施时间，确保党建活动育人的系统性、连续性、有效性。

二、开展各种实践育人活动

高职院校基层党组织实践育人的基石是实践，实践活动决定了其育人效果。高职院校基层党组织应当围绕立德树人根本任务，组织开展面向全体、立意新颖、形式多样、内容丰富、吸引力强的实践活动。

一是高职院校基层党组织可以开展体验式实践活动，即以体验为主要形式和目的的实践活动，比如参爱国教育基地、博物馆，或者禁毒教育基地等。二是高职院校基层党组织可以开展情景式实践活动，即通过创设一定的情境让学生获得体验和感悟，比如组织学生参加英雄模范或先进人物事迹报告会等。三是高职院校基层党组织可以开展志愿服务式实践活动，即组织学生参加实践活动，比如服务残疾人、关爱老人、关爱留守儿童、山区支教等，让学生在服务他人、服务社会的过程中理解实践的意义，了解社情、国情，磨炼个人的意志，提高个人能力，并增强社会责任感。

三、　建立健全考核评价机制

考核评价机制是调动高校基层党组织开展实践育人的动力来源，是高职院校基层党组织实践育人效果的重要保障。因此，高职院校要建立科学、规范、完善的考核评价机制。高职院校可以基于 CIPP 评价模式理论框架，通过分析《教育部办公厅关于开展"三全育人"综合改革试点工作的通知》等政策文本，围绕出背景、输入、过程、结果四个评价维度构成的对高职院校二级学院党总支、基层党支部和支部党员为主体的"三位一体"基层组织党建育人成效进行实证研究，以期找山影响育人成效的重要因素，再制定对应的具体举措，形成可复制、可推广的高职院校基层党组织党建育人的体制机制，打造可以示范和推广的党建育人示范品牌。

四、　以互联网等多种媒介扩大宣传影响力

高职院校基层党组织可以通过互联网、微博、微信等多种媒介，大力宣传实践活动及其育人效果，营造良好的舆论氛围，增强师生员工对高职院校基层党组织实践育人重要性的认识，吸引广大学生积极参与到实践活动中来。

高职院校可以通过互联网平台开展党建工作，通过在学校官网及时发布一些关于国内外政治、经济、文化的最新消息，让学生时时刻刻都能了解国家大事；同时，定期开展评议活动，让大家可以通过自主评价的方式发现存在的问题，并能及时解决问题，以期提高新时代党建育人实效。

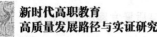
第二节　提升实习管理效能
推动职业教育高质量发展

一、多措并举提高岗位实习有效转化就业率

（一）政府管理层面

在获取经济补偿、纳税减免单位实习的学生有效转化就业的概率相比在未获取经济补偿、纳税减免单位实习的学生有效转化就业的概率更高。笔者在调查影响企业参与岗位实习合作的主要因素中发现，学生在岗位实习期间，企业、学校、学生三者的权利和义务没有明确规定，没有给予参与合作企业利益补偿，这在一定程度上影响了岗位实习效果，岗位实习质量更是难以得到保证。因此，政府管理部门应进一步加大对高职院校岗位实习政策的支持力度，逐步出台有利于高职院校岗位实习实施的税收激励、国家购买实习岗位、实习学徒保险金补偿等政策，整合人力资源社会保障部、财政部、教育部等部门的力量，强力助推高职院校岗位实习制度的实施。

（二）学校、企业层面

学生认为，教师熟练程度和学校管理措施对岗位实习转化有效就业有较大的影响，这比较符合现实。高职院校应多措并举提升指导教师熟练程度、双师素质。大部分学生反映学校落实学生岗位实习单位难度大；大部分学生在岗位实习期间相当分散，学校指导不到位，学生管理工作难度大；学生岗位实习考核体系不健全。因此，高职院校应着重做好以下三个方面的工作：

（1）高职院校应加快人才培养模式改革，积极探索"订单培养""定向培养""现代学徒制"等人才培养模式，加强市场调研，准确把握人才需求变化，明确人才培养目标的职业性和针对性，加大双师型教师的引进和培养，以能力本位教育理论为指导，以专业课程体系建设为抓手，对接岗位要求，构建能够培养学生知识、能力、素质协调发展，胜任未来岗位需求的新型课程体系，突出实践教育，加强学生职业技能训练。

（2）高职院校应重视校企合作，丰富就业实习基地。实习与就业一体化的实习基地具体是指有一定规模的、能够提供学生参加实习和社会实践、能够服务于企业选拔人才的学校以外的教学基地。高职院校要找准学校与企业利益的结合点，本着互惠互利的原则，建立长期稳定的实习基地。高职院校应通过激励机制，提高实习企业对实习生转化就业的主动性。学生应通过岗位实习充分展示自己，争取得到用人单位留用的机会。高职院校应进一步将实习基地向就业基地转化，实现岗位实习有效转化就业。

（3）高职院校应健全考核评价体系，完善实习就业的管理。高职院校应协同企业共建信息化平台加强岗位实习过程管理，通过信息化平台的构建，突破岗位实习管理时间、空间上的瓶颈，让学生、企业、学校三方在岗位实习过程中达到更好的交流效果，提高管理效率。高职院校应及时反馈考核评估结果，改进实习计划的安排，帮助学生更好地完成岗位实习任务。信息化可以满足岗位实习过程中的全员参与、全程指导、全面考核的动态管理需求。

（三）学生层面

在专业技能方面，学生普遍认为专业技能的影响较大，这说明学生不能忽视专业课的学习。社会实践对毕业生岗位实习转化有效就业的影响也不容轻视。学生在学习之余要尽量参加社会实践活动，比如参加职业技能竞赛、考取有用的证书，不断提高自身的能力。学生普遍认为个人品质和道德修养对岗位实习转化有效就业有较大的影响，这是比较符合现实的。因此，学生一定要在这方面多加注意。数据表明，没有与实习单位签约的学生对岗位实习的目的、任务认识还不够全面，角色转化意识淡薄。因此，学生应及时转变角色，认识到自己不只是学生，要深刻理解岗位实习的目的与意义，通过岗位实习充分展示自己，争取得到用人单位留用的机会，提高就业转化率。

二、"四维一体"岗位实习质量智能监控体系

（一）教育主管部门方面

众所周知，2016年教育部出台了《职业学校学生实习管理规定》，要求学校要向教育主管部门备案，教育主管部门是监督的主体。因此，一方面，教育主管部门可以就高职院校岗位实习课程综合评价模型得出的课程质量作为监督学校组织岗位实习是否符合课程质量要求的重要依据之一；另一方面，教育主管部门对目标监测模型中发现的问题应及时反馈评价结果，将学生岗位实习课程效果纳入教育主管部门负责人任期目标和工作实绩考核内容，重

视学生岗位实习课程质量评判工作，提前采取相应措施，做好课程质量提升工作。

（二）学校方面

高职院校在组织学生开展岗位实习时，利用高职院校岗位实习课程质量监测模型对每个专业进行客观及时的评估，及时调整岗位实习教学，达到"以评促改"的目的，确保岗位实习教学秩序和教学质量。岗位实习质量监测模型的广泛应用，使得高职院校岗位实习教学评价更加客观、科学、公正、规范和权威，可以得到社会和用人单位的高度认可。

（三）实习单位方面

实习单位要加强与学校的双向沟通，组织企业指导教师与校内指导教师共同讨论，就高职院校岗位实习课程质量监测模型中显示出效果较差的一些主要监测指标进行沟通协商，共同提出提高方案，达到"以评促建"的作用。

（四）学生方面

学生可以通过高职院校岗位实习课程质量监测模型及时了解岗位实习存在的薄弱环节，针对薄弱环节有针对性地提高自身的职业岗位能力，促进岗位实习有效转化就业。

第三节　推动高职教育专业结构
与区域产业结构无缝对接

一、对接产业需求，构建专业随产业发展的动态调整机制

（一）增加农林牧渔大类毕业生人数，加快发展现代农业相关专业

高职院校专业动态调整要坚持服务区域经济发展的原则，基于区域经济发展与产业发展规划和企业用人需要，建立专业设置的预警机制和动态调整机制。笔者的调查结果显示，湖南省农林牧渔大类毕业生比率远远低于第一产业比率，这意味着该专业大类还不能为第一产业发展提供懂农爱农的技术

技能型人才。因此，高职院校应结合湖南省经济发展的目标和优势条件，基于湖南省三次产业结构与高职院校毕业生比率的预测数据，优化专业设置，加强对都市型现代农业的相关技能培训，有针对性地开展行业实用技术技能培训，帮助农村人口能够快速掌握这些行业所需的某项专门的技术技能，以实现农业农村现代化发展的目标。

（二）增加土木建筑大类、制造业大类毕业生人数，减少轻工纺织大类毕业生人数，为高技术制造业和战略性新兴产业等补齐人才短板

笔者的调查结果显示，湖南省土木建筑大类、制造业大类毕业生比率低于第二产业比率，这意味着该专业大类同样不能为第二产业发展提供先进制造业和高新技术产业的技术技能型人才。因此，高职院校应鼓励设置第二产业相关专业，服务推动传统产业转型发展，加强现有传统专业改造，融合云计算、大数据、互联网等新技术，推进传统专业的智能化、网络化改造，促进冶金、化工、建材、纺织、食品加工等传统产业转型升级，缓解第二产业相关专业规模过小、不能适应第二产业发展的矛盾，不断增强高职院校服务区域经济发展的能力。

（三）对标产业需求，调整电子大类、旅游大类、文化艺术大类、公共管理与服务大类等毕业生人数，加大差异化人才培养力度

笔者的调查结果显示，湖南省交通大类、电子大类、新闻大类等第三产业毕业生比率整体大于第三产业比率，这意味着该产业对应的相关专业的毕业生人数已超过该产业所能容纳的数量。据 2022—2026 年毕业生比率的预测结果可知，湖南省电子信息行业、旅游行业、文化艺术行业和公共管理与服务对专科毕业生的需要降低，而财经商贸大类毕业生比率为 17.41%，相比于 2021 年提高了 0.34%，这意味着湖南省对财经商贸大类专业的人才需求在提高。因此，高职院校要紧贴湖南省经济发展需求，依靠区位优势，对第三产业专业大类进行调整，为金融、信息服务、科技服务等优势行业提供人才智力支撑，大力推动服务业融合化、数字化、协同化发展。

二、适应社会，严控社会需求量小、就业率低的专业

笔者的调查结果显示，湖南省应根据产业发展情况，适当减少交通大类、电子大类、新闻大类、文化教育大类招生人数，将这类专业列入省控专业，

同时，鼓励设置适应现代服务业及战略性新兴产业发展的专业，提升现有专业服务第三产业的水平。

三、 立足区域， 组建特色专业群， 提升专业群与区域经济协同发展的能力

高职院校应积极建设学校特色专业群，以服务制造强省为己任。一是高职院校应推动专业规模化发展，即专业规模要维持在一定数量上。高职院校应基于湖南省三次产业结构与高职院校毕业生比率数据开展专业结构评估和调整，对传统专业进行专业撤并整合，集中整合有限的资源，以形成规模效应。二是高职院校应凸显专业差别化。专业集群特色化是专业差别化发展的重要途径，高职院校应积极组建紧扣产业发展需求、特色凸显、效益显著的覆盖主要产业链的"专业集群"。因此，高职院校应在充分认识人才市场、对湖南省三次产业结构科学预测的基础之上进行专业设置、课程体系建设、人才培养模式打造等，实现"人职匹配"，为区域经济发展提供差异化人才。

第四节 围绕市场需求导向提升高职毕业生就业力

一、 以 KSABs 为基础， 提升毕业生的核心就业力

（一）夯实专业素养，提高学生综合素养

提高毕业生的综合素养，培养和引导学生形成正确的人生观、价值观和道德观，使其拥有较强的责任心、良好的职业道德和正确的人际关系处理方法，是人才培养的重要内容。

1. 深挖课程思政元素，落实"大思政"理念

统计专任教师应对学生思想道德素质的培养承担责任，做好课程思政工作，对学生进行思想政治教育，做到既向学生传授知识，又进行思想政治教育，以达到教书育人的目的。

2. 强化职业素养，提升学生就业能力

教师应注重对学生职业道德的培养。首先，在思想政治课和就业指导课程中，教师要重视培养学生的诚信品质、敬业精神和责任意识，培养学生遵守"爱岗敬业、诚实守信、办事公道、服务群众、奉献社会"的职业道德。其次，高职院校应聘请实习基地或大型企业的优秀员工，为学生开展职业道德素质的培训。最后，在提高学生职业道德修养的过程中，教师必须与实践相结合，事先对实践活动进行精心设计，安排实训的各个环节，确保实践活动的有效性，使学生在实践活动中感悟和体会职业道德。

（二）以工作过程为导向，增强学生就业能力

高职院校应让统计类专业学生多进入信息咨询类公司、统计局等单位进行岗位实习，以工作过程为导向，帮助学生建立统计职业岗位所需的知识体系。教师在构建课程体系、开发统计类专业课程时，必须结合工作过程对不同工作岗位所需的专业能力进行分析，突出典型工作能力领域。学生可以从选题指南中选题，也可以根据社会经济热点问题自拟题目进行技能训练。学生为了完成技能训练，首先要设计一个完整的统计调查方案，开展统计调查活动，收集资料、对资料进行整理，绘制统计图表、计算相关指标，并通过相关分析与回归分析挖掘数据之间隐藏的联系，最后撰写分析报告，切实增强在分析某一实际问题时用数据说话的能力。教师以项目任务为指导来开发专业课程，这样才不会出现理论知识与实践相脱节，避免使学生一走上工作岗位就不知所措。

（三）以赛促学，提升学生统计实践能力

超过 90% 的毕业生认为，在校期间积极参加统计类、数据分析类技能竞赛，能够提升他们的创新能力和实践技能，因此高职院校应积极鼓励统计类专业学生在校期间参加职业技能竞赛，通过大赛的宣传、选拔、培训，让更多学生对专业知识、工作流程、操作程序、岗位技能、处理方法等有更加深入、切实、全面、系统的接触和了解，使学生能够熟练组织、策划、调查实施以及进行数据处理与分析，提高学生技能水平与工作能力。

二、　加强农村生源毕业生就业指导的针对性和实效性，缩小就业力水平生源地差异

高职院校应组织实施好"三支一扶""到村任职""西部计划""农技特

岗"等各类基层就业项目，进一步调整结构、扩大规模，重点向农村生源毕业生倾斜；强化毕业生就业信息服务，针对农村生源毕业生举办专场招聘活动，对就业困难的毕业生实施重点援助，积极促进农村生源高职院校毕业生顺利实现就业；增强农村生源毕业生的求职竞争力，加强就业指导的针对性和实效性，以提高素质和能力为重点实施有效的就业帮扶，切实提升毕业生的就业力。

三、 积极开展校企合作深度推进实习就业工作，强化实习经历对就业力水平的正向贡献

高职院校应为企业、社会发展培养高素质专业技能型人才，因此应积极争取社会和企业的支持，深化校企合作，为学生提供高质量的实训机会。

一是高职院校应强化校企合作对接机制，建立人才培养对接企业需求、专业教师对接能工巧匠、教学内容对接工作任务、素质教育对接职业素养、能力考核对接技能鉴定、研发方向对接企业难题的机制，实现行业企业与学校在教学育人、技术创新、社会服务等方面的深度融合。

二是高职院校应打造高水平生产性实训基地。高职院校应在现有合作基地的基础上，引入品牌企业，建成集教学培训、工艺研发和技术服务于一体的国家级高水平生产性实训基地。

三是高职院校应建设校外实习基地群，不断拓展生产环境好、形成一定规模、拥有优质企业导师的企业作为新的校外实习基地，建设企业教学工厂，建立稳定的实习就业基地。

第五节　提升高职课程教学评价模型应用价值

一、 实践类课程质量的测量指标体系

笔者在研究过程中，运用层次分析法，基于职业素养、学习态度、学习能力、实践创新以及结果评价五个评价维度选取指标主要监测点，构建四元五维一体高职统计类课程教学评价模型，并将评价模型应用于湖南省某所高

职院校 2022 届学生统计类课程学习效果评价的实际工作中。笔者进一步思考围绕背景、输入、过程、结果四个维度构建其他专业实践类课程质量的测量指标体系，以实现全面、全过程、客观地考核学生，及时针对那些不满意程度较高指标给予高度关注，不断加强和改进相应的教学工作，确保课程教学质量。

二、　基于层次分析法构建党员发展质量的综合评价体系

笔者运用层次分析法构建党员发展质量的综合评价体系。首先，笔者将学生党员发展质量综合评价问题分为三层，第一层为学生党员发展质量综合评价一级指标，第二层包括思想政治指标、学习成绩、实践活动、身心素质以及道德品行共五个二级指标，第三层包括入党动机、理想信念、入党培训等共 15 个三级指标。其次，笔者综合与学生交往密切的辅导员、支部书记等人员的相互探讨，确定各个层次的判断矩阵。最后，笔者对不具有满意一致性的矩阵按照最小元素法进行修正，最终得到第三层指标关于第一层学生党员发展质量综合评价指标的权重。在实际应用时，使用者只需要将学生各个方面的分数乘以相应的权重之后求和，便能得到每位学生的综合评分。该方法能够全面、客观地考核学生，确保学生党员质量。

三、　基于 CIPP 评价模式构建高职院校基层党建育人成效评价指标体系

（一）关于 CIPP 评价模式理论框架的适用性

笔者基于 CIPP 评价模式所建立的高职院校基层党建育人成效评价指标体系，充分参考了《中国共产党普通高等学校基层组织工作条例》《教育部办公厅关于开展"三全育人"综合改革试点工作的通知》等政策文件的基本要求，并组织高职院校二级学院党总支、基层党支部和支部党员等组成的"三位一体"为主体围绕基层组织党建育人成效的影响因素进行质性访谈，进行影响因素机理分析，验证了背景评价、输入评价、过程评价和结果评价四个维度划分的合理性。这充分说明 CIPP 评价模式的理论框架适用于高职院校基层党建育人成效综合评价指标体系的构建。

（二）关于指标体系的覆盖度与关注面

虽然笔者对所高职院校基层党建育人成效评价指标及模型构建的分析与相关结论是基于湖南省某所高职院校的数据，但是笔者构建的多级模糊决策模型对湖南省内外其他高职院校基层党建育人成效综合评价同样适用。使用者只需要收集得到背景性主题、输入性主题、过程性主题以及结果性主题四个方面的二级因素的评价值以及运用最小平方权法计算得到的各指标的权重，再运用主因素决定型、主因素突出型和加权平均型模型进行模糊关系合成，即可综合评判出高职院校基层党建育人成效处于每种评价阶段的概率。

（三）关于 CIPP 评价模式中四个维度的侧重点

从指标体系的构成、四个维度的权重占比来看，背景性主题、输入性主题、过程性主题以及结果性主题四个维度的权重分别为 8.3%、12.6%、22.6%、56.5%。其中，结果评价的权重占比最高，这意味着该项活动是评价体系中的重点，对基层党建育人成效至关重要。这彰显出了高职院校二级学院党总支、基层党支部和支部党员等组成的"三位一体"主体对"结果评价"持有高度的重视和关注，特别是关注其中的"党建项目建设成效""学生对党建活动的满意度"等方面。过程评价的权重占比次之，为 22.6%，特别是其中的"党建育人项目建设"方面。背景评价的权重占比较低，不足10%，但是其中的"师生入党意愿"方面所占权重最高。

（四）关于 CIPP 评价模式的实践问题

笔者构建的高职院校基层党建育人成效评价模型侧重定量评价，但是在实际应用中，我们不能简单地将量化的评价结果作为基层党建育人工作成效判断的唯一依据，可以以定量评价为主，定量评价与定性评价相结合，使基层党建育人工作成效判断更有可信度。

参考文献

ANDREI TUDOREL, CALIN CATALINA, TUSA ERIKA, et al., 2008. Caractcrizing the public health system reform using the statistical survey approach [J]. Annals of Faculty of Economic, 2 (1): 810-815.

DAZHI YANG, 2017. Instructional strategies and course design for teaching statistics online: perspectives from online students [J]. International Journal of STEM Education, 4 (1): 34-49.

SICULAR TERRY, XIMING YUE, BJORN GUSTAFSSON et al., 2007. The urban -rural inconme gap and inequality in China [J]. Review of Income and Wealth, 53 (1): 93-124.

THEODORE W SCHULTZ, 1960. Capital formation by education capital formation by education [J]. The Journal of Political Economy, 68 (6): 571 -583.

蔡增正, 1999. 教育对经济增长贡献的计量分析: 科教兴国战略的实证依据 [J]. 经济研究 (2): 41-50.

陈斌开, 张鹏飞, 杨汝岱, 2010. 政府教育投入、人力资本投资与中国城乡收入差距 [J]. 管理世界 (1): 36-43.

陈方红, 刘海明, 2021. 本科生毕业实习效果及影响因素实证研究 [J]. 高教论坛 (11): 100-105.

陈梅, 2018. 基于层次分析法的小规模在线开放课程混合学习评价体系研究 [J]. 纳税 (8): 246.

陈喜强，2011. 产业结构调整与就业结构协调研究［M］. 北京：人民出版社：7-13.

陈源波，2018. 高校学生党员发展质量评价指标体系的构建及应用研究［J］. 太原城市职业技术学院学报（5）：95-97.

程从华，王静，2020. 基于学科竞赛的统计学应用型人才培养研究［J］. 山西青年（17）：53-54.

崔昌华，2018. 高校党建统领一体化育人体系论析［N］. 海南日报. 08-15（A07）.

崔华楠，王国栋，郑辛酉，等，2022. 我国高职院校学生岗位实习管理现状分析与对策研究：基于202所高职院校及457家企业调研结果分析［J］. 中国职业技术教育（17）：5-12.

代锋，2019. 高职院校学生顶岗实习管理机制创新研究［J］. 教育科学论坛（9）：24-28.

邓力，2020. 高职院校"三全育人"体系建设综合改革研究：以湖南城建职业技术学院建筑工程系党总支为例［J］. 开封文化艺术职业学院学报，40（10）：140-141，150.

邓显石，王俊，谭晓明，2021. 我国职业教育服务乡村振兴战略的路径探究［J］. 经济师（12）：214-215.

董运来，董玉珍，武翔宇，2005. 农民收入主要影响因素的实证分析［J］. 沈阳农业大学学报（社会科学版）（3）：18-20.

段伟，罗光强，2021. 高质量发展视角下乡村产业振兴路径研究［J］. 当代农村财经（2）：2-7.

段伟，肖维英，2021. 职业教育服务乡村产业振兴路径研究：基于高质量发展视角下供给侧结构性改革［J］. 农村经济与科技，32（7）：296-298.

段宜学，2020. 基于高职学生顶岗实习期间的安全管理模式分析［J］. 中外企业家（10）：163.

冯立，程威，张金良，2019. 学校党建与思政教育协同育人路径［J］. 中学政治教学参考（24）：100.

甘静，2015. 从数学建模角度看《概率论与数理统计》教学［J］. 赤子（上中旬）（5）：238.

高亮，唐鹏，王家宏，2018. 体教专业毕业实习效果的影响因素及其对策研究 [J]. 体育与科学，39（1）：108-113.

郭丽莎，2019. 大数据时代统计软件课程教学改革与学科竞赛 [J]. 科技视界 (32)：141-142.

郭天行，2021. 乡村振兴背景下农民增收问题研究 [J]. 山西农经（6）：32-33.

和红燕，薛建鹏，2016. 新时期下发展高校学生党员质量保证机制的研究 [J]. 山东社会科学（S1）：64-65.

洪敏，张柯贤，2017. 湖南产业结构现状分析 [J] 经济论坛（12）：11-14.

黄小艳，2015. 大数据环境下统计学实践教学改革探讨 [J]. 中国管理信息化，18（2）：248-249.

姜璐，李玉清，董维春，2018. 我国高等教育结构与产业结构的互动与共变研究 [J] 教育科学（3）：60-66.

李川驰，2021. 高职院校学生顶岗实习期间存在的安全问题及应对策略 [J]. 山西青年（12）：122-123.

李皎洁，李超，2021. 乡村振兴背景下电商创业模式探究 [J]. 农村经济与科技，32（18）：234-236.

李琳，2021. 高校图书馆服务乡村振兴产业研究 [J]. 经济师（8）：243-244.

李双成，2013. 产业结构优化理论与实证研究 [M]. 北京：冶金工业出版社：4-6.

李祥云，张建顺，陈珊，2018. 公共教育支出降低了居民收入分配不平等吗：基于省级面板数据的经验研究 [J]. 云南财经大学学报，34（8）：3-13.

林翠生，张光英，钟荣凤，2022. 高校酒店管理专业学生实习效果优化研究：以宁德师范学院为例 [J]. 宁德师范学院学报（哲学社会科学版）（1）：85-94.

刘海峰，陈琦，刘守生，2009. 从数学建模角度思考《概率论与数理统计》的教改途径 [J]. 科技创新导报（6）：140.

刘琦，孙冲，孙靖云，2022. 基于PDCA的高职院校石化类专业顶岗实习质量管理研究 [J]. 化工管理（1）：32-34，50.

刘松林，2017. 产业转型升级与高职院校专业调整的机制研究 [J]. 中国高教研究（4）：103-106.

刘宪，2012. 中国城乡收入差距与教育投资边际收益率的差异性研究 ［J］. 中国特色社会主义研究（6）：54-58.

刘晓勤，许晓娟，2015. 组织文化视域下的高校党建文化育人模式研究：以中央财经大学文化与传媒学院为例 ［J］. 中央财经大学学报（S2）：63-65.

龙真真，王锐东，2021. 职业教育助力脱贫攻坚对策研究 ［J］. 经济师（11）：178-179，182.

卢宇，孙长坪，2017. 高职院校防范学生顶岗实习伤害的制度建设探析 ［J］. 职教论坛（28）：68-71.

罗金华，单勤琴，王周火，2015. 经管类专业统计学课程实践教学改革研究 ［J］. 文教资料（2）：177-178.

吕炜，杨沫，王岩，2015. 城乡收入差距、城乡教育不平等与政府教育投入 ［J］. 经济社会体制比较（3）：20-33.

马萍，刘斌，2019. 基于产业结构演变的高职专业结构调整研究：以新疆为例 ［J］. 中国职业技术教育（4）：71-76，86.

聂婷，2013. 农民收入影响因素实证分析 ［J］. 现代商贸工业，25（9）：60-61.

欧阳琳，2021. 发展农村电商 助力乡村振兴 ［J］. 农村经济与科技，32（12）：89-91.

欧阳沁，孙宇，黄志民，2013. 构建高校学生党员发展质量保障体系的做法与思考：以清华大学为例 ［J］. 思想教育研究（8）：40-42.

潘海燕，李定珍，2020. 教育投入对居民收入递增效应的实证研究：以武陵山片区为例 ［J］. 当代经济（4）：117-120.

潘海燕，罗勇，2019. 教育引领扶贫：基于 CFPS 数据的实证研究 ［J］. 长沙民政职业技术学院学报，26（4）：75-79.

潘荣江，姬瑞海，伍红军，2014. 高职院校专业结构调整优化研究 ［J］. 高等工程教育研究（3）：80.

邱冠文，陈德权，肖华，2016. 人才培养理念下的高校机关党建育人体系研究：基于 H 高校机关支部与学生支部结对共建的实证分析 ［J］. 长江丛刊（6）：118-119.

任云，2014. 推行党员发展量化考核 着力提升党员素质：以川北医学院临床医学系为例 ［J］. 经济研究导刊（29）：270-271.

沈大伟，刘笑阳，2016. 国外学者眼中的中国共产党 ［J］. 中国战略报告
　　（1）：23-37.

沈陆娟，2018. 高职专业设置与产业结构耦合策略研究 ［J］. 中国职业技术教
　　育（26）：72-80.

宋承继，陈小健，2018. 高职学生在线开放课程学习效果实证研究 ［J］. 陕西
　　教育（11）：55-56，69.

苏婵，2021. 助推湖南乡村振兴的几点思考 ［J］. 湖南社会科学（4）：70-76.

陶雪萍，曾健南，2019. 全过程、多元化统计学课程考核方式改革探索 ［J］.
　　科教导刊（2）：31-33.

王红蕾，2013. 农民收入影响因素的实证分析 ［J］. 经济研究导刊（23）：61-62.

王鸿，唐晓双，2021. 乡村振兴背景下高职电子商务专业图形图像处理课程思
　　政改革与实践：以湖南国防工业职业技术学院为例 ［J］. 中国多媒体与网
　　络教学学报（11）：76-78.

王建华，张建平，2014. 高职院校专业动态调整机制建设研究 ［J］. 中国高教
　　研究（12）：111.

王小刚，2020. 启发式教学在《统计学》翻转课堂中的实践与探索 ［J］. 中国
　　多媒体与网络教学学报（2）：175-176.

王翊罩，2021. 乡村振兴战略背景下高职院校服务城乡融合的方法与机制创新
　　［J］. 广西城镇建设（8）：132-133.

王振强，柴杉，2019. 新时代创新高校党建育人的有效性研究 ［J］. 理论观察
　　（6）：48-50.

文圣瑜，2021. "互联网+乡村振兴" 背景下电子商务专业人才培养模式研究
　　［J］. 商场现代化（18）：38-40.

吴茜，朱向锋，2021. "2+1" 人才培养模式下高职旅游管理专业群顶岗实习
　　质量管理探索 ［J］. 技术与市场，28（2）：164-165，168.

徐持平，徐庆国，陈彦塱，2021. "互联网+" 背景下农村电子商务助力乡村
　　振兴的模式 ［J］. 乡村科技，12（2）：20-21.

杨旺舟，2012. 区域产业结构分析与调整对策：以云南省为例 ［M］. 北京：
　　科学出版社：14-63.

姚旭明，2016. 基于期望理论的高职学生顶岗实习管理机制 ［J］. 教育与职业
　　（14）：118-120.

叶陆艳, 2019. 高职院校二级学院党建引领"院园融合"育人机制的实践探索: 以宁波职业技术学院为例 [J]. 宁波职业技术学院学报, 23 (3): 60-64.

易姗姗, 陆琴, 王洪让, 等, 2015. 高校酒店管理专业学生顶岗实习期间的安全教育研究 [J]. 开封教育学院学报, 35 (11): 284-285.

殷新红, 2013. 基于区域产业结构调整优化高职专业结构的思考 [J]. 职教论坛 (33): 64-66.

尹阳春, 乔爱玲, 2017. 基于 MOOC 平台的翻转课堂学习评价的分析和设计 [J]. 中小学信息技术教育 (5): 38-42.

于梅菊, 袁华, 丛玉华, 等, 2016. 以数学建模竞赛为依托, 促进概率论与数理统计课程教学改革 [J]. 通化师范学院学报, 37 (10): 60-62.

张春梅, 薛靖峰, 戴琳琳, 2019. 基于学科竞赛的经济统计学创新型人才培养模式探索与实践: 以青岛黄海学院为例 [J]. 教育现代化, 6 (45): 9-10, 13.

张慧青, 2016. 基于山东省产业结构调整的高职专业招生比率研究 [J]. 中国职业技术教育 (35): 14-19.

张秋玲, 2014. 高职院校专业结构调整分析 [J]. 中国电力教育 (27): 46-47.

张瑞煊, 2021. "三全育人"背景下高校党建与思政教育之融合 [J]. 中学政治教学参考 (38): 83-84.

张世亮, 2020. 产教融合背景下高职学生顶岗实习权益保障研究 [J]. 职业教育研究 (8): 9-13.

张文光, 2009. 就业保障对城乡居民收入的影响 [J]. 才智 (30): 38.

赵健, 2021. 乡村振兴战略下农村职业教育产教融合发展动力机制研究 [J]. 农村经济与科技, 32 (12): 292-294.

赵健, 2021. 新型城镇化和乡村振兴双轮驱动背景下的城乡融合发展路径探析 [J]. 农村经济与科技, 32 (14): 247-249.

赵健, 2021. 职业教育发展助推乡村振兴战略的产业支撑研究 [J]. 农村经济与科技, 32 (20): 210-212.

赵亚丽, 2017. 教育投入及其不平等性对城乡收入差距影响的实证研究 [D]. 呼和浩特: 内蒙古财经大学.

赵燕，陆国栋，张光新，等，2020. 我国高校工科专业实习状况与影响因素分析及其对策 [J]. 高等工程教育研究 (3)：98-103，108.

郑小霞，2020. 基于区域产业结构演进的高校专业结构适应性调整研究 [J]. 黑龙江高教研究 (12)：155-160.

郑亚敏，2015. 统计学专业课程考核体系改革探索与实践：以榆林学院为例 [J]. 榆林学院学报，25 (4)：96-99.

郑永廷，2013. 高校学生党员发展质量保障体系研究 [J]. 学校党建与思想教育 (20)：4-7.

周丽妤，黎鲲，2021. 高职教育服务乡村振兴的举措、困局与路向 [J]. 科学咨询 (7)：28-29.

周思含，2019. 高职院校学生顶岗实习相关法律问题研究 [J]. 职业技术教育，40 (32)：18-22.

朱德刚，蒋华松，2017. 大数据时代创新型人才培养的探索与实践：基于数学统计建模竞赛的视角 [J]. 林区教学 (7)：67-69.

朱茂勇，2015. 地区经济发展水平与高等教育规模的实证研究 [J]. 教育导刊 (4)：42-46.

祝成林，和震，2021. 指导者的文化-认知能提升高职院校学生实习效果吗：基于30位实习指导者的深度访谈分析 [J]. 教育发展研究，41 (Z1)：55-61.

邹振兴，柴巧莲，张丽，等，2021. 优化畜牧产业结构助力乡村振兴 [J]. 畜禽业，32 (12)：84-85.